Heribert Rau

Mozarts beste Jahre

Eine prosaische Biographie in vier Bänden - Band 3

Rau, Heribert

Mozarts beste Jahre
Eine prosaische Biographie in vier Bänden - Band 3

ISBN: 978-3-86741-402-9

Auflage: 1
Erscheinungsjahr: 2010
Erscheinungsort: Bremen, Deutschland

Bei diesem Titel handelt es sich um den Nachdruck eines histori-
schen, lange vergriffenen Buches aus dem Verlag Meidinger, Frankfurt a. M. (1858). Da elektronische Druckvorlagen für diese Titel
nicht existieren, musste auf alte Vorlagen zurückgegriffen werden.
Hieraus zwangsläufig resultierende Qualitätsverluste bitten wir zu
entschuldigen.

Heribert Rau

Mozarts beste Jahre

Eine prosaische Biographie in vier Bänden - Band 3

EUROPÄISCHER
HOCH
SCHUL
VERLAG

Mozart.

Ein Künstlerleben,

Cultur-historischer Roman

von

Heribert Rau.

Dritter Band.

————❦————

Frankfurt a/m.
Verlag von Meidinger Sohn & Comp.
1858.

Inhalt.

....

III. Täuschungen.

(Mozart's reifere Jugend.)

....

Im Volk.

～～～～

Der Sommer des Jahres 1777 neigte sich zu Ende — — aber Niemand ahnte, welche Wichtigkeit dieses Jahr noch für Baiern gewinnen sollte.

Schon zwanzig Jahre nach den Blutbädern von Sendling und Aitenbach und nach allen Grausamkeiten des spanischen Erbfolgekrieges, prangte dies weite Land wieder, wenigstens dem Scheine nach, als seien Jahrhunderte des tiefsten Friedens über es hingezogen.

Der Fremde, durchreiste er die wohlgebauten Dorfschaften und Städte, sah er die unermeßlichen Getraideluren, die Wiesen voller Heerden, Münchens Leben und Pracht, des Hofes Glanz und Lust, suchte vergebens nach den Spuren von Marlborough's Mordfackel und dem schauerlichen Zorne Kaiser Josephs I.

Aus den reichen Forsten wurden damals die einge-

äscherten Ortschaften schöner, denn zuvor, hergestellt,
während der Erde Schooß die Speicher mit Ueberfluß
füllte. Selbst die Gebrechen der öffentlichen Verwaltung
— wenn auch langsamer, doch tiefer zerstörend, als das
vorüberziehende Ungewitter eines Krieges — waren unter
den Blüthen des verjüngten Wohlstandes kaum bemerkbar.
So segensmächtig ist die Natur des schönen Baierlandes.

Der Reichthum großer Handelsstädte, abhängig von
den Sitten der Zeit, oder dem wandelbaren Verhältnisse
und Verkehr der Welttheile, kann vergehen; aber Viehzucht
und Ackerbau sind der Grundstock des Staatsvermögens,
und geben einen, wenn schon mäßigen, doch ewigen, Zins.
Dazu kommt der Zoll von unentbehrlichen Erzen und
Salzen die das baierische Gebirge bringt, während auf
diesem wirthlichen Boden von jeher ein kräftiger Menschen=
stamm hauste, — ein Menschenstamm der zugleich mit
unermüdlicher Treue an den angestammten Fürsten hielt.
Man sah ihn wohl oft unter deren Schwächen dulden und
still klagen; doch niemals sich empören. Mit namenloser
Geduld trug er die schwersten Forderungen; für den Fürsten
waren sie ihm nicht zu schwer.

Lästiger freilich fiel den guten Baiern die Geldgier der
vielen Tausend kleinen Gewaltsleute, welche im Namen
des Fürsten — als seine Beamte — Bürger und Land=
mann übervortheilten und quälten; sich in Beziehung der
Abgaben bereicherten; mit Willkür oder Umgehung beste=
hender Gesetze den Gebieter und das Volk betrogen, und
herrischer aufpochten, als der Herr selbst. Es hätte sich

dies schöne und reiche Land aber eines noch höheren und dauernderen Wohlstandes erfreuen können, wäre die öffentliche Erziehung nicht allzusehr versäumt, wäre der gemeine Mann von der Gewalt der Vorurtheile und alten Unwissenheit freier geworden, und der Arm des Handwerkers oder Landmannes losgebundener von den Fesseln nachtheiliger Einrichtungen und Rechtsame. Aber dahin zu gelangen, fehlte es zu jener Zeit selbst den Räthen der Fürsten noch an Licht und Wegen. Darum erzeugte denn auch der Boden noch lange nicht, was er vermochte und es war schlechter Gewinn, daß der Anbau der Tabakspflanze ihren Genuß allgemein machte, oder daß die braungeröstete Bohne des Kaffeestrauches, das grüne Laub der Theestaude, vor wenigen Jahrhunderten kaum als Arzneitrank bekannt, jetzt der Haushaltung unentbehrliches Bedürfniß zu werden begann. Es wucherten die Laster der Armuth und Rohheit verderblich fort, weil eben die Masse des Volkes in Armuth, unglaublicher Unwissenheit und Rohheit verblieb. Es schreckte das Gesetz nicht von dem gräulichen Unfuge der Teufelsbeschwörerei und Schatzgräberei zurück, weil das Gesetz diesen Unsinn anerkannte. Die Verbrechen wuchsen, einmal: weil vom Staate aus die Veranlassungen dazu nicht gehoben wurden, und dann: weil dem Volke statt einer Religion der Sittlichkeit und Humanität nur äußerliche Werkheiligkeit und gedankenloser Ceremoniendienst geboten ward.

Die Geistlichkeit wehrte dabei gegen jede Aufklärung, wie gegen ein öffentliches Unglück. Sie erblickte in jedem

Erwachen des gesunden Menschenverstandes Gefahr für das Heiligthum des Glaubens, oder ihres Ansehens. Selbst von Lesen und Schreiben war damals bei dem Volke noch gar keine Rede; dadurch aber verharrte die größere Menge bei rohem — der gröbsten Sinnlichkeit hingegebenem Leben, in blindem Aberglauben und Dumm= frommer Verehrung der Mönchswerke.

Das Schlimmste aber war, daß der weltliche den geist= lichen Arm dabei auch noch unterstützte; zumal wenn es nicht Hoheits= und Vermögenssachen, sondern nur Ver= stand und Glauben des gemeinen Mannes betraf. Litt z. B. das Volk durch Hagelwetter, Ueberschwemmungen oder Mißwachs Noth, ermangelten die höchsten Behörden nicht, außer naturgemäßen Rettungs= oder Linderungs= mittel, die übernatürlichen anzuempfehlen.

Bei Milzbrand und Viehseuchen wurden geweihte Gürtel und St. Pirmins und Wendelins=Zettel heilsam befunden; bei Mißwachs Umgänge und Bußtage gehalten und den Dienern des Altars Opfer gebracht, damit sie durch ihr mächtiges Gebet die zürnende Gottheit besänf= tigen möchten.

Endlich entzogen die zahllosen Feiertage — sie nahmen mit den Sonntagen ein volles Drittheil des Jahres hinweg — dem Landbau und den Gewerben die nöthigen Arbeitskräfte, gewöhnten das Volk an Faul= heit und gaben noch dazu die schönste Veranlassung zu fort= während Ausgaben und unbegränzter Schwelgerei.

Land ein und aus strichen daher Arbeitsscheue und

Tagediebe, Zigeunerbanden und Räuber in Masse., Galgen und Rad wehrten ihnen nur schwach, und leicht entschlüpften sie den Verfolgern, begünstigt durch mangelhafte Sicherheitsanstalten oder durch die Bestechlichkeit der Schergen, Büttel und Gerichtsdiener, aus den Hefen des Volkes. *)

So war es unter Karl Albrecht und so blieb es zum größten Theile unter Churfürst Maximilian Joseph, obgleich dieser des Landes Wohl ernstlich wollte und anstrebte. Ein wirklicher Aufschwung an Intelligenz und Wohlstand war ja durch die Herrschaft der Priester und den Druck der Abgaben unmöglich. Der größte Theil des Volkes rang nach wie vor mit Armuth und Schulden. An feilen Grundstücken war Ueberfluß, und Höfe standen in Menge leer. Wer sollte kaufen? Da lauerten ja beim Verkauf und Ankauf Gerichtsfrohnen, Schreiber und Amtleute, Herrschaft und Staat, und alle forderten ihre Gebühren, Sporteln, Löhnungen und Abgaben. **) Aber das war nicht genug, es fraß auch noch eine Unzahl von Auflagen und Steuern, Zinsen und Frohnen den besten Theil des Ertrages weg.

---

*) Zschokke: Geschichte des bairischen Volkes und seiner Fürsten.

**) Ein Bauer, der ein Gut von ungefähr 1500 fl. — Werth übernahm, hatte, ohne die „Inventur und Comissions-Kosten," 456 fl. 30 kr. an Sporteln zu bezahlen. Die Schreibgebühren betrugen oft über 100 fl. — Westenrieder: Beschreibung des Starnberger See's. S. 152.

Dies schreckte denn den Unternehmungsgeist der Unbe-
mittelten zurück, und mehrte die ungeheure Zahl der Armen
und Tagelöhner. Wenn diese aber nichts mehr hatten,
ihren Hunger zu stillen, was blieb ihnen übrig, als Diebstahl und Raub in Feldern, Gärten und Hütten . . . . und
so blieben Gefängnisse und Galgen an der Tagesordnung.

Wo aber die Mehrheit in Schmach, Unsittlichkeit,
Dürftigkeit und Druck versunken ist, kann ein Volk nicht
reich, nicht frei, nicht mächtig und geachtet werden, wie
herrlich auch sein Thron, wie begütert sein Adel, wie glän-
zend sein Hof, wie erleuchtet einige seiner hervorragendsten
Söhne, wie schön das Land selbst sein mag, das es be-
wohnt.

Und schön, unendlich schön war auch damals das
Baiernland in vielen seinen Theilen! Einer der schönsten
aber war und ist noch immer: Der Starnberger See
mit seiner Umgebung.

Wie ein Stückchen vom Himmel gefallenes Paradies
liegt dieser Winkel der Erde da, und mitten in ihm, von
buschigen Ufern, von Schlössern und Dörfern umgeben,
mit grünen Inseln geschmückt, der herrliche See, in einer
Ausdehnung von fünf Stunden Länge und einer halben
Stunde Breite, oft hundert und vierzig Klafter tief: der
reizende Mittelpunkt einer der romantischsten Gegenden
Deutschlands.

Und welch' eine prächtige Aussicht von dem Oertchen
Starnberg über den silbernen Spiegel des Sees hinüber,
den im fernen Hintergrunde die beschneiten Hochgebirge

Tyrols mit ihren himmelstürmenden Riesenmauern von ewigem Schnee und Eis schließen.

O es ist schön, göttlich schön dort, und war dies von je; .... ob aber darum ein Paradies? .... ein Aufenthalt froher, glücklicher Menschen? .... wer weiß es!

Dicht bei dem Oertchen Starnberg standen um das Jahr 1777 noch einige Reste eines alten schwerfälligen Mauerwerkes. Es waren die Trümmer der sogenannten Kaisersmühle, in welcher einst — der Sage nach — Karl der Große geboren worden. Diese geschichtliche Erinnerung aus längst entflohenen Jahrhunderten — aus Zeiten deutscher Größe und deutschen Heldenthums — war ein Heiligthum im Volksleben und an sie knüpften sich gar wunderbare Legenden, die — so entstellt sie auch erschienen — doch in der That das einzige geschichtliche Wissen der ringsumwohnenden Landleute ausmachte, da diese guten Menschen damals noch in einer fast unglaublichen Unwissenheit lebten.

Die Trümmer der Kaisersmühle und ihre, viele Tausend Menschen fassende, Umgebung waren daher auch bei allen besonderen Gelegenheiten der Ort, an welchem das Volk der Gemarkung sich versammelte, sei es nun zu Festen und frohen Gelagen, oder zu ernsten Besprechungen.

Auch heute, an einem schönen Herbsttage, war dies der Fall; angeblich um der Hochzeit beizuwohnen, die der Sohn des reichen „Seewirthes" mit der schönen Kath aus dem benachbarten Mittenwalde, der Tochter des

Geigenmachers — der „Geigen-Matthes" genannt —
feierte.

Schwerlich aber mochte dies Fest in Wahrheit die
eigentliche Veranlassung der großen Versammlung sein,
die heute hier statt fand. Denn war auch der „Seewirth"
weit und breit verwandt und verschwägert, und der „Geigen-
Matthes," so wie seine hübsche Tochter allgemein bekannt,
auf Tausende erstreckte sich die Verwandtschaft und Bekanntschaft Beider doch nicht — und wenigstens dreitausend
Menschen waren jetzt um und in der Gegend der Kaisersmühle beisammen.

Das war denn ein merkwürdiges Leben und Weben,
Regen und Treiben, und doch mußte ein aufmerksamer
Beobachter bald entdecken, daß es nicht das Leben und
Weben, Rennen und Treiben, Jauchzen und Schreien
der Lust sei, sondern daß es mehr den Charakter eines
düsteren Ernstes trage.

Nur von der Gegend her, wo des „Seewirthes"
Haus stand, und die Hochzeitsgäste sich befanden, ertönte
zeitweise ein vereinzelter Jubelschrei; auch waren nur die
wenigen Hochzeitsgäste festlich und zum Theil gut gekleidet;
während — im geraden Gegensatze zu diesen — die übrigen
Tausende fast sämmtlich ärmlich, oft sogar zerlumpt aus-
sahen, und in ihren bleichen, verkommenen Zügen den
Ausdruck des Elendes, der Armuth, der Noth und des
Kummers trugen. Auch sah man diese nirgends um ge-
füllte Fässer zechend und schmausend lagern, wie dies sonst
meist bei Festen der Fall ist; wohl aber in größeren und

kleineren Gruppen um einzelne Männer stehen, die eifrig zu ihnen sprachen.

Eine der größten dieser Gruppen — gewiß aus mehreren Hunderten jener elend aussehenden Menschen bestehend — hatte sich eben um einen wunderlich aussehenden Mann gebildet.

Dieser Mann war lang und hager, bleich von Gesicht und mit einer Glatze begabt, die den ganzen Scheitel einnahm, so daß der Ober= und Hinterkopf nur als mit einer fettglänzenden Haut überzogen erschien, was ihm — bei den einzelnen, über den Ohren stehen gebliebenen, grauen Haaren — das Ansehen eines nacktgerupften Vogels gab. Ein prächtiger Anblick für einen Phrenologen, der gewiß auch auf den ersten Moment die Organe für Selbstgefühl und Schlauheit ausgezeichnet hervortretend gefunden hätte. Auch seine Kleidung war alt und abgeschabt, aber von schwarzem Tuche und nach städtischem Schnitt, so in der Art, wie sie damals niedere Beamte und Schreiber zu tragen pflegten.

Uebrigens hatte der Mann bei einer gewissen Altklugheit, doch auch wieder etwas Gutmüthiges in Geberde und Ton, was ihn seit langer Zeit bei dem Landvolke — das seine Kenntnisse in Gesetz und Landesgeschichte mit tiefer Ehrfurcht anstaunte — beliebt gemacht hatte. Er war der Winkeladvocat der ganzen Gegend, und weit und breit um den Starnbergersee gab es keinen Prozeß, bei dem er nicht berathen worden wäre, keine Eingabe, die er nicht geschrieben, keine Klage, die er nicht aufgesetzt, kein Gesuch, das er nicht eingebracht hätte. Kurz und mit einem Worte, der Stadt-Doktor, wie man ihn nannte, war das Factotum der ganzen Landschaft.

Kein Wunder, daß ihm daher auch jetzt die Umstehenden wie einem Heiligen zuhörten, der das Evangelium verkündet; denn eine Heilsbotschaft war es in der That, von der es sich handelte, da der Stadt-Doktor von der einzig möglichen Erlösung aller dieser Armen von den sie niederdrückenden Uebeln sprach.

„Ja, ja!" — sagte er eben jetzt mit eindringlichem Ton und ernster Miene — „es bleibt uns Allen keine Wahl, als auszuwandern oder völlig unterzugehen."

„Aber," — entgegnete ein Mann mit eisgrauen Haaren und gebücktem Rücken, dessen kummervolle Züge von manchem im Elend verlebten Jahrzehnte erzählten und den doch der Gedanke an eine Trennung vom Vaterlande mit unendlichem Leid zu erfüllen schien, — „aber wenn nun unser allergnädigster Herr zu München, die Bittschrift genehmigte, die Ihr für uns aufgesetzt habt?"

„Ja wenn!" — wiederholte achselzuckend der Stadt-Doktor — „wenn! das Wörtchen „wenn" ist ein eigen Ding."

„Wir haben aber nichts anderes als Gerechtigkeit verlangt!" — rief der Alte — „nur um Aufhebung der allzudrückenden Steuern gebeten."

„Da liegt gerade der Hase im Pfeffer!" — meinte der Glatzköpfige. — „In München braucht man Geld, viel Geld, und wo soll das herkommen ohne Steuern?"

„Wir wollen auch Steuern zahlen!" — sagte jetzt ein Anderer — „aber nur die alten, herkömmlichen."

„Nun gut, ist die „Rekrutenanlage" keine herkömmliche Steuer?"

„Herkömmlich wohl; aber ungerecht, weil die Aushebung doch stattfindet."*)

„Sie trägt aber gegen dreimalhunderttausend Gulden ein!" — rief mit scharfem Tone der Stadt-Doktor. — „Glaubt Ihr wohl, man wird diese dreimalhunderttausend Gulden fahren lassen, weil Ihr darum eingekommen seid?"

„Und die Tanzanlage, der Kartenstempel, die Mühlbenteltuch-Verpachtung, die Mittelmauthen, die Mähnstückanlage?" — rief mit zitternder Stimme der alte Mann und seine Wangen färbte ein fieberhaftes Roth, während Thränen in seine Augen traten, — „sollen die auch nicht aufgehoben werden?"

„Schwerlich!"

„Warum habt Ihr uns dann aber die Eingabe gemacht?"

„Weil Ihr mich dazu gezwungen habt!" — versetzte der Winkeladvokat. — „Hab' ich nicht davon abgerathen?" — fuhr er dann fort, sich wie fragend im Kreise umsehend — „hab' ich nicht gleich gesagt: die Bittschrift bekommt

---

*) Die „Rekrutenanlage" wurde seit 1766 erhoben, um den Landeskindern den Dienst frei zu stellen. Später schritt man zwar wieder zur Aushebung; aber die drückende Auflage blieb.

unſer guter Churfürſt Maximilian Joſeph gar nicht zu
Geſicht."

„Ja, das habt Ihr!" — ſagten Mehrere.

„Aber wofür iſt er denn Herr!" — rief jetzt ein junger
Kerl mit verwilderten Zügen und finſterem Blick. — „Da
nennt man ihn den „guten Max" und der „gute Max"
nimmt Jahr um Jahr unſer Geld und läßt uns Alle ver-
hungern."

„Wenn er wüßte, wie das Volk in Elend, Armuth und
Verzweiflung ſchmachtet," — verſetzte der Stadt-
Doktor — „würde er wohl milder dreinſehen. Aber,
Ihr Leute, Ihr müßt eben nicht vergeſſen, daß nicht der
Max regiert, ſondern ſeine Herrn Miniſter: der Obriſt-
hofmeiſter, der Obriſtkämmerer und der Liebling des Herrn,
der edle Vicehofkammerpräſident, Freiherr von Ber-
chem!"

Aber bei dieſem Namen war es, als ob eine Pulver-
tonne Feuer gefangen hätte, ſo flogen Flüche und Ver-
wünſchungen, Schimpfreden und Drohungen auf.

„So recht!" — murmelte, als er dieſe Erregung gewahrte, der Winkeladvocat mit heimlicher Freude vor ſich
hin, — „jetzt hab' ich euch auf dem rechten Wege. Noch
ein wenig Zündſtoff und ich kann die Gluth zur himmel-
hohen Flamme anblaſen. Aber ſie ſind zu dumm, um
nur einen klaren Begriff von der Schinderei zu haben, die
mit ihnen getrieben wird und der ſie elendiglich erliegen.
Ich muß ihnen einmal einen kleinen Ueberblick von den
Laſten geben, die ſie erdrücken, damit es da oben in Saus

und Brans hergeht und ein Perchem sich Millionen
zurücklegt." — Und sich umdrehend rief, von diesem Entschlusse durchdrungen der Glatzköpfige: — „He! holla! Was
soll das Schimpfen und Fluchen? Wollt Ihr revoltiren?
— Sind wir darum zu Seewirths Hochzeit auf die
„Kaisermühle" gekommen, ... oder wollten wir bei
dieser Gelegenheit nur unsere gemeinsamen Angelegenheiten ruhig besprechen?"

„Unser Elend!" — sagte der Alte mit gesenktem
Haupte.

„Nun," — versetzte der Winkeladvokat schlau, — „vor
allen Dingen laßt uns gerecht sein. Der Hof und das
Land brauchen auch Geld. Ich will Euch einmal die
Steuern an den Fingern herzählen, und da werdet Ihr
sehen, daß man nicht zu viel nimmt."

Ein leises Gemurmel des Mißfallens ließ sich hier
hören. Einige aber riefen:

„Laßt den Stadt-Doktor sprechen. Er ist ein
gelehrter Mann, — er weiß das Rechte!"

„Ja! laßt ihn sprechen!" — riefen jetzt Hunderte.

„Nun" — sagte dieser mit kaum verhaltener Freude,
indem er seine paar grauen Haare zu Berge strich, was er
immer that, wenn er in gutem Zuge war, — „nun seht,
da kommen zuerst die gewöhnlichen einfachen Landsteuern.
Nun davon will ich nichts sagen, denn der Ritterstand zahlt
ja auch ein Zehntheil davon. Dann kommt die „Hof-
umlage."

„Halt!" — rief hier der Alte, — „die ward vordem nur in Tagen des Krieges und der Noth bezahlt!"

„Ja freilich!" — meinte der Andere — „da aber jetzt das Land fortwährend in Noth ist, so müssen sie auch fort-während bezahlt werden. Dann kommen die Mai-, Herbst- und Vogtei-Steuern, die nach Abzug der Unkosten jährlich über 30,000 fl. einbringen. Dann kommen die Umgeldsge-fälle, machen zusammen so 53,000 fl. — Die Mauth und Accise bringt an 500,000 fl., die Braugefälle über 200,000 fl., der Bierpfennig, der freilich hart auf dem armen Manne ruht, an 50,000 fl. — Die landschaftlichen Postula 800,000 fl., — die Tanzumlage 8000 fl., — die Steuern für Roß- und Schinderhaare, Karten- und Kalen-derstempel, Mühlumlage und Vieh-Stück"*) . . . .

„Halt! halt!" — „Wir wollen nichts mehr hören!" „Genug!" — „Genug!" — schallte es von allen Seiten.

„Wir können das nicht mehr bezahlen!" — riefen andere Stimmen dazwischen, und die halb verhungerten Gestalten, die eingefallenen Mienen, die zerlumpten Klei-der bezeugten nur zu kräftig die Wahrheit dieser Worte.

„Und dann," — fuhr der Redner sein lächelnd fort — „und dann, wie schön ist es bei uns mit den Gesetzen be-stellt. Ist unser Criminalcodex nicht ein wahres Blut-gesetz vom Satan selbst dictirt?"

---

*) Zschokke's Geschichte des bairischen Volkes und seiner Fürsten. Band 7. S. 218 u. f.
**) Westenrieder (Beitr.)

„Ja, vom Satan!" — riefen Viele sich bekreuzend.

„Auf bloße Conjectur hin," — rief der Kahle heftig, — „kommt die Tortur in Anwendung."

„Verflucht sei sie!" — schrie es von allen Seiten.

„Indicia, welche ein Verbrechen nur conjecturaliter beweisen, ziehen sie schon nach sich!"

„Und Daumflock und Bock!" — rief der wüste Kerl, der schon einmal gesprochen. — „Sie hatten mich jüngst auch einmal, und da ich nicht gestehen wollte, was ich nicht gethan, da banden sie mich nackt auf die kurzen, gespitzten Holznägel eines Brettes, Daumen und Zehen zusammengeschnürt und zwischen beide Arme eine, mit hölzernen Nägeln gespickte Stange, die sie zogen und drehten, daß das Blut nur so in Bächen davonfloß! Aber Fluch ihnen! Fluch! bis zum jüngsten Gericht."

Und „Fluch!" heulte es abermals durch die Lüfte.

„Und dies Malefiz-Recht hat auch der Adel!" — schrie jetzt ein Anderer.

„Und," — fuhr der Stadt-Doctor fort, — „auf einem Diebstahl von zwanzig Gulden steht der Strang; — auf Entweihung eines Heiligenbildes das Schwert; — auf Hexerei der Feuertod. Wißt Ihr, daß seit dem Erscheinen dieses Codexes in Baiern so viele Menschen gehängt, geköpft, gerädert und verbrannt wurden, wie beinahe in keinem anderen deutschen Lande?"

„Und was treibt die Leute dazu!" — rief hier der Alte, beide Hände wie beschwörend zum Himmel erhoben: —

„Gott soll es wissen.... zumeist Hunger, Elend und Verzweiflung!"

„Darnach fragt das Gesetz nichts!" — erwiderte der
Advocat. — „Thatsache aber ist: daß in dem einen Rent-
amt Burghausen in einem halben Menschenalter an
1100 Menschen executirt worden sind. In München
werden fast jede Woche zwei bis drei Verbrecher gerichtet;
.... das macht so ungefähr 100 bis 150 im Jahr!"*)

„Weh' uns! — Wehe!" — rief der Alte.

„Macht nichts!" — sagte der Doktor höhnisch, —
„das Volk gewöhnt sich an den Hinrichtungsspectakel so,
daß es, wenn die Armensündergloce geläutet wird, wie zu
einer Lustbarkeit hinausrennt, um das rothe Tuch vom
Rathhause wehen, den Stab brechen und den Henker sein
Handwerk verrichten zu sehen. Holla! Hurra! Holla!
was ist das so schön!"

„Und der Herr?" — frug einer aus der Menge

„Der gute Max?" — sagte der Redner — „nun,
man muß ihm Gerechtigkeit widerfahren lassen: er ist
traurig und schwermuthsvoll so oft er ein Todesurtheil
unterschreiben muß."

„Aber warum thut er's denn?"

„Weil er nicht anders kann!"

„Er, der Herr! der Fürst des Landes?"

„Seine Räthe und Höflinge zwingen ihn dazu, indem

---

*) Zschokke's „Geschichte des bairischen Volkes und seiner
Fürsten." Theil 7. Seite 210.

sie ihn unaufhörlich in der Meinung bestärkten: das Volk
sei nur mit Schrecken in Zaum und Ordnung zu halten!"

„Und die Reichen, die Vornehmen und Adeligen?"

„Die reichen Wüstlinge und die hochgeborenen Herren,
die gehen frei aus. Bürger und Bauern sind ihre Hunde!"

„Wir wollen dies Joch nicht mehr tragen!" — riefen
hundert Andere zugleich.

„Nun denn," — sagte jetzt der Stadt-Doctor —
„wenn Ihr alle diese Steuern nicht mehr bezahlen könnt
und wollt und dieses unwürdigen Joches satt seid, so bleibt
nur ein Mittel, ihm zu entgehen."

„Und das ist?"

„Wir wandern alle zusammen aus."

„Auswandern!" — „Auswandern!" — lief es von
Munde zu Munde.

„Ja, auswandern!" — sagte in diesem Momente eine
ernste, wohlklingende Stimme, und als sich Alle nach der
Gegend wandten, von der sie kam, trafen die Blicke auf
einen bleichen Benedictiner-Mönch von edlen Zügen, der
während der ziemlich stürmischen Verhandlung unbemerkt
in den Kreis getreten war. Auch der Glatzköpfige hatte
ihn gewahrt und freudig überrascht ging er jetzt auf ihn zu
und rief, ihm die Hände entgegenstreckend:

„Wie? Ihr, Pater Nonnos? O, herrlicher Mann
Gottes, Ihr kommt wie gerufen!"

„Gebenedeit sei die Heilige!" — versetzte der Pater,
— „wenn ich komme, um auf einen guten Entschluß segensvoll einwirken zu können."

„So habt Ihr gehört, was ich den Leuten hier vorge-
schlagen."

„Ja! und kann es nur billigen. Unser Herr heißt
nicht umsonst der „gute Max;" er ist wirklich gut . . . .
aber er ist zu schwach gegen seine Umgebung. Da schaltet
und waltet man denn in stolzer Leichtmüthigkeit, und zer-
tritt des Edlen viel, was der gute Wille des Churfürsten
ausgesäet. Sicher durch des Herrn Vertrauen folgen sie
frech den Eingebungen selbstsüchtiger oder herrschsüchtiger
Launen und drücken da das Volk zu Boden, wo es Maximilian Joseph gern erhoben hätte. Da es nun aber so
bleiben wird, gar keine Abhülfe in Aussicht steht, und das
Volk darüber zu Grunde geht, so bleibt nichts anderes
übrig, als sich ein anderes Vaterland zu suchen."

„Ein ander Vaterland!" — wiederholte der Alte, indem
er traurig den Kopf schüttelte — „und wo finden wir das?"

„Wo es über zehntausend unserer Brüder schon gefunden haben!" — entgegnete der Stadt-Doctor, —
„die vor sieben Jahren dem Aufrufe unseres würdigen
Landsmannes, des Obristlieutenant Thürriegel, gefolgt
sind und die nun, als wohlhabende und glückliche Colonisten,
in der durch sie bevölkerten Sierra Morena im herrlichen Spanien wohnen."

„Ja! Kinder," — setzte hier Pater Nonnos hinzu,
— „der Doctor hat Recht. Ist Einer hier, der sagen kann,
daß ich je etwas gegen Euer Wohl gethan oder gerathen
habe?"

„Keiner kann das!" — rief es von allen Seiten und

die Menge drängte sich her zu dem bleichen Mönche, aus dessen edlen Zügen ein schwerer tiefer Kummer sprach, die Hände ihm zu küssen.

Pater Rennes ließ sie gewähren; nicht aus Stolz und kirchlichem Hochmuthe, sondern weil er wußte, daß sie ihm damit ihre wirkliche Anhänglichkeit beweisen wollten. Dann sagte er:

„Nun seht, Kinder, wenn Ihr in der That Vertrauen zu mir habt und überzeugt seid, daß ich nur Euer Gutes will, wie ich — so wahr mir Gott helfen soll — immer nur das Gute und Edle angestrebt habe, so folgt meinem und des Stadt-Doctors Rath und wandert nach dem schönen Spanien aus. Mir blutet das Herz, daß ich Euch einen solchen Vorschlag machen muß, denn dem Baiern ist das Herz an sein angestammtes liebes schönes Baiernland gewachsen.... aber.... ich sehe keine andere Hülfe! Schon schmachtet Ihr Alle im tiefsten Elend.... noch kurze Zeit und Ihr geht völlig darin zu Grunde.“

„Und!“ — rief hier der Glatzköpfige mit schlecht verhehlter Freude, — „daß Ihr es nur wißt: auch der reiche Seewirth und der Geigenmathes und das junge Paar und ich, wir alle gehen mit. Und in der Sierra Morena im prächtigen Spanien erwarten uns die Brüder mit offenen Armen — und der König nimmt dort von den deutschen Colonisten keine Abgaben!“

„Hurrah!“ — tönte es bei diesen Worten durch die Luft.

„Keine Abgaben!“

„Der König nimmt von den deutschen Colonisten keine Abgaben!"

„Hört ihr's? — …. keine Abgaben!"

„Es lebe der spanische König!"

„Und wer wird uns führen?" — frug sichtbar bis auf's Tiefste erschüttert, nachdem sich der Lärm gelegt, der Alte.

„Wer uns führen wird?" — wiederholte der Winkeladvocat. — „Der dort!" — und er zeigte auf einen großen, schönen und stattlichen Mann, der in spanischer Officiers-Uniform eben auf den Kreis zutrat. — „Es ist unser Wohlthäter, unser Befreier, Obristlieutenant Thürriegel!"*)

---

*) Zschokke sagt in seiner Geschichte des bairischen Volkes und seiner Fürsten: Ein einziger, geistvoller Mann, den sein Vaterland verkannte, that zu derselben Zeit jenseits der Pyrenäen mit geringen Mitteln größere Wunder, als Maximilian Joseph's Großstaatsbeamte insgesammt, mit der ganzen Fülle ihrer Macht, verrichten konnten. Das war der Baier Joseph Kaspar Thürriegel von Gossersdorff, Landgericht Mitterfels. Er machte die unwirthbaren Thäler und Höhen der Sierra Morena, unter Vermittlung der spanischen Minister Aranda und Olavides, fruchtbar und bevölkert. Ueber die Pyrenäen zum Rheine und zur Donan eilend, rief er den deutschen Landmann aus Armuth, Verachtung und Knechtschaft zu freierem Dasein und Eigenthum in die spanische Einöde, die nur deutscher Fleiß entwildern konnte. Und Tausende und Abertausende folgten seiner Stimme, zumal aus Baiern. Hier ward vergeblich mit Galgenstrafen und ausgebotenen Preisen gegen die Leuteverführer geeifert, weil man gänzliche Entvölkerung des Landes fürchtete. Thürriegel löste seine Aufgabe glücklich: Mitten im

Der Name war denn auch, schon von der ersten Auswanderung her, bekannt genug, um auf Alle wie ein elek-
trischer Schlag zu wirken, wobei freilich das Bewußtsein
mit in Anschlag kam, daß nach den erlassenen Gesetzen,
überführte Anwerber binnen 24 Stunden gehängt und jeder
Auswanderer an Leib und Gut mit peinlichen Strafen
belegt werden sollte. Aber wie der Anblick von Massen
das Volk immer muthig macht und ein festes, entschiedenes
und würdiges Auftreten immer imponirt, so ging es auch
hier. Schnell war jede Regung von Furcht verschwunden,
während die Leute dem nähertretenden Obristlieutenant
ehrerbietig Platz machten. Auch die übrigen Haufen
hatten sich längst diesem angeschlossen, und so befand sich
Thürriegel nun von mehreren Tausenden umgeben.

Niemand ahnte dabei, daß der kluge und vorsichtige
Mann auf allen Höhen und Wegen ringsumher Sicher-
heitsposten aufgestellt hatte, die bei annähernder Gefahr
Wahrnungszeichen geben mußten.

Der Leiter der Auswanderungsangelegenheit ging nun
ausführlicher auf seine Pläne ein. Er schilderte mit leb-
haften Farben das glückliche Loos der früher in Spanien
Eingewanderten, zeigte den schweigend Zuhörenden, die
Vortheile, die sie dort erwarteten, verschwieg ihnen aber
auch die Mühen und Anstrengungen nicht, denen sie sich
bei dem Unternehmen auszusetzen hätten. Endlich berührte

---

spanischen Gebirge leben noch heute, auf Latarolina's Höhen,
Nachkömmlinge jener Baiern in einträglichen Pflanzungen.

er auch den Hauptpunkt, das heißt: die Geldfrage, und da klärten sich denn bei der Nachricht: die spanische Regierung übernehme die Reisekosten in sofern, als die sehr mäßig gestellten Gelder mit der Zeit abgetragen werden könnten, gar viele Gesichter auf.

Der Stadt=Doctor und der Seewirth gingen Thürriegel dabei, zur Verständigung mit den Leuten, tüchtig an die Hand, so daß man schon ziemlich weit in den Verhandlungen gekommen war, auch das Nöthige über den weiteren Abschluß festgesetzt hatte, als sich aus der Ferne und zwar auf dem Wege von München her, das verabredete Warnungszeichen vernehmen ließ. Man mußte in der Hauptstadt Wind von der Versammlung erhalten haben.

Sofort theilten Thürriegel, der Advokat und der Seewirth den Leuten das Nöthige mit, worauf sich die Haufen rasch zerschlugen.

Kurze Zeit später stießen aus verschiedenen Buchten des Starnbergersees eine Menge dichtbesetzter Kähne ab, während dem scharfen Auge eines aufmerksamen Beobachters die langen Züge von Landleuten nicht entgehen konnten, die nach Nord und Süd, nach Ost und West, zwischen Hügeln oder in benachbarten Wäldern verschwanden. Von Thürriegel war keine Spur mehr zu sehen; auch der bleiche Benedictiner war unsichtbar geworden.

Indessen konnte sich doch die ganze Menschenmasse so schnell nicht entfernen, und namentlich war dies für Diejenigen schwierig, die sich nach der Gegend zu richten hatten, aus welcher das Warnungszeichen gekommen war. Der

Seewirth hieß sie daher an der Hochzeitsgesellschaft
Theil nehmen, schaffte Brod und Käse, Milch und Bier
herbei und bald konnte kein Mensch ahnen, was sonst hier
vorgegangen.

Unten am Hause waren unterdessen die jungen Leute
der eigentlichen Hochzeitsgesellschaft zum Tanze angetreten,
zu dem drei Dorfmusikanten herzhaft aufspielten. Die
Fiedel kratzte, der Baß brummte, die Clarinette schrillte
dazu, daß es für Dorfohren eine wahre Lust war, während
die Paare wirbelnd sich drehten und helle Jubelschreie keck
dazwischen fuhren.

„Hätten wir nur noch einen einzigen Fiedler," — sagte
jetzt der Seewirth zum Stadt-Doctor — dann
könnten die Leute auch hier tanzen, der Geigen-Matthes
hat einen Baß bei mir stehen, den er just fertig gemacht
hat und morgen nach München zum Verkaufe bringen will,
den würde er gleich dabei einspielen."

„Ja!" — entgegnete der Winkeladvokat, indem er un-
ruhig nach der Straße blickte, die nach München führte —
„dann möchten sie immerhin ihre Spürnasen schicken, um
unsere Sachen auszuwittern, hier könnten sie nichts
merken."

In dem Augenblicke kam über den nächsten Hügel ein
blutjunger Mann her — ein junger Mann von höchstens
einundzwanzig Jahren — sauber aber ganz einfach gekleidet,
mit dem jugendfrischen Gesichte fröhlich in die weite Welt
schauend.

Und da hatte er denn auch in der That etwas zu sehen;

denn vor ihm lag ja der prächtige See mit seinen ent-
zückenden Ufern, seinen Inseln, Dörfern und Schlössern
weit hinten von den Tyroler Hochgebirgen begränzt. Und
auf dem See so mancher Kahn, dem gegenüberliegenden
Ufer zustrebend; ... und in dem Vordergrunde die Trümmer
der Kaisersmühle, das Oertchen Starnberg mit seinem
freundlichen Wirthshaus, und der lustigen, singenden, tanzenden, zechenden Gesellschaft.

Das war ein Bild, wie man nicht so leicht ein zweites
findet, und dem jungen Wandersmann mußte es denn
auch in der That gefallen, denn er blieb lange — in seiner
Anschauung verloren — stehen. Man sah es ihm zugleich
so recht an, wie er sich mit den Fröhlichen freute; ja, als
er gewahrte, daß ein großer Theil der Leute den Tanzenden
müßig zuschaute, die wohl auch gern einmal ein Tänzchen
gemacht hätten, nahm er eine Art lederner Tasche, die ihm
an der Seite hing, zur Hand, öffnete sie, zog eine Violine
daraus hervor und fing — ohne ein Wort zu sagen — einen
seinen „Salzburger"*) zu spielen an.

Kaum aber ertönte die bekannte Weise, als es aus
zahllosen jugendlichen Kehlen ertönte: „Ein Musikant! ein
Musikant!" und ehe fünf Minuten vergingen schnurrte
auch des Geigen-Matthes Baß dazu, und auch hier
drehten sich eine Menge Paare, die um so glücklicher waren,
als sie nicht nur auf kurze Zeit ihr Elend vergessen konnten,

*) Ein damals in Süddeutschland bei dem Landvolke sehr be-
liebter Tanz.

sondern auch gerade jetzt von dem Sonnengolde einer hoff-
nungsreicheren Zukunft übergossen wurden. In allen den
armen, gedrückten Menschen tönte ja der Erlösungsruf:
„Fort nach Spanien! — Fort nach der Sierra-Morena!"
noch immer nach.

Der Seewirth aber und der Stadt-Doctor
waren vor Ueberraschung und Freude ganz außer sich.
Ihr Wunsch war erfüllt und zwar gerade noch zur rechten
Zeit, denn eben ließen sich auf dem Wege von München
her einige Reiter sehen — unstreitig Kundschafter, die man,
auf eingegangene geheime Berichte hin, nach der Seegegend
abgesandt. Das Wunderbarste aber war, daß der so unerwartet eingetroffene Musikant, so prächtig spielte, wie
man noch keinen am See gehört hatte. Der Geigen-
Matthes war doch — als früherer Fiedler und jetziger
Geigenmacher, deren es bekanntlich in Mittenwalde
schon damals viele gab — weit und breit berühmt; aber
dem jungen Burschen da, das merkten doch Alle, reichte er
das Wasser nicht. Stücke spielte der, so viel man haben
wollte, und so lustig, und so schön zum tanzen . . . . und
von der Fiedel ging's so zart wie Butter.

Aber der Seewirth brachte ihm auch einen Krug
von seinem besten Wein und Kuchen dazu, daß eine ganze
Familie damit auf vierzehn Tage genug gehabt hätte. Er
that dies indessen nicht nur aus Dankbarkeit, sondern auch
weil er und der Stadt-Doctor kluge Leute waren, die
— den Finger an die Nase gelegt — einer dem anderen

mit pfiffigen Mienen zuflüsterten: „das ist kein gewöhnlicher Schnurrant, das ist ein Stadtmusikant!"

„Sicher! denn er hat weder an den Elbogen noch an
den Knieen Löcher in den Kleidern."

„Und ganze Schuhe!"

„Und ist sauber gewaschen und gekämmt."

„Wenn's nur nicht am Ende selbst ein Spion ist?"

„O nein! dazu sieht er doch zu ehrlich aus."

„Nun, so hat er wohl nur eine Fußtour an unsern
schönen See gemacht und die Geige zu seinem Vergnügen
mitgenommen."

„So wird's sein: es gibt ja unter den Musikanten ga
komische Käutze!"

Die Reiter waren unterdessen herangekommen, und
zeigten sich nun in der That als eine Gensdarmerie Abthei-
lung. Der Seewirth trat ihnen freundlich entgegen,
bot ihnen unter schnurrigen Redensarten seinen Gruß und
hieß sie absteigen, um an dem Ehrentage seines Sohnes
ein Glas mit ihm zu trinken. Dieser Aufforderung wurde
denn auch mit großer Bereitwilligkeit genügt, worauf der
Anführer im Gespräche mit dem Seewirth und dem
Stadt=Doctor, diese allmälich auszuforschen suchte.
Aber da war er an die Unrechten gekommen; beide thaten
so harmlos, als wie neugeborne Kinder, und als auch nach
längerer Zeit zwei Mann zurückkamen und dem Befehls=
haber zuflüsterten, daß weder eine Versammlung in der
Gegend anzutreffen, noch eine Spur von Thürriegel
zu finden sei, so beruhigte sich dieser, trank, zur Belohnung

für seinen Diensteifer und die so pflichtgetreu ausgeführte Expedition, noch einige Maß Wein mit seinen Leuten, und gab dann den Befehl zur Rückkehr.

Indessen war auch der Abend gekommen; die meisten Hochzeitsgäste, wie die übrigen Leute, brachen auf.

Der freundliche und lustige fremde Musikant steckte — zur Verwunderung aller Anwesenden ohne Geld zu sammeln — seine Geige ein und bald war es an der Kaisersmühle leer und still geworden. Nur aus den erleuchteten Fenstern des Hochzeitshauses schallten noch die schneidenden, brummenden und quikenden Töne der Dorfmusik, von einzelnen „Juchhe! — ju!" unterbrochen.

Da trat plötzlich der Seewirth zu dem fremden Musikanten heran, reichte demselben seine Hand, schüttelte diese und sagte:

„Nehmt meinen Dank, junger Mann, für die Freund- lichkeit, mit der ihr die Gäste unterhalten habt; denn mit Geld wird's doch nicht gethan sein. Seid was anderes, als ein bloßer Geiger, das hab ich schon gemerkt. Aber jetzt ist's spät und fort könnt ihr nicht mehr; so bleibt denn bei mir, und laßt's euch als Gast in meinem Hause ge- fallen."

„Das will ich!" — entgegnete der Andere freundlich. — „Gebt mir ein Zimmer, Herr Wirth, versteht sich auf meine Kosten, denn diese Nacht und Morgen möchte ich noch in dieser herrlichen Gegend bleiben."

„So seid ihr wirklich . . . . ?"

„Ein Musikant!" — sagte der junge Mann lachend.

„Von München?"

„Nein, von Salzburg; aber auf der Reise nach München."

„Zu Fuße?"

„Doch nicht! Ich ließ, da ich schon so viel von der Schönheit der hiesigen Gegend gehört, meine Sachen unterwegs und spazierte zu Fuße nach dem See."

„Nun so hab' ich's errathen!" — rief der Seewirth freudig und über seine eigene Schlauheit staunend. — „So kommt denn Herr, und macht's euch bei mir bequem. Das schönste Stübchen soll Euer sein!"

Wolfgang Amadeus Mozart — denn kein Anderer war der einundzwanzigjährige junge Mann — folgte dem Wirthe mit Freuden, der denn auch Wort hielt und den Gast in ein gar trauliches Zimmer führte.

Aber hier durfte er jetzt noch nicht bleiben. Er mußte mit zu der Hochzeit herab, und da es guten Wein und hübsche Mädchen gab, so flogen Wolfgang die Stunden unter Scherz und Tanz wie Minuten dahin. Er gab sich dabei mit der ihm eigenen kindlichen Liebenswürdigkeit und Heiterkeit, die sich bis zur Ausgelassenheit steigerte. Da war keine Spur von dem Künstler zu entdecken, der Italien schon vor Jahren entzückt, der seitdem zur Inthronisirung des neuen Erzbischofs von Salzburg,*) Hieronymus, das schöne Singspiel: Il sogno di Sci-

---

*) Hieronymus, aus der fürstlichen Familie von Colloredo-Wallsee und Möls.

pione (der Traum des Scipio) geschrieben, die Opern „Lucius Sylla" — die Mailand auf's Neue entzückte — und „La bella finta Giardiniera, (die schöne verstellte Gärtnerin.), die mit Begeisterung aufgenommen wurde; die Serenade: „Il Re pastore" (der Hirtenkönig), zwei Messen, ein Offertorium, eine Vesper de Dominica und so viel Anderes componirt hatte — — da war keine Spur von diesem großen Künstler . . . . wohl aber ein recht liebenswürdiger, einfacher, herziger Mensch zu entdecken, der mit Freuden den vollen schäumenden Becher des Lebens erfaßte und mit jugendlicher Lust leerte.

Und doch sollte der Künstlernatur auch in dieser Nacht noch ihr Recht werden. Als nämlich die tolle Lust vorüber, alle Gäste heimgezogen und das junge Paar seine Kammer gesucht hatte, fühlte Amadeus, daß er zu erregt sei, jetzt schon schlafen zu können; er bat sich daher — da die Nacht mehr als kühl war — von dem Wirth einen Mantel aus, und ging nach den Trümmern der Kaisersmühle, in dem Anblick des See's und seiner vom Monde prächtig überstrahlten Umgebung, nach der tollen Lust und Aufregung, Ruhe und Frieden für die übrige Nacht zu finden.

Und wahrlich, er fand, was er suchte!

Wie göttlich schön, wie still und freundlich lag der Spiegel des See's da. Ueber den riesigen Bergen aber stand der Mond licht und rein und klar, wie ein großer erhabener Gedanke mitten im Dunkel des Lebens!

Und wie schlummerte die Welt rings an den Ufern,
deren einzelne Gegenstände jetzt unkenntlich geworden —
und auf den Inseln, die wie träumend dalagen, während
der Mond eine Brücke von leichtbewegtem Silber von
einem Ufer zum anderen schlug.

Wolfgang stand nahe den Trümmern der Mühle und
konnte sich nicht satt sehen; während die Sagen von der
Geburt Karls des Großen, von welchem ihm heute schon
mehrere mitgetheilt worden waren, unwillkürlich in ihm
wieder wach wurden, und seiner Phantasie die reichste
Nahrung gaben. So kam es, daß er in der That erschrak,
als er plötzlich dicht hinter sich ein Geräusch vernahm, und
im Umdrehen einen Benedictinermönch erblickte, dessen
Züge ihn wunderbar berührten. War es ihm doch, als
müsse er dies bleiche Gesicht schon einmal gesehen haben —
und doch blieb es ihm wieder vollkommen unmöglich, sich
zu entsinnen, wo?

Es war ihm dabei, als schaue er eine Hieroglyphe an,
die sich entziffern lassen müsse, und deren Alphabet er fertig
in sich trage. Und geht es uns Allen im Leben nicht oft
so? Die Physiognomik aber ist eine Kunst, die jeder Den-
kende zu lösen vermag, und die zu betreiben von höchstem
Interesse ist; darum betreibt sie denn auch — mehr
oder weniger, bewußt oder unbewußt — jeder Mensch.
Sagt doch das Gesicht eines Menschen oft mehr Inter-
essantes, als sein Mund: denn es ist das Compendium
alles Dessen, was dieser sagen kann und je sagen wird, da
es zugleich das Monogramm alles Denkens und Trachtens

des Menschen ist. Auch spricht der Mund nur Gedanken eines Menschen, das Gesicht einen Gedanken der Natur aus.

Der Gedanke der Natur aber, den die Züge des Benedictiners verkündeten, war: Arme Menschheit, du wirst nicht glücklich, so lange die Fesseln des Geistes dich an jedem freien Aufschwunge hindern!

Freilich fehlte Wolfgang — dem jungen, in dieser Beziehung noch ganz unerfahrenen Mann — hierzu der Schlüssel; was er aber auf den ersten Blick aus diesen bleichen vom Monde jetzt fast gespensterisch erleuchteten Zügen, las, war, daß er es mit einem edlen, liebenswürdigen Menschen, mit einem helldenkenden Kopfe zu thun habe. Dabei erzählten so manche schmerzlichen Linien, von den Leiden eines großen Märtyrerthums; während die ganze Erscheinung dunkle Jugenderinnerungen wach rief.

„Seid mir gegrüßt, mein Bruder!" — sagte jetzt der Benedictiner, zu Wolfgang, mit einer stillen aber würdigen Vertraulheit herantretend, etwa wie ein Vater zu seinem Sohne. — „Denn Bruder darf ich den wohl nennen, der mit mir so gleiche Gefühle theilt. Ihr seid, wie ich, bezaubert von der Schönheit dieser Gegend, von der Größe der Natur, der Erhabenheit und Seligkeit dieser Stille."

„So ist es, würdiger Vater!" — entgegnete Amadeus; aber er wußte kaum was er sagte, so eigenthümlich bekannt berührte ihn diese Stimme.

„Ja!" — fuhr der Mönch nach einer kurzen Pause fort — „es ist was eigenes um die Stille der Nacht. Wie

ein großer Diamant, in Stücke zerschnitten, an Werth nur
noch eben so vielen kleinen gleich kommt; oder wie ein Heer,
wenn es in kleine Haufen aufgelöst ist, nichts mehr ver=
mag; so vermag auch ein großer Geist nicht mehr, als ein
gewöhnlicher, sobald er unterbrochen, gestört, zerstreut, ab=
gelenkt wird; weil seine Ueberlegenheit dadurch bedingt ist,
daß er alle seine Kräfte, wie ein Hohlspiegel alle seine
Strahlen, auf einen Punkt und Gegenstand concentrirt.
Darum hebt uns auch die feierliche Stille der Nacht so
mächtig empor, darum wachsen in ihr unseres Geistes
Flügel oft riesenhaft."

„Ihr sprecht mir aus der Seele!" — entgegnete der
junge Künstler lebhaft — „auch ich bin nie glücklicher im
Schaffen, als wenn die Erde schläft, und das Leben zurück=
gesunken ist, wie in ein ungeheures Grab."

„Und diese Ruhe, diese göttliche Ruhe" — fuhr der
Benedictiner fort — „wie beseligt sie!"

„Auch auf mich wirkt sie hier, in dieser großartigen
Umgebung, erhebend!" — sagte Wolfgang — „obgleich
ich sonst ein frisches, frohes und thatkräftiges Leben vor=
ziehe!"

Ein trübes Lächeln glitt bei diesen Worten über das
Antlitz des Mönches. — „Mein junger Freund" — sagte er
dann milde — „Ihr blickt in das Leben, ... das meine
liegt hinter mir. Auch ich war nicht unthätig, ... ja
. . . . ich kann sagen, ich habe viel gethan. Aber jeder
Wanderer wird müde. Ich weiß es, unser Dasein hat
wesentlich die beständige Bewegung zur Form, ja es muß

ohne die Möglichkeit der von uns stets angestrebten Ruhe
sein. Gleicht es doch dem Laufe eines bergab Eilenden,
der, wenn er stillstehen wollte, fallen müßte, und nur durch
Weiterrennen sich auf den Beinen erhält; — oder dem
Planeten, der in seine Sonne fallen würde, sobald er auf-
hörte, unaufhaltsam vorwärts zu eilen! Unruhe also ist
der Typus des Daseins. So ist es, so muß es sein, damit
der große unermeßliche Haushalt sich erhalte. Aber, mein
Sohn, auch Euch wird mit der Zeit die Erfahrung lehren:
daß in einer solchen Welt, wo keine Stabilität irgend einer
Art, kein dauernder Zustand möglich, sondern Alles in rast-
losem Wirbel und Wechsel begriffen ist, Alles eilt, fliegt,
sich auf dem Seile, durch stetes Schreiten, Balanciren
und Bewegen, aufrecht erhält, ... keine dauernde Glück-
seligkeit zu finden ist!"

„Sollten Euch, mein Vater, nicht vielleicht traurige
Erfahrungen zu diesem Schlusse führen?" — sagte hier
Wolfgang. — „Das Leben bietet doch so manch Schönes,
so viele glückliche Stunden, und die Zukunft, die Zukunft,
was kann sie uns noch geben!"

„Ich bin nicht ungerecht gegen das Schöne auf der
Erde und das Gute im Leben," — versetzte jener — „dies
beweist Euch mein Hiersein zu dieser Stunde; aber die
meisten Scenen unseres Lebens gleichen den Bildern in
grober Mosaik, welche in der Nähe keine Wirkung machen,
sondern von denen man fern stehen muß, um sie schön zu
finden. Daher heißt Ersehntes erlangen: dahinter kommen,
daß es eitel ist. Dabei leben wir allezeit in der Erwartung

des Besseren, auch oft zugleich in reuiger Sehnsucht nach
dem Vergangenen. Das Gegenwärtige hingegen wird
nur einstweilen so hingenommen und für nichts geachtet,
als für den Weg zum Ziele. Daher werden die Meisten,
wenn sie am Ende zurückblicken, finden, daß sie ihr ganzes
Leben hindurch in Erwartung gelebt haben, und verwundert
sein, zu sehn, daß gerade das, was sie so ungeachtet und
ungenossen vorübergehen ließen, eben ihr Leben war."

„Nun, mein würdiger Vater," — versetzte hier der
junge Künstler freudig, — „da treffen wir mit unseren An=
sichten ja ganz zusammen. Auch ich bin für die Erfassung
und den Genuß jedes Augenblicks. Daß ich dabei aber
mit großen Hoffnungen und Erwartungen in's Leben blicke,
— daß ich von einer großen Zukunft für mich träume....
nun, das mag meiner Jugend vergeben werden."

„Nein!" — versetzte hier der Mönch und legte seine
Hand auf Wolfgang's Schulter, — „sagt dafür Gott
und Eurer Jugend Dank! Ohne diese weise Einrichtung
fehlte gerade den besseren Menschen der Sporn, der sie
antreibt nach Größe zu streben. Die Enttäuschungen
.... nun .... die überläßt dann dem Alter."

„Und sollten denn bei jedem Sterblichen die schönsten
Hoffnungen der Jugend an Enttäuschung sterben?" —
frug fast beklommen Amadeus.

„Bei den meisten, ja!" — entgegnete der bleiche Bene=
dictiner. — „Die Geschichte zeigt uns das Leben der
Völker und findet nichts, als Kriege und Empörungen zu
erzählen; die Zeiten des Friedens, des Glücks, erfüllter

Hoffnungen erscheinen nur als kurze Pausen . . . nur als
Zwischenacte . . . . dann und wann einmal. Ebenso ist
das Leben des Einzelnen ein fortwährender Kampf, ein un=
abläßiges Warten, Ringen, Hoffen . . . . und Enttäuscht=
werden. Ueberall und auf allen Wegen findet er Wider=
sacher — deren schlimmster das Schicksal selbst ist — lebt
beständig im Kampfe . . . . und . . . . stirbt, die Waffen in
der Hand, die unerfüllten Hoffnungen im Herzen!"

„Mein Gott!" — rief Amadeus, — „es wäre
traurig, wenn Ihr Recht hättet."

„Es ist traurig, daß ich Recht habe!" — sagte der
Mönch, — „und ich fürchte, es wird auch für Euch eine
Zeit kommen, da Ihr Euch dieses Gespräches erinnern
werdet."

Amadeus sah den ihm so bekannten Benedictiner hier
voll Mitgefühl an. „Der Mann muß viel, sehr viel ge=
litten haben!" — dachte er bei sich selbst und sprach dann
den Gedanken auch aus.

„Habt Ihr nichts von dem Schicksale des Pater Non=
nos gehört?" — frug darauf der Mönch.

„Nein!" — sagte Wolfgang.

„Nun!" — fuhr jener fort, — „so will ich es Euch
mittheilen. Zieht Euren Mantel fester an, denn es ist sehr
kühl und setzt Euch auf diese Mauerreste."

Der junge Künstler gehorchte und es folgte eine län=
gere Pause. Schweigend lag der See, schweigend die Welt.
Der Mond aber blickte groß und still vom dunklen Himmel

nieder und der Geist des allliebenden Vaters schwebte über
der träumenden Erde.

„Pater Nonnos," — hub endlich der Benedictiner
an — „ist ein Mönch meines Ordens, Bruder in der nahe
gelegenen Abtei von Oberaltaich. Reizbaren Gemüthes,
Feind der Heuchelei und geistigen Knechtung, beseelt von
dem heißen Wunsche seinen Mitmenschen zu dienen, ihre
Qualen zu mindern, eiferte er nicht selten — vielleicht mit
allzu unvorsichtiger Heftigkeit — gegen die zügellosen
Sitten seiner Mitbrüder, geißelte mit Spott ihre Unwissenheit und suchte Manches zum Wohle der Menschen
zu wirken, was den frommen Herren gar sehr mißfiel.
Darum wurde er von ihnen gehaßt. Sie lauerten auf
Rache und fanden sie bald. Nonnos hatte eine Schwester,
das einzige Wesen, das auf der Welt sein war und an dem
er mit unendlicher Liebe hing. Sie war eingekleidet bei
den Nonnen im Anger zu München. Von Zeit zu Zeit
sah er dieselbe und war dann glücklich für Monate. Plötzlich aber war sie verschwunden und Niemand konnte Aus-
kunft über sie geben. Nonnos aber erhielt einen Auftrag
an ein Kloster seines Ordens in Wien, wo man ihn fest-
nahm und einkerkerte. Endlich — endlich — nach sechs
langen Jahren — kehrte er zurück; seine erste Aufgabe
in München war, sich nach seiner Schwester zu erkundigen,
— — man hatte außerhalb des Klosters nie mehr etwas
von ihr gehört, im Kloster selbst hieß es: sie sei schon vor
Jahren gestorben."

„Nonnos betrauerte sie daher als todt und wollte

schen — der Pflicht gehorchend — in sein Kloster zurückkehren, als eine Begebenheit, die in der Hauptstadt
großes Aufsehen erregte, ihn bewog, noch einen Tag zu
bleiben."

„Und diese Begebenheit?" — frug Amadeus gespannt.

„Die Franziskaner zu München, als Beichtväter der
Nonnen im Anger hatten über das Kloster derselben ihre
selbstständige Gerichtsbarkeit, den Blutbann. Eines Tages
nun, gerade zu der Zeit meiner Anwesenheit, vernahm ein
Kaminfeger dort das klägliche Gewinsel einer weiblichen
Stimme, aus unterirdischen Tiefen. Er machte sogleich
Anzeige davon bei dem Churfürsten und dieser sandte auf
der Stelle eine Untersuchungscommission. Die erschrocke-
nen Nonnen läugneten vergebens. Das Kloster ward
durchsucht. Dumpfes Wimmern wie aus Grüften, leitete
abwärts zu einem Kerker. Man sprengte die Pforte desselben und es erschien ein jammervolles Gespenst in Men-
schengestalt, gekrümmt und seufzend unter der Bürde
schwerer Ketten, vom Unflath verzehrt . . . . am Fleische
modernd!"

Der Mönch hielt einen Moment inne um tief Athem
zu schöpfen, dann fuhr er fort:

„Es war eine junge Nonne. Sie hatte schon seit sechs
Jahren in diesem feuchten, lichtlosen Behältnisse ge-
schmachtet — — warum? — — der Angabe nach: wegen
allzu großer Freigebigkeit gegen die Armen zum

Nachtheil des Klosters — in Wahrheit . . . . weil sie
. . . . Pater Ronnos Schwester war."*)

„Entsetzlich!" — rief Amadeus — „und was ward
aus der Unglücklichen?"

„Sie ward in's Herzogspital gebracht. Eine voll=
kommene Heilung konnte aber nach solchen Leiden nicht er=
folgen, sie blieb gekrümmt und geistesschwach, bis sie der
Tod nach einem Jahre von allen Leiden befreite."

Der Benedictiner schwieg. Tiefe Wehmuth schien ihn
zu erfassen und auch Wolfgang vermochte kein Wort zu
sprechen, so hatte ihn die einfache Erzählung des Mönches
erschüttert. Und schweigend lag der See, schweigend die
Welt. Der Mond aber blickte groß und still vom dunklen
Himmel nieder und der Geist des allliebenden Vaters
schwebte über der träumenden Erde.

Endlich hub Amadeus wieder an:

„Und wie ging es Pater Ronnos?"

„Auf Befehl seiner Oberen kehrte er in sein Kloster
zurück. Da er aber im Uebermaße seines Schmerzes den
Landesherrn zur Aufhebung der peinlichen Gerichtsbarkeit
bestimmt hatte, der schon so viele unselige Opfer gefallen
waren, erwartete ihn hier auf's Neue Zorn, Haß und
Rache. Als Glaubensverderber und Feind der heiligen
Kirche angeklagt, verurtheilt und verhaftet, sah er sich der

---

*) Churfürst Maximilian Joseph gebot, auf diese furchtbare
Thatsache hin, sofort die Zerstörung aller klösterlichen Gefängnisse,
fand aber bei den Mönchen nur wenig Gehorsam. Lipowsky:
„Geschichte der Kapuziner" Seite 117.

Wuth der Mönche zur Beute gegeben. Sie durchwühlten seine Schriften, und suchten — obgleich vergebens — nach einem Grund zur härtesten Strenge.... Dennoch verdammten sie ihn, gegen den ausdrücklichen Befehl des Churfürsten, zu ihrem furchtbarsten Kerker, und als er sich in denselben zu gehen weigerte, hetzten die frommen Väter, seine Leibesstärke fürchtend, ihre großen Kettenhunde auf ihn ein. Und als er nun, von diesen zu Boden gerissen, blutend da lag, banden sie ihn .... und schleppten ihn bei den Füßen über die Treppen hinunter ins tiefste Verließ!"*)

„Unmöglich!" — rief hier aufspringend Amadeus, — „das ist der Grausamkeit zu viel! So schrecklich können Menschen, können Christen, selbst gegen einen Verbrecher nicht handeln!"

„Und doch ist es so!" — versetzte wie mit Grabeston der Benedictiner, indem er seine Kapuze vom Kopfe streifte, — „hier sind die Narben, die mir von einem Tag geblieben!"

„Jesus Maria!" — rief Mozart, — „so seid Ihr .... Pater Nonnos!"

„Der bin ich!" — versetzte jener.

„Und, o Himmel!" — fuhr Amadeus in höchster, halb schmerzlicher, halb freudiger Erregung fort, — „nun weiß ich auch, wo wir uns früher, vor langen, langen

---

*) Historisch: Andreas Zaupser, Lebensbeschreibung des Pater Nonnos. — Zschokkes Geschichte des bairischen Volkes und seiner Fürsten. Thl. 7. S. 327.

Jahren schon gesehen haben. Reistet Ihr nicht einst —
es mögen jetzt vierzehn .... fünfzehn Jahre sein nach
Wien und lerntet auf der Donau einen Knaben kennen...."

„O ja! ja!" — rief Nonnos und ein Schimmer der
Freude flog über sein blasses Antlitz. — „Einen Knaben,
der uns im Kloster zu Ips so herrlich die Orgel spielte,
— und der, o ich hab' ihn nie vergessen, in Wien so großes
Aufsehen machte?"

„Nun!" — sagte Amadeus entzückt, dem Benedictiner beide Hände hinstreckend, — „der Knabe ....
bin ich!"

„Ihr?" — wiederholte der Mönch, — „der kleine
Wolfgang Mozart?"

„Der indessen ein Mann geworden."

„O welche Freude!" — rief Nonnos, — „welche
Freude für mein freudenarmes Herz!"

Und die beiden Männer sanken sich einander in die
Arme. Und schweigend lag der See, schweigend die Welt.
Der Mond aber blickte groß und still vom dunklen Himmel
nieder und der Geist des allliebenden Vaters schwebte über
der träumenden Welt und über zwei glücklichen Menschen.

Am Hofe.

Der Hof des Churfürsten Maximilian Joseph von Baiern feierte heute ein großes Fest; denn seine königliche Hoheit, Prinz Clemens von Sachsen, Churfürst von Trier, war zum Besuche in München — d. h. eigentlich in Nymphenburg, wo der Hof residirte — angekommen. Glänzte doch damals dies schöne Lustschloß mit seinen wundervollen Gartenanlagen in seiner höchsten Pracht, nur von Schwetzingen — dem deutschen Versailles — übertroffen. Herrlich warf die große Fontaine ihren achtzig Fuß hohen Wasserstrahl vor dem Palast in die Lüfte, und dieser Palast selbst mit seinen fünf durch Gallerien verbundenen Pavillons, wie imposant; erhob er sich an der Spitze des weiten Parkes. Da waren prächtige Wasserbecken, Canäle, Wasserfälle und Springbrunnen, da prangten in Glanz und in Fülle Orangerien und Treibhäuser und versetzten den staunenden

Fremden nach Italien und unter die Tropen; da bevölkerten Hirsche, Rehe, Fasanen, Schwäne, Kaninchen, selbst ganze Biber-Colonien die Parkanlagen; — da glänzte die Amalienburg durch ihre Spiegel und Gemälde; die, 1716 von Max Emanuel erbaute Pagodenburg durch ihre wunderschönen Porzellanarbeiten, und die 1718 von demselben Churfürsten reizend hingestellte Badeburg mit den Bildnissen der sechszehn Maitressen, mit welchen Churfürst Carl Albrecht unter sanfter Musik im Bade herumschwamm.

War das nicht eine königliche Prachtentfaltung, wenn eine einzige unter den neunzehn großen Fontainen — die große Florafontaine — die hundert Schuh im Umfang hatte, sechszigtausend Gulden kostete?

War das nicht eine königliche Prachtentfaltung, wenn diese ganze Fontaine, der große und die acht kleinen Steinberge, die in dem Bassin standen und alle Statuen von Göttern, Menschen und Thieren, die sich auf und an diesen Bergen befanden, vergoldet waren?

War das nicht eine mehr als kaiserliche Prachtentfaltung, wenn Max Emanuel bei seiner Verheirathung mit der Erzherzogin Maria Antonia zu den bereits vorhandenen zwei großen Büffets von Gold ein neues goldenes Service anschaffte, das aus neun Dutzend goldenen Tellern und sechs Dutzend goldenen Schüsseln, ferner aus sechs Schalen, sechs Leuchtern, einem großen Gießbecken, zwei herrlich ausgearbeiteten Waschbecken, zehn Confectschalen, alles aus demselben edlen Metall, und zahllosen goldenen Löffeln, Messern und Gabeln, deren viele, gleich den Vorschneidemessern mit Edelsteinen besetzt waren, bestand?*)

War das nicht mehr als kaiserliche Prachtentfaltung, wenn das Kleid, welches Ihre Churfürstliche Durchlaucht auf einem Balle zu Venedig trugen, so über die Maßen mit den herrlichsten Edelsteinen besetzt war, daß es einen Schein und Glanz von sich warf, der die Augen bis zum Schmerzen blendete?**)

War es nicht mehr als kaiserliche Prachtentfaltung, wenn Churfürst Karl Albrecht—Maximilian Josephs Vorfahr — ein Paradebett besaß, für dessen Stickereien und Verzierungen 2¼ Centner Goldes waren verschwendet worden, und das 800,000 Gulden kostete?***)

---

*) Es war dies das erste jener prächtigen Service, deren es bis zur Revolutionszeit nur fünf in der Welt gab. Die vier anderen goldnen Service waren: das preußische in Berlin; das 1760 von Kaiser Franz I. angeschaffte in Wien; das 1768 von der Stadt Amsterdam dem Erbstatthalter Wilhelm V. (Vater des ersten Königs der Niederlande) geschenkte und das der Familie der Herzoge von Newcastle, das auf 400,000 Pf. St. circa 4,800,000 Gulden geschätzt wurde.

Eines der prächtigsten Silberservice war das zu dem Hoffeste 1805 in Windsor beschaffte. Das schönste Porzellanservice aber war das des Premierministers Brühl in Sachsen, man schätzte es auf eine Million Thaler.

**) Frankfurter Relationen.

***) Es ist heut zu Tage noch in den sogenannten schönen oder reichen Zimmern des Münchner Schlosses zu sehen: Kaiser Napoleon sollte einst darin schlafen: er bat sich aber ein gewöhnliches Bett aus.

War es nicht eine ächt königliche Prachtentfaltung, daß unter Max Emanuel, Churfürsten von Baiern, Tafel und Jagd gerade auf demselben Fuße eingerichtet waren, wie bei Ludwig XIV., König von Frankreich?

Waren doch damals täglich bei den Jagden gegen vierhundert Pferde auf den Beinen, die Jagdhunde gar nicht zu zählen! Zu Nymphenburg wimmelte der benachbarte fünf Stunden lang bis nach Starnberg reichende Thiergarten von gehegtem Wilde: Hirschen, Rehen, Wildschweinen, Fasanen und Feldhühnern; auch am Starnberger See und in der Umgegend ward das Waidwerk betrieben. Mit stattlichem Gefolge, wie es die Wouvermann'schen Genrebilder noch vielseitig zeigen, zog man auch namentlich zur Reiherbaitze aus. Es wimmelte dabei an Hunden. Der Favorithund lag jederzeit zu Nymphenburg in einer Loge neben des Churfürsten Bett, zwölf andere Logen für Hunde befanden sich in dem anstoßenden Schreibsaal. Der Lieblingshund der — ebenfalls leidenschaftlich jagenden — Churfürstin Amalie, ruhte unter einem gelbdamastseidenen kleinen Zelte auf einem Kissen von gleichem Stoff.

Auch die Alchemie und Goldmacherkunst ward mit königlicher Freigebigkeit betrieben. So kostete der berüchtigte Abenteurer Conte Ruggiero den Churfürsten Max Emanuel sechszigtausend Gulden und ward noch dazu zum churbairischen Feldmarschall, Generalfeldzeugmeister, Etatsrath, Obristen über ein Regiment und Commandanten von München mit ungeheuren Gehalten er-

nannt*) Noch größere Summen fielen in die Hände eines
Grafen Tauskirchen, der sich erboten hatte, so viel
Geld zu machen, daß Baiern dafür zu klein sei.
Aber nicht Baiern war für sein Geld zu klein, wohl aber
der Beutel des Churfürsten für den goldgierigen Grafen.

Dreißig Millionen Schulden und ein ruinirtes
Land waren das Resultat dieser Prachtentfaltung,
dieses Glanzes, dieses Lebens im Style Ludwig XIV.

Ganz anders dachte freilich Maximilian Joseph.
Er war in der That von dem edelsten Fürstenwunsche
erfüllt — von dem Wunsche: ein glückliches Volk um seinen
Thron zu erblicken. Vor Allem war nun dazu Wieder-
herstellung des zerrütteten Staatshaushaltes und das
Tilgen der verzehrenden Landesschulden dringend nöthig.
Er begann daher mit Aufhebung des unentbehrlichsten und
allzu übermäßigen Prunkes und Trosses am Hofe. Er
schränkte sogar sich selbst — Andern ein Beispiel — in
seinen Bedürfnissen ein. Ja, beim Beginn seiner Regierung und im edlen Jugendfeuer faßte er sogar einen Entschluß, wie ihn vor alten Zeiten einst Herzog Heinrich
von Landshut gefaßt hatte: in ein fremdes Land zu ziehen
und fremde Dienste zu nehmen; damit der Hofstaat erspart
und dem Volke geholfen werde.**)

<hr>

*) Er büßte seine Betrügereien, hinter die man aber zu spät ge-
kommen war, nachher im Kerker, entsprang dann und wurde endlich
in Preußen gehängt.
**) Er wollte, hieß es, in spanische Kriegsdienste treten. Rot-
hammers Biogr. Max Josephs S. 56.

Aber was helfen die edelsten Entschlüsse, wo die Kraft und die Möglichkeit zur Ausführung fehlten! Mutter, Verwandte, Räthe, ja seine ganze Umgebung hinderten ihn nicht nur an der Ausführung dieses allerdings etwas extravaganten Entschlusses, — nein — sie thaten auch das Ihre, den alten Glanz des Hofes so viel als möglich wieder herzustellen."

Max Joseph's Jugend fiel in die Zeit, in welcher die von Frankreich herüberkommenden Ideen der Philanthropie — hervorgerufen, gehegt und gepflegt durch die Enciclopädisten, durch einen Voltaire Rousseau, Diderot, Holbach, Grimm u. s. w. — in Deutschland zu wirken anfingen, und wo Friedrich der Große in Preußen die Aufklärung in Schutz nahm. Der allgemeinen Atmosphäre dieses neuen Geistes vermochten nun die Jesuiten — und namentlich sein Hofmeister, der in Physik und Mathematik ausgezeichnete Jesuiten=Pater Daniel Stadler und sein Instructer in Staatssachen, der Professor Johann Adam Ickstatt, — ihren Zögling nicht zu entziehen. Aber sie konnten seine Erziehung doch so leiten, daß der Prinz Judäa und Rom bei weitem besser als sein Vaterland kannte; sie konnten das, was sie an ihn bringen wollten, so wohl abzirkeln und so schlau zuwiegen, daß seine Sehnsucht, die Welt kennen zu lernen, um sie zu beglücken, unbefriedigt blieb. Hielt ihm ja doch sein Beichtvater fast täglich vor: „man müsse zeitlichen Dingen nicht allzufest obliegen und nie vergessen, daß mit

größerem Wissen auch größere Verantwortung
vor Gott erwachse."

Eine an sich edle Natur ist indessen nicht so leicht zu
untergraben. Inmitten eines verführerischen üppigen Hofes
hatte sich Max Joseph sittenrein erhalten. Unverdorben,
aber auch unerfahren übernahm er, kaum achtzehn Jahre
alt, die Regierung. Aber zwischen dieser Zeit und der Zeit,
von der wir hier sprechen, lagen jetzt zwei und dreißig Jahre,
und den nun fünfzigjährigen Mann hatte seine nächste
Umgebung, durch einen satanischen Kunstkniff längst zur
völligsten Unselbstständigkeit herabgedrückt. Nichtswür-
dige Günstlinge hielten ihn nämlich unausgesetzt in der
Furcht: man wolle ihn vergiften! und durch diese
Furcht trieben sie ihn zu Allem, was sie wollten!
So nur konnte es kommen, daß all sein edles Wollen zu
Nichte ward; so nur war es möglich, daß Baiern auch
unter seiner Regierung im größten Elend, in der drückend-
sten Noth verblieb; so nur vermochten vornehme Blut-
sauger die Möglichkeit zu erlangen, ungestraft das arme
Volk bis auf den letzten Blutstropfen zu plündern; so nur
war der alte Gang in Hofhaltung und Staatshaushalt
wieder einzuschlagen und durchzuführen gewesen.

Darum glänzte jetzt auch wieder der Hof zu München
wie ein goldener Stern unter den deutschen Höfen;
darum nahm Nymphenburg, in der Zeit von der wir
handeln, auch wieder den alten Platz ein, und heute —
wie schon erwähnt — feierte der Hof hier ein glänzendes

Fest, denn Prinz Clemens von Sachsen, Churfürst von Trier, war zum Besuche eingetroffen.

Es war noch früh am Tage, aber schon herrschte ein ungemein reges Leben im ganzen Schlosse. Alles was zur Dienerschaft gehörte, war in Bewegung. Im großen Gartensaale standen der Obrist Hofmarschall und Obrist Küchenmeister, Graf von Tattenbach und der Obrist= silberkämmerer, Max Joseph, Graf von Törring, umgeben von einer Menge churfürstlicher Truchsesse, dem kleineren Adel angehörend, und theilten ihre Befehle aus; während die fünfundsechzig Bediensteten der Küche und des Kellers und die zwanzig Tafeldecker und Silberdiener in feierlicher Stille und ehrerbietiger Entfernung der Dinge harrten, die da kommen sollten.

Im Park und Garten waren der Hofgärtner, der Grottenmeister, der Marmorator und der Geometer mit einem Schwarm von Menschen beschäftigt, das Nöthige zu ordnen.

Die Wege, auf welche der Spätsommer nächtlicher= weise auf's neue welke Blätter gestreut, wurden gereinigt; — die Wasserwerke noch einmal inspicirt; — die Bauten von Innen und Außen geschmückt. Gewinde von Laub und Blumen im und am Schlosse aufgehängt, die Statuen und Vasen des Parkes aber, wo es nöthig, gereinigt. Gleich lebhaft ging es in den Ställen zu. Zwar befand sich hier der Obriststallmeister, Graf Fugger=Kirchberg, nicht in eigener Person; — aber an seiner Stelle comman= dirte der Vice=Stallmeister seine 239 Stallbediensteten,

wie ein alter guter General. Auch der Obristjägermeister
war höchster Befehle gewärtig, während von den 318 Käm=
merern des Churfürsten fortwährend eine Menge von
München her ankamen, und sich um den Obristkämmerer,
Grafen von Königsfeld, sammelten.

Ueberhaupt war die stundenlange Allee, die von Mün=
chen bis Nymphenburg führte, ungemein belebt, da
der Hof - außer dem Prinzen Clemens von Sach=
sen — noch andere hohe Besuche hatte, die alle heute zu
Jagd, Tafel und Hofconcert eingeladen waren. Die Equi=
pagen des in München wohnenden Adels und der Hof=
Chargen rollten daher oft dicht hintereinander dem Lust=
schlosse zu, während Massen der schaulustigen Bürger den
Weg zu Fuße angetreten hatten.

Unter diesen Equipagen befand sich auch die des Für=
sten Zeil, ein schöner und neuer Wiener Wagen, in dessen
einer Ecke der Fürst lehnte, während — im Gespräche mit
ihm verloren — neben dem Fürsten der junge Mozart saß.

„Aber, mein lieber Mozart," — sagte jetzt der
Fürst — „warum wollen Sie denn nicht in fürsterzbischöflich
Salzburgischen Diensten bleiben? Sie sind doch bereits
als Concertmeister angestellt?"

„Ja, Durchlaucht," — versetzte Mozart mit ironischem
Lächeln — „wenn man das eben eine Anstellung nennen
kann."

„Was ist denn Ihr Gehalt?"

„Mein Gehalt?" — wiederholte Mozart. — „Ich

fürchte Durchlaucht halten mich für einen Verläumder oder thörichten Schwätzer, wenn ich es sage."

„Gewiß nicht! sprechen Sie nur ganz aufrichtig."

„Nun denn, mein Gehalt als Concertmeister seiner Fürstbischöflichen Gnaden von Salzburg ist . . . . . zwölf Gulden dreißig Kreuzer."

„Wieviel?" — sagte der Fürst, indem er sich ein wenig aufrichtete, da er sich verhört zu haben glaubte.

„Zwölf Gulden dreißig Kreuzer monatlich!" — wiederholte Mozart lachend, — „also per Jahr ganze Hundert und fünfzig Gulden!"*)

Der Fürst sah den jungen Musiker fragend an, während eine leichte Wolke über seine Stirne lief. Es mochte ihm der Gedanke gekommen sein, der junge Mann mache sich über ihn lustig. Amadeus aber errieth, was in seinem Begleiter vorging und sagte:

„Durchlaucht, ich begreife Ihr Staunen; aber ich bitte Sie, mir trotzdem, zu glauben. Die Sache ist wahr. Ich würde sie übrigens gar nicht erwähnt haben, wenn Sie mich nicht selbst aufgefordert hätten, aufrichtig zu sein, und ich nicht wüßte, daß ich mich Eurer Durchlaucht Wohlwollen mit dem vollsten Vertrauen hingeben kann."

„Aber das ist ja entsetzlich!" — rief der Fürst.

„Und doch ist es nicht das Schlimmste bei meiner Stellung!" — fügte der junge Künstler hinzu, und ein Schatten flog über seine edlen Züge.

---

*) Historisch. Nissen: S. 369. Oulibischeff. I. Thl. S. 91. Jahn: II. Thl. S. 25.

„Wie so?" — frug Fürst Zeil.

„Der Herr Erzbischof ist ein frommer Mann, und weiß, als solcher, daß die Welt voll des Argen ist," — fuhr Mozart fort und schon spielte wieder ein ironisches Lächeln um seinen Mund. — Um uns Musikern nun alle Gedanken an Hochmuth zu benehmen, welche weltliche Beifallsbezeugungen so leicht in uns erwecken, und um die Versuchungen abzuschneiden, denen uns eine wohlgespickte Börse aussetzt, verweigert er uns nicht nur die Erlaubniß Concerte geben zu dürfen, ... nein! .... er tractirt auch die Künstler seiner Capelle, wie die niedrigsten Diener, so daß sie täglich die beleidigendsten Beiwörter hören müß= sen, und dafür, Durchlaucht, bin ich — offen gestanden — nicht gemacht."

„Sie haben recht!" — rief der Fürst unwillig — „aber thun Sie mir den Gefallen, über diese Sachen gegen An= dere Schweigen zu beobachten. Der ganze hohe Adel wird dadurch compromitirt!"

„Fürst Zeil ist der erste Fremde mit dem ich darüber rede!" — sagte Mozart mit leichter Verbeugung.

„Was ich Ihnen aufrichtig danke!" — versetzte jener.

„Indessen" — fuhr Amadeus fort — „ist das Alles doch noch immer nicht der Hauptgrund, warum ich Salz= burg verlassen möchte."

„Sondern?"

„Ich fühle das Bedürfniß nach einem größeren Wir= kungskreise."

„Das ist bei Ihren eminenten Talenten sehr erklärlich.

Und da haben Sie Ihr Auge auf München geworfen?"

„Ja . . . . München oder Paris."

Fürst Zeil lächelte geschmeichelt; dann sagte er freundlich: — „Was ich hier für Sie thun kann, soll geschehen. Außerdem haben Sie ja schon, trotz Ihrer Jugend, einen, man kann sagen, europäischen Ruf. Ich denke der Churfürst wird sich freuen, wenn er Sie für seine Capelle oder die Oper gewinnen kann."

„Und in der That geht München ein tüchtiger Compositeur ab."

„Wohl wahr! — Aber sagen Sie mir doch auch, welche Schritte Sie bereits hier gethan haben. Sie wissen, Graf Seeau und Freiherr von Berchem sind die Lieblinge des Churfürsten . . . . Waren Sie schon bei beiden?"

„Allerdings?"

„Und wie ging es?"

„Schon am verflossenen Freitag sprach ich bei dem Herrn Grafen Seeau vor. Excellenz waren sehr freundlich, wußten schon, was ich beabsichtige, und so entdeckte ich mich ihm ganz."

„Und was sagte er?"

„Ich solle schnurgerade bei Seiner Churfürstlichen Durchlaucht Audienz begehren. Sollte ich indessen nicht ankommen, so würde ich am besten thun, mich bei dem heutigen Feste durch Eure Durchlaucht wie zufällig vorstellen zu lassen."

„Und Berchem, der alte Schelm, was antwortete der?"

„Er hatte wenig Zeit für mich!" — sagte Mozart, und wieder spielte um seinen Mund jener leichte Spott, — „denn eben als ich in seine mit königlicher Pracht und orientalischer Ueppigkeit ausgestatteten Zimmer trat, meldete der Kammerherr, daß das warme Bad bereit sei."

„Ha, ha!" — sagte Fürst Zeil lachend — „in welchem er sich von zarten Händen bedienen läßt. Man kennt das; da war freilich nichts zu hoffen. Und gingen Sie nicht wieder hin?"

„Doch! . . . . aber . . . ."

„Nun?"

„Eine Beamtenwittwe ließ durch ihre bildschöne sechszehnjährige Tochter eine Bittschrift um Wittwengehalt einreichen."

„Und?"

„Ich erwarte mit der guten Mutter — die mir mit naiver Geschwätzigkeit ihr Schicksal mittheilte — zwei Stunden im Vorzimmer, bis das Töchterchen wieder kam. Es hatte etwas verweinte Augen und sah bleich aus, hielt aber ein Decret in der Hand, laut welchem der Mutter zwar kein Wittwengehalt aber — der Ersparung im Staatshaushalte wegen — die Stelle ihres verstorbenen Mannes selbst zugesagt war."

Fürst Zeil schüttelte den Kopf. — „Den Wittwengehalt wird der gute Berchem besser finden, selbst zu beziehen!" — sagte er dann höhnisch. — „Aber was geht das uns an. Sagen Sie mir lieber, wie es nun Ihnen ging?"

„Ich konnte nicht mehr ankommen," — versetzte

Mozart — „der Herr Freiherr war müde und wollte schlafen."

Es trat hier eine kleine Pause ein, die ziemlich drückend für den jungen Künstler war. Die nachdenklichen Mienen seines Gönners ließen ihn fast fürchten, daß er in der ihm eigenen Freimüthigkeit zu weit gegangen sei und somit einen Fehler gemacht habe, vor welchem ihn sein kluger und vorsichtiger Vater oft genug gewarnt. Umschweife und Winkelzüge waren indessen seinem offenen und ehrlichen Charakter so sehr zuwider, daß er im Inneren dachte: „Was liegt mir daran; ich kann nun einmal weder heucheln, noch bei Schlechtigkeiten schweigen. Wollen Sie mich Alle nicht, nun . . . . . die Welt ist ja noch groß!"

Indessen war er diesmal wohl zu ängstlich gewesen, denn schon nach wenigen Minuten kam der Fürst mit der alten Leutseligkeit auf das bisherige Thema zurück, indem er sich nach den weiteren Besuchen Mozarts erkundigte:

„Nun!" — versetzte dieser, über die Unrichtigkeit seiner Vermuthung höchst erfreut — „ich wartete ferner dem Herrn Bischof von Chiemsee auf, der mir ebenfalls versprach, sein Möglichstes thun und namentlich mit der Frau Churfürstin sprechen zu wollen. Ebenso ging es bei Herrn von Meschitka und den Herren Grafen von Sailern und von Wiett."

„Da haben Sie allerdings Ihre Pflicht gethan!" — sagte jetzt Fürst Zeil. — „Und wenn die Herren ihr Versprechen gehalten und vorgearbeitet haben, so denke ich, daß wir heute reussiren."

Sie nahten sich jetzt Nymphenburg, dessen pracht=
volle Fontaine ihren haushohen Wasserstrahl stolz und
imposant wie eine gewaltige silberne Säule in die Lüfte
warf. Hundegebell und Hörnerschall ließ sich vernehmen.
Zahllose Menschen aber lagerten in ehrerbietiger Entfer=
nung von dem Schlosse, das im Innern durch die churfürst=
lichen Leibgarde-Hatschiere — deren Hauptmann General=
feldmarschalllieutenant Graf Joseph Piosasque de
Rou war — und nach Außen durch die Leibgarde-Tra=
banten, unter dem Generalwachtmeister Seissel d'Aix,
besetzt und bewacht wurde.

Die Wachen salutirten und die Equipage des Fürsten
Zeil fuhr an.

„Aber wie jetzt?" — frug Mozart, als sie nun aus=
gestiegen.

„Das hängt ganz von Seiner königlichen Hoheit dem
Prinzen von Sachsen ab!" — versetzte der Fürst. —
„Nimmt dieser die Jagd an, so haben Sie den Morgen
frei und können sich in unserem herrlichen Park nach
Herzenslust ergehen; da für diesen Fall bis nach der Tafel
an eine Vorstellung nicht zu denken ist. Dankt dagegen
der Prinz für die Freuden Nimrods, so halten Sie sich hier
im unteren Empfangsaale auf, damit ich zu jeder Minute
nach Ihnen senden kann. Uebrigens rechnen Sie ganz
auf mich!"

Und mit diesen Worten grüßte der Fürst freundlich
mit der Hand und verschwand im Schlosse.

Der junge Mozart hatte nun Zeit und Muse genug

dem tollen Treiben da außen zuzusehen, und da er in Hof=
tracht und durch den Fürsten Zeil eingeführt war, somit
für einen fremden Cavalier galt, stand ihm Schloß und
Park offen.

Es dauerte indessen nicht lange, so kam die Nachricht:
die Jagd, sei angenommen und eine Stunde später zog das
wilde Heer in Saus und Braus und unter Hörnerklang
und Hundegebell nach dem nahegelegenen schon erwähnten
Thiergarten.

Mozart war froh. Die Vorstellung konnte ihm doch
nicht entgehen und so lag nun ein schöner Tag vor ihm.
Und schön sollte dieser Vormittag in der That werden;
denn kaum hatte er eine der großen Alleen eingeschlagen,
als ihm von einem Seitenwege her die munterste Gesell=
schaft von der Welt begegnete. Es waren mehrere Herren
und Damen der churfürstlichen Capelle, welchen durch
die Jagd ebenfalls ein freier Morgen geworden. Mo=
zart aber kannte sie alle: Rossi, Beeche, den allseitig
gebildeten Consoli, den Vice=Concertmeister Johannes
Krönner, der die Stellung, die er einnahm, mehr noch
seiner genialen Grobheit als seinem Compositionstalente
verdankte, Signora Rosina Pasquali, die schöne Schau=
spielerin Basse, und vor allen Dingen der erste Violinist,
Wenzel Woticzka, der zugleich Kammerdiener des Chur=
fürsten und dessen Vertrauter war.

Der Jubel war daher nicht klein, als man sich begeg=
nete. Mozart mußte sich sofort anschließen, und als er
frug, wohin es denn gehe, erklärte ihm Krönner in

seiner Manier: das solle er nur abwarten. Es sei ein
Geheimniß Woticzka's, der versprochen habe, sie mit
einem feinen Frühstück zu regaliren.

Ein feines Frühstück, eine heitere Gesellschaft, geniale
Männer und hübsche liebenswürdige Frauen, wem sollte
dies nicht willkommen sein, zumal, wenn man zwanzig
Jahre und .... ein Wolfgang Amadeus Mozart ist?
Frohsinn trägt ja der natürliche Mensch stets als leichten
Zunder bei sich: denn Frohsinn ist die natürliche Stim-
mung eines gesunden Körpers, Geistes und Herzens.

So nahte man sich unter Lachen und Scherzen der
berühmten Badeburg, die indessen damals für Niemand
als den Churfürsten zugänglich war, und in deren Nähe
sich selbst nicht einmal so leicht Jemand wagte, um nicht
indiscret zu erscheinen. Alle waren daher erstaunt, als
Woticzka sie gerade auf dieses Gebäude hinführte; fanden aber kaum Worte, als er — nachdem er sich überzeugt,
daß sie nicht gesehen würden — einen Schlüssel aus der
Tasche zog, die Thüre öffnete und sie sämmtlich hinein-
schlüpfen ließ.

Aber ihr Erstaunen sollte noch auf die angenehmste
Weise gesteigert werden, denn .... es erwartete sie hier
Jemand..... Dieser Jemand aber Niemand anderes, als
ein zierlich gedeckter Tisch, wohlgarnirt mit den feinsten
Speisen und einer gehörigen Batterie Champagnerflaschen.

Das war eine Lust! Krönner aber rief bei diesem
wonnevollen Anblick: — „Göttlicher Woticzka! Dein
Name verdient in den Sternen verewigt zu werden. O! es

ist doch schön, eines großen Herrn Vertrauter zu sein; man
genießt dabei auch das Vertrauen großer Keller und excel=
lenter Küchen!"

„So ist es!" — entgegnete Woticzka lachend — „aber
nun hoffe ich, werdet auch Ihr Alle Euch des Vertrauens
würdig beweisen, das ich in Euch setze, und nicht nur diese
Festung im Sturme erobern, sondern auch ihre Batterien
zum Schweigen bringen und ihre Besatzung vernichten!"

„Hast du uns je vor so etwas zurückbeben sehen?!" —
rief Rossi.

„Nie!" — betheuerte mit komischer Emphase der
Spender des Frühstücks.

„Nun denn, an's Werk!" — riefen die Anderen. Rasch
ward jetzt Platz genommen, Woticzka ließ die Pfropfen
fliegen, Krönner aber — das erste Glas erhebend —
rief:

> „Mag die Weisheit immer
> Unsre Mahle weih'n —
> Aber laßt uns nimmer
> Zu vernünftig sein.
> Zuviel Weisheit machte
> Manchen kalten Tropf.
> Doch kein Froher lachte.
> Sich um Herz und Kopf!"

Und die Gläser klangen und der Wein erquickte die
freudigen Herzen.

„So ist es recht!" — sagte jetzt die Pasquali. —
„Heiterkeit ist das eigentliche Element unseres Daseins —

soll es wenigstens sein; das Maestoso*) paßt ohnehin nur wenig in das kurze Liedchen des Künstlerlebens!"

„Und kann es etwas Höheres geben, als Freude?" — rief hier Mozart. — „Der Geist der Freude führte die ersten Menschen einander spielend zu, wie Kinder, und einer der erfreulichsten Züge der Menschengeschichte — deren sie eben nicht gar viele aufzuweisen hat — ist der, daß fast alle Völker aus ihrem Dunkel durch Feste in die Gesellschaft eintreten: durch Tanz, Gelage, Musik, Possen und Schauspiele."

„Darum" — versetzte Consoli — „gaben die Römer dem Kinde Hilaritas eine Weintraube und Ente zur Seite, und in die eine Hand ein Ruder — die Mäßigung in der Freude andeutend — in die andere eine Schale, den Dank anzuzeigen, den wir den Göttern für die Himmelsgabe der Freude schulden!"

„Donnerwetter!" — rief hier Krönner in seiner genial-groben Manier — „Kerl, werde mir nicht zu gelehrt. Sage lieber schlicht und einfach: Ein Leben ohne Freude ist eine weite Reise ohne Gasthaus."

„Das ist freilich für dich ein entsetzlicher Gedanke!" — entgegnete Consoli lachend. — „Viel ästhetischer würde es doch klingen, wenn du zum Beispiel sagen wolltest: Frohsinn ist der Fallschirm in dem schaukelnden und gefahrvollen Luftballon des Lebens; denn Heiterkeit giebt Zutrauen auf sich selbst, Zutrauen aber giebt Muth und Muth Glück!"

---

*) Musikalischer Ausdruck für „majestätisch."

„Und was meint Woticzka dazu?" — frug jetzt Krönner.

„Was ich dazu meine?" — wiederholte der Angeredete — „ich halte Freude, Frohsinn und Heiterkeit für helle Tapeten." . . .

„Was?!" — riefen Alle.

„Für helle Tapeten!" — wiederholte Woticzka — „mit welchen wir die oft dunklen Stübchen in Herz und Kopf auskleiden müssen, damit wir nicht im Leben zu Melancholikern werden."

„Nun, zum Teufel!" — rief Krönner. — „Dann bist du aber ein ebenso trefflicher Tapezierer als Violinist; denn sieh nur, wie freundlich es eben in unseren Gehirn- und Herzenskammern durch deine Kunst aussieht. Alles hell! Alles licht! Und die Bouquets, die du in deine Tapeten gewoben, heißen: liebenswürdige Weiber, gesunder Witz, gute Küche und vortrefflicher Champagner."

„Ja! ja!" — sagte Consoli und füllte auf's neue die Gläser. — „Und wenn das Herz hundert Thore hätte, wie einst Theben, so laßt die Freude durch alle hundert herein!"

Und damit trank er sein Glas aus, schlich sich hinter die Pasquali und gab ihr einen herzhaften Kuß.

Alle lachten; die Signora aber schrie laut auf.

„Nun, nun!" — sagte Krönner. — „Machen Sie es nur nicht wie die Postmeisterin in Passau."

„Wie so?"

„Als ihr ein französischer Courier hitzig zurief: „Kuß! Kuß!" ward sie ganz zornig und schimpfte wie ein Rohrsperling. Aber sie hätte nicht so böse zu werden brauchen und dem Manne nur Zeit lassen sollen, sich zu erklären: „Pardon Madame, mit Kuß auf die Mund, Kuß auf die Pepe!".... er wünschte nämlich ein Kissen!"

„Ein schallendes Gelächter entstand; die Pasquali aber schlug dem Vice-Capellmeister zur Strafe mit ihrem Fächer auf den Mund, indem sie sagte:

„Krönner! Ihr seid doch immer ein abscheulicher Mensch, — — ebenso abscheulich wie Conseli!"

„Ach liebe beste Signora!" — entgegnete jetzt der Letztere — „nur hier keine Weisheit! Wir sind an einem den Göttern der Freude und der Lust geheiligten Orte, und — offen gesagt — da gehören wir lustiges Völkchen auch hin. Bei wem, als bei uns Künstlern, hat sich denn noch die göttliche Heiterkeit und die leichte Auffassung des Lebens erhalten, die die alten Griechen so hoch stellte? Wie Steinschichten der Erde uns die Gestalten der Lebendigen einer fernen Vorwelt in den Abdrücken zeigen, welche die Spur eines kurzen Daseins ungezählte Jahrtausende hindurch aufbewahren, so haben die Alten in ihren Comödien uns einen treuen und bleibenden Abdruck ihres heiteren Lebens und Treibens hinterlassen; so deutlich und genau, daß es fast den Schein erhält, als hätten sie es in der Absicht gethan, von der schönen und edlen Existenz, deren Flüchtigkeit sie bedauerten, wenigstens ein bleibendes Abbild auf die späteste Nachwelt zu vererben."

„Nun!" — sagte Mozart — „da sollten wir diese uns überlieferten Hüllen und Formen nur wieder mit

Fleisch und Bein ausfüllen, durch Darstellung jener alten classischen Stücke auf der Bühne, so tritt jenes längst vergangene heitere und geniale Leben wieder frisch und frei vor uns hin."

„Ja!" — rief Consoli — „wie die antiken Mosaikfußböden, wenn sie benetzt werden, wieder im Glanze ihrer alten Farben dastehen."

„Ich dächte, es wäre noch gescheuter," — sagte Rosi — „wir führten die schönen Lebensansichten der Griechen gleich im Leben ein."

„Ha, ha!" — meinte Krönner — „er sieht sich schon in den Armen einer Aspasia."

„Ich sehe der Aspasien viele hier!" — rief lachend Rosi, indem er auf die Bildnisse deutete, welche die Wände schmückten. — „Es scheint also, daß die heiteren Lebensansichten der Alten noch nicht ganz verloren gegangen sind."

„Besäßen wir nur noch ihren Kunstsinn," — sagte Mozart — „und wäre derselbe nur, wie einst in Griechenland und Rom, unter dem Volke verbreitet. Was sollte dies gerade den Künstlern zu gute kommen."

„Ach was, das Volk!" — rief Krönner — „das hatte von jeher kein Urtheil. Narrenspossen, Trivialitäten und Schwindeleien sind seine Sache, und wo es auf wirklich Gutes hält, da geschieht es aus Nachahmung oder auf fremde Auktorität hin."

„Es ist wahr," — sagte Consoli — „der Mangel an Urtheilskraft im Volke zeigt sich namentlich darin, daß in jedem Jahrhundert zwar das Vortreffliche der früheren

Zeit verehrt, das der eigenen aber sehr oft verkannt und die diesem gebührende Aufmerksamkeit schlechten Machwerken geschenkt wird."

„Ja wohl!" — fiel hier Krönner ein — „mit denen sich jedes Jahrzehent herumträgt, um vom folgenden dafür ausgelacht zu werden."

„Aber was beweist das?" — fuhr Consoli fort. — „Es beweist, daß das Volk auch die längst anerkannten Werke des Genies, welche es auf Auktorität hin verehrt, weder versteht, noch wahrhaft zu genießen weiß."

„Das ist sehr natürlich!"— sagte Mozart. — „Wie die Sonne eines Auges bedarf, um zu leuchten, und die Musik eines Ohres, um zu tönen: so ist auch der Werth aller Meisterwerke in Kunst und Wissenschaft bedingt durch den verwandten Geist zu dem sie reden."

„Gewiß!" — versetzte die Pasquali — „und nur er besitzt das Zauberwort, wodurch die in solche Werke gebannten Geister rege werden und sich zeigen. Der gemeine Kopf steht vor ihnen, wie vor einem verschlossenen Zauberschrank, oder vor einem Instrument, das er nicht zu spielen versteht, dem er daher auch nur ungeregelte Töne zu entlocken vermag."

„Ja!" — sagte Krönner — „darum sollte man gar der Narr nicht sein, etwas für das dumme Volk zu schaffen. Thut man es, kann es einem gehen, wie einem Feuerwerker, der sein lang und mühsam vorbereitetes Erzeugniß mit Enthusiasmus abbrennt, ... und hintendrein erfährt, daß seine Zuschauer Blinde waren."

„Wenn es nun aber lauter Feuerwerker gewesen wären?" — frug Consoli lächelnd.

„Hu!" — rief Krönner — „dann dürfte es ihm, namentlich wenn er etwas Ordentliches geleistet, gar den Hals kosten! Aber" — fuhr hier der Vice-Concertmeister fort und griff nach einer neuen Flasche Champagner — „lassen wir doch das dumme Volk und sein Urtheil, und wenn doch einmal vom „Halsbrechen" die Rede ist, so helft mir lieber, dies bei den Flaschen zu thun. Der Wein ist kostbar und der Fasan hier nicht mit einem Königreiche zu bezahlen."

„Seht nur, seht nur!" — rief jetzt die Pasquali — „wie er die Finger schleckt und ihm der Mund bei der bloßen Witterung wässert. Lieber Mozart, wenn Sie einmal eine Oper schreiben, in der ein Gourmand vorkommt, ich bitte Sie — nehmen Sie Krönner zum Muster. Sehen Sie nur, wie er das Stückchen vom Fasane mit leuchtenden Augen verschlingt. O Krönner, lieber Krönner, singen Sie mir doch jetzt ihre Lieblingsarie!"

„Mu, ... mu!" — brummte der Angeredete kopfschüttelnd; denn er hatte den Mund so voll, daß er nicht sprechen konnte.

Alle lachten, und Mozart versprach, sich die Scene merken zu wollen, die wirklich komisch war.

„Und dann!" — fuhr Signora Pasquali fort — „muß er eine Arie singen, in der nichts vorkommt, als Schildkröten, indianische Vogelnester, Bisonzungen, Bärentatzen und Bieberschwänze!"

„Ja!" — rief Consoli jetzt mit leuchtenden Augen — „wißt Ihr auch, wen Krönner am meisten beneidet?"

„Nun?"

„Die Krebse, denn die bekommen jedes Jahr einen neuen Magen."

„Das redet der Neid aus Dir!" — sagte Krönner und schlürfte zwischen dem Kauen behaglich seinen Champagner.

„O!" — sagte Woticzka — „beim Glase ist er noch ein größerer Feinschmecker. Als wir gestern bei unserem edlen Ferrandini „Consiliarius et Camerae Director" zu Mittag speisten und ein herrlicher Rheinwein aufgesetzt wurde, roch und schmeckte er so auffallend an seinem Glase, daß der alte Herr endlich nach der Ursache frug. Was meint Ihr, was er dem Herrn Director zur Antwort gab?"

„Nun?"

„Der Wein sei köstlich . . . . habe aber einen Beigeschmack nach Leder und Eisen. Ich glaubte, der Schlag soll mich rühren. Consiliarius et camerae Director lachten indessen sauer-süß und befahlen, den Wein sofort abzulassen . . . . und richtig! . . . . als man das Faß untersuchte, lag ein Bund Schlüssel an ledernem Riemen drin!"

Allgemeine Heiterkeit folgte dieser Erzählung.

„Ach was!" — rief Krönner, ohne sich stören zu lassen. — „Ihr seid alle, wie ich, Tellerlecker, Schmecksbrätli, Maulvettern und Küchennuhmen. Es lebe der Genuß! und er intonirte: „Essen und tractirt zu werden ist das das größte Glück auf Erden!"

„Und die Gläser klangen auf's Neue. Mozart aber,
der noch ein Neuling bei solchen Dingen und namentlich im
Trinken war, fing es an gewaltig heiß zu werden. In=
dessen kamen die Röthe und Gluth, die sein Gesicht be=
deckten, doch auch noch von etwas Anderem. Er saß näm=
lich neben der schönen Basse, und zwar dicht, denn das
Zimmer und der Tisch waren klein.

Die Basse aber schien durch die Sprache ihrer aller=
liebsten Füßchen ersetzen zu wollen, was ihr sonst an Be=
redsamkeit abging. Die Natur hat uns aber Alle mehr oder
weniger zu Epikuräern gestempelt, und Amadeus durch=
rieselte es mit einer süßen Gluth, wenn die beiden Füße
sich trafen und sanft aneinander gelehnt blieben: hie und
da folgten dann wohl auch die Ellenbogen und endlich, ganz
leise.... leise.... die Kniee. Es war gut, daß man bald
aufstand und in den Park zurückkehrte, wo die herrlichsten
Alleen und die schönsten Bosquets die ausgelassene Gesell=
schaft aufnahmen. Versteht sich von selbst, daß Wolfgang
seiner Tischnachbarin den Arm reichen mußte. Witz und
Heiterkeit, Scherze und Neckereien verkürzten dabei die
Stunden, so daß das Hallali der rückkehrenden Jagd der
Gesellschaft noch viel zu frühe kam. Was aber war zu
machen? Die Pflicht gebot, man mußte folgen und nach
dem Schlosse zurückkehren, denn nach der Tafel hatte die
Capelle zu thun. Mozart aber — noch ganz verwirrt
von den schönen Stunden, die er eben verlebt — begab sich
eiligst in den Empfangssaal, um jeden Winkes gewärtig zu
sein, den Fürst Zeil ihm zukommen lassen werde. Allein

auch hier war ihm eine Freude vorbehalten: denn er wurde
von dem Marchese Malaspina erwartet, den er in
Rom kennen gelernt und später in Mailand wieder getrof=
fen hatte. Malaspina aber — churfürstlicher Ehren=
kämmerer — und jetzt in München lebend, wußte durch
Fürst Zeil von dem Hiersein und dem Vorhaben des be=
rühmten Cavaliere filarmonico, der schon vor Jahren
ein Liebling, ja der Stolz Italiens geworden. Er sprach
Mozart daher unverholen seine Freude über das uner=
wartete Wiederfinden aus und erfüllte die Seele des jungen
Mannes mit den freudigsten Hoffnungen. Was konnte
denn, seiner Meinung nach, einem so musikverständigen
Fürsten, wie Maximilian Joseph war, willkommener
sein, als einem damals schon so berühmten Virtuosen und
Componisten, wie Wolfang Amadeus Mozart, seiner
Capelle einzuverleiben.

Dreimal war Mozart jetzt in Italien gewesen,
hatte für Mailand zwei Opern mit dem glänzendsten
Erfolg geschrieben, war Ritter des goldenen Sporn,
Mitglied der philharmonischen Academieen zu Bo=
logna und Verona; hatte im Angesichte Europa's die
herrlichsten Gaben auf den Altären der Kunst niedergelegt,
mit seinen Schöpfungen alle Zweige der Musik be=
reichert und in jedem derselben den berühmtesten
Meistern seiner Zeit den Ruhm streitig gemacht
— mußte da der Churfürst nicht stolz darauf sein, wenn er
diesen Mann — dieses herrliche Genie für sich gewinnen
konnte?

Indessen harrte der junge Künstler immer noch umsonst
auf einen Wink seines hohen Gönners. Auch die Tafel
begann, ohne daß er zur Vorstellung gelangen konnte. Die
fürstlichen Personen speisten zusammen, der übrige Hof
nahm an den Marschallstafeln von 280 Gedecken Platz,
während die Hofcapelle ausgezeichnet musicirte. Die
Prachtentfaltung war dabei enorm, da auch das berühmte
goldene Service in Function war, die Hatschiere zu Ehren
des Prinzen von Sachsen, königliche Hoheit, die Wache
im Innern des Saales hatten, und es von Truchsessen,
dienenden Kammerherrn, Pagen und Bedienten wimmelte.

Das flimmerte und blinkte in Gold und Silber und
Edelsteinen, in prachtvoll gestickten Uniformen und gallo-
nirten Livreen, daß Amadeus — der doch sehr viel der-
artiges gesehen — die Augen wehe thaten. Die Augen?....
hätte er das Elend, den Jammer und die Noth des Volkes
gekannt, — wäre er jüngst nur eine Stunde früher an der
„Kaisersmühle" gewesen.... das Herz hätte ihm hier-
bei brechen können.

Endlich erhoben sich die Fürsten, und der hohe Gast
empfahl sich bis zur Stunde der Oper. Zugleich sah
Amadeus, wie Fürst Zeil den Moment ergriff und sich
dem Churfürsten näherte.

Sie sprachen lange mit einander, und da beide jetzt gerade dem Saal entlang gingen, stellte sich Mozart so, daß
sie an ihm vorbei mußten, und er von ihnen bemerkt werden konnte. Sein Herz schlug hoch: seine ganze Zukunft
hing ja von der nächsten Minute ab. Ward er als Capell-

oder Concertmeister oder auch als Compositeur am Churfürstlichen Hofe angestellt, so war ihm die Gelegenheit gegeben, das Herrlichste in allen Gebieten der Musik mit Ruhe
und Muse und bei ehrenhafter Stellung leisten zu können.
Seine Existenz war gesichert und ein Boden gefunden, von
wo aus er seine großen Pläne, eine ächt deutsche und volks-
thümliche Oper zu gründen, mit Erfolg ausführen konnte.

Wie wollte er dies Glück Maximilian Joseph durch
die schönsten Leistungen lohnen; — wie wollte er fleißig
schaffen und wirken; — wie freute er sich schon im Geiste,
mit seinem hohen Gönner und Wohlthäter den Ruhm
theilen zu können, eine ganz neue Aera für die Musik
heraufgeführt zu haben! Und — jetzt — jetzt trat der
Churfürst heran.!

„Mozart?" — frug er — „Fürstsalzburgischer Concertmeister?"

„Zu dienen!" — entgegnete der Angeredete mit freude-
klopfendem Herzen. — „Eure Churfürstliche Durchlaucht
erlauben, daß ich mich unterthänigst zu Füßen legen und
meine Dienste antragen darf."

Eine Pause entstand. Maximilian Joseph nahm
eine Priese aus seiner goldenen Dose, dann sagte er:

„Ja, mein liebes Kind, es ist keine Vacatur vorhanden! — keine Vacatur vorhanden."

„Und sollten Churfürstliche Durchlaucht nicht eine bescheidene Stelle für einen so talentvollen jungen Mann
schaffen können?" — frug hier Fürst Zeil.

„Ist jetzt noch zu früh!" — versetzte der Churfürst

— „Er soll gehen, nach Italien reisen, sich berühmt machen. Ich versage ihm Nichts; aber es ist jetzt noch zu früh!"*)

Und mit diesen Worten schritt Churfürstliche Durchlaucht weiter.

Mozart stand wie versteinert. Er wußte nicht, ob er wache oder träume. Sollte er recht gehört haben? „Er olle nach Italien gehen?" — nach Italien? wo er vor sechs und sieben Jahren schon dreimal gewesen?.... dessen Liebling und Stolz er geworden? — Er, den der Papst zum Ritter des Spornorden erhoben, — die Akademieen von Bologna und Verona zu ihrem Mitgliede und Capellmeister gemacht? — der......

Nein! es war unmöglich! so ganz unwissend konnte ja doch dieser musikliebende Mann über ihn nicht sein? Und doch! die Worte des Churfürsten klangen noch in seinen Ohren.

Es war die erste schmerzliche Enttäuschung, die Mozart traf. Aber das Gefühl seines inneren Werthes erhob ihn über jede Bitterkeit. Er kennt mich nicht, dachte der bescheidene junge Mann, — ich muß ihm beweisen, was ich leisten kann. Und von diesem Entschlusse durchdrungen, verließ er den Saal. Aber das Sonnengold des Tages war erblichen; — die Freude, die noch kurz vorher sein Herz so hoch bewegt, entflohen!

Ach! es ist etwas gar schmerzliches um die ersten

_____

*) Wörtlich wahr: des Churfürsten eigne Worte.

Täuschungen, und doch ertragen wir sie leichter, als die späteren; sind wir doch in der Jugend wie spielende Kinder auf einer reichen Blumenflur. Was liegt daran, wenn hier, wenn dort eine der herrlichen Blüthen zertreten wird, es lachen uns deren ja noch Tausende und Tausende entgegen. Aber später? später, wenn die Sonne des Lebens eine Blume nach der anderen verblühen sah und der Herbst unseres Daseins kaum noch hie und da ein Kind Floras grüßt, dann ist es doppelt, ja dreifach schmerzlich, wenn der eiserne Fuß des Schicksals auch die letzten Blüthen vor unseren Augen niedertritt.

Und wie ist es, wenn die Schatten länger werden und der Abend hereinbricht? — Ach, dann schaut des Menschen Auge so weit es reicht nur über die Eisfelder des Winters, unter deren weißer Leichendecke der große Friedhof aller seiner Hoffnungen liegt.

Die Nachtmütze.

———

Mozart hatte durch die abschlägige Antwort des Chur=
fürsten den Muth nicht verloren. Vor allen Dingen mußte
es ihm jetzt darauf ankommen, Maximilian Joseph zu
beweisen, daß er schon vor Jahren mit dem größten Erfolge
Italien besucht habe; denn nur unter dieser Bedingung
konnte er auf eine Anstellung in München rechnen. So
groß waren damals die National=Vorurtheile, welche einem
fremden Volke den ausschließlichen Vorzug in diesem oder
jenem Zweige des menschlichen Wissens einräumten. Zu
den Zeiten eines Klopstock, Lessing, Herder, Göthe,
Gluck, Haydn und Mozart, glaubte man an den Höfen
und in den aristokratischen Kreisen Deutschlands die wahre
Literatur und Poesie nur in französischen Büchern finden
zu können, und ein Italiener schien damals zur Leitung
einer Oper ebenso nothwendig, als eine Italienerin zur

Primadonna und ein Schweizer zur Bewachung der Paläste.
Nur konnte der Schweizer aus Franken, Schwaben oder
Bayern stammen; was aber die Italiener anbelangte —
Sänger, Sängerinnen Componisten oder Capellmeister —
sie mußten durchaus aus Italien sein.

Es galt also jetzt — das fühlte der junge Mozart klar
und deutlich — den Irrthum aufzuklären in dem sich
der Churfürst befand; und das konnte er ja wohl leicht.
Besaß er doch die Diplome von Bologna und Verona,
das Certificat des weltberühmten Pater Martini und
die Partituren dreier italienischer Opern, über deren glänzende Erfolge die Mailänder Blätter sich ausgesprochen
hatten.

Aber wie zum zweitenmale zum Churfürsten gelangen,
ohne unbescheiden und zudringlich zu erscheinen?

Fürst Zeil bewies sich zwar freundlich wie zuvor; sobald der junge Mozart aber auf seine Angelegenheit bei
Hofe zu sprechen kam, lenkte jener mit diplomatischer Feinheit die Unterhaltung auf einen anderen Gegenstand.

Beweiß genug, daß er als guter Hofmann, nichts mehr
mit einer Sache zu thun haben wollte, über die sich der
Churfürst ausgesprochen.

Es blieben demnach noch drei Personen durch deren
Vermittlung Maximilian Joseph die Papiere zur Aufklärung seines Irrthums erhalten und von welchen zugleich
zu Gunsten einer Anstellung Mozarts vorgearbeitet werden konnte, und diese drei Personen waren: Graf Seeau,
Freiherr von Berchem und der Kammerdiener und

Virtuose Wokiczka. Daß Letzterer es mit ihm gut meine und Alles für ihn thun werde, wußte Amadeus. Wie aber stand es mit den beiden andern Günstlingen? Ber= chems Zustimmung war durchaus nothwendig und Seeau war der Allmächtige in Beziehung auf alles, was Comödie und Oper betraf, da er die Leitung dieser Hauptvergnügen des Churfürsten und der Churfürstin ganz in Händen hielt.

Es hatte dies, so zu sagen, seine historische Begründung. Seeau unterhielt nämlich zu den Zeiten, da Maximi= lian Joseph die Regierung antrat, die damals franzö= sische Comödie fast ganz auf seine Rechnung. Als nun der Churfürst in den Jahren 1752—1765 das neue Schau= spielhaus für die italienische Oper hatte erbauen lassen, wurde die französische Truppe entlassen und Graf Seeau pachtete 1776 — also ein Jahr vor der Zeit unserer Er= zählung — das deutsche Schauspiel, wobei er zugleich die Leitung der Oper erhielt.*)

Höchst interessant in Beziehung auf die culturhistorische Entwicklung Deutschlands ist es aber, daß gerade in jenen Tagen, in welchen durch Gluck und Mozart der Anfang zu einer deutschen Oper gemacht wurde, auch das deutsche Schauspiel die ersten Wurzeln schlug. Letz= teres wurde in München namentlich durch die Churfürstin begünstigt, die dabei sogar selbst Hand anlegte, indem sie ein von ihr, aus dem französischen übersetztes, Stück: „die

---

*) J. H. F. Müller: Rundreise: S. 219.

Nothleidenden" unter Seeau's Intendantur zur Aufführung brachte.*)

Der Gang zu dem Freiherrn von Berchem ward
Mozart sehr schwer; sein ehrliches Herz empörte sich
gegen den Gedanken: diesen Egoisten und Wüstling, der
unbedingt die Hauptschuld an dem Elende trug, in welchem
das ganze baierische Volk schmachtete, um eine Gnade an-
gehen zu sollen. Hatte man ihm doch, überall wo er hin-
kam, Züge von diesem allgemein verhaßten Großbeamten
erzählt, die sein Innerstes empörten. Erst heute erfuhr
er von seinem Hauswirthe folgende Geschichte: Als einst
große Geldklemme bei Hofe war, schlug Berchem, um
schnell ein Erkleckliches zusammenzubringen, ohne Weiteres
vor, von jedem Bauer, der Getreide auf die Schranne
bringe, 12 Kr.: pro Scheffel zu erheben. Der Churfürst
war empört: „Soll ich noch Räuberhandwerk mit meinem
Volke treiben?" — rief er aus — „da wäre es einfacher,
die Bauern das Getreide gleich im Schlosse abladen zu
lassen; das brächte noch mehr ein!"

---

*) Seit dem Jahre 1771 hatte der Augsburger Nießer, ein
Rechtscandidat, das deutsche Schauspiel eingebürgert, der 1811 zu
München starb. Das erste Stück, welches man 1771 — im Färber-
brauhause — aufführte, war: „die Wirthschafterin" von Ste-
phani. Das erste deutsche Singspiel, das man gab, brachte zwanzigmal hintereinander ein volles Haus. Der Enthusiasmus für's
deutsche Theater war damals so groß, daß 1772 bis 1776 einund-
vierzig theils eigene Stücke, theils Uebersetzungen von Baiern auf die
Bühne kamen. Seeau war 1782 noch Theater-Intendant. Sein
Nachfolger war Graf Clemens Törring = Seefeld.

Indem jedoch Berchem jederzeit den Verlegenheiten des Hofes abzuhelfen wußte, machte er sich zum unentbehrlichen Manne. Um Geld zu beschaffen, bediente er sich der schlechtesten Mittel. Er führte schon 1749 ein neues Lotto ein*) und 1760 empfahl er sogar das genuesische Lotto. Es ward dann an einen Italiener Joseph de Sante Vito verpachtet. Aber wie viele Haushaltungen verdarben in der Spielwuth; wie manch' Geblendeter ward zuletzt zum Verbrecher!

Und die schöne Einführung der Heiraths-Licenzen? Trugen diese — ebenfalls dem erfinderischen Kopfe Berchem's entsprungen — nicht durchschnittlich eine jährliche Einnahme von 13,000 bis 15,000 Gulden?

Wer dabei irgend etwas bei dem fast allmächtigen Günstlinge zu suchen hatte, mußte denselben auch noch durch Geschenke gewinnen; denn der gute Mann war ebenso geizig, als wollüstig und verschwenderisch. Als Berchem starb, hinterließ er ein Vermögen von drei Millionen; während sich, bei dem nur zwölf Tage später erfolgten Tode des Churfürsten, nicht über 10,000 Gulden in dessen Kasse fanden. Ein furchtbares Urtheil fällte das Volk selbst über ihn: Als er noch todt in seinem Palaste lag, wurde an die Thüre desselben ein Zettel mit der Aufschrift geheftet: „Hier kann man nun gratis eingehen!"**)

Man hatte auch Mozart mit der Nothwendigkeit be-

*) Kundmachung vom 22. Januar 1749.
**) Schlözer.

kannt gemacht, seinen Besuch bei dem Freiherrn von
Berchem mit einem Geschenke zu begleiten; aber das ging
so ganz und gar gegen Mozart's redliche Natur, daß er
es — trotz aller Warnungen von Freundes Seite — unter-
ließ. Die Folge war, daß der Portier — der ebenfalls
an ein Trinkgeld gewöhnt war — Schwierigkeiten machte,
ihn einzulassen. Erst als zufälliger Weise Woticzka dazu kam,
ließ er Mozart auf des Günstlings Befürwortung in den
Palast eintreten. Auch der Kammerdiener des Freiherrn
zögerte ungemein lange, bis er Anstalten zur Meldung
machte und ließ drei Personen, die ihm etwas in die Hand
gedrückt, vor Mozart zu.

Freiherr von Berchem selbst war sehr kalt und abgemessen, und schien in der That auf noch etwas Anderes,
als die Bitte um eine Gnade, zu warten. Da aber nichts
Anderes kam, was ihn hätte gnädig und wohlwollend stimmen können, blieb er so kalt und abgemessen wie im An-
fange und brach die Audienz bald mit einem: „Wir wollen
sehen was zu machen ist!“ ab.

„Wir wollen sehen, was zu machen ist!“ —
schlimme Vertröstung. Wer schon in dem Falle war,
irgendwas irgendwo zu erbitten, der weiß, daß diese Worte
in gut Deutsch übersetzt nichts anderes heißen, als: „Leben
Sie wohl.“ Der Conventionsfuß der Höflichkeit verlangt ja
weiter nichts, als daß man sich über nichts bestimmt aus-
drücke. Was liegt nicht in dem: „Wir wollen sehen!“
Complimente und diplomatische Redensarten sind wie
Münze, deren innerer Werth nie dem Nennwerth gleich ist.

Aber Mozart, dem edlen schlichten Menschen kamen solche Reflectionen nicht. Weil er gut, redlich und menschenfreundlich war, so glaubte er, auch alle anderen Menschen müßten dies sein. Er nahm Berchems Kälte und Abgemessenheit für dessen natürliches Wesen, und sein: „Wir wollen sehen was zu machen ist!" — für eine Zusicherung, alles für ihn zu thun.

Die Hauptschuld an der Unerfahrenheit in solchen Dingen und dem gänzlichen Mangel an Menschenkenntniß, fällt freilich zum Theile dem Vater zur Last, der auf allen früheren Reisen den Sohn so viel als möglich von jeder derartigen Berührung mit der Welt aus väterlicher Liebe und Fürsorge fern gehalten; doch lag es auch in Mozart's Charakter: er glaubte in der That, aus eigener Herzensgüte, jedem Versprechen das man ihm gab.

Ohne weitere Sorgen, wenn auch von der Kälte Berchems unangenehm berührt, ging daher der junge Tonkünstler nach der Wohnung des Grafen Secau.

Es war für einen solchen Besuch noch ziemlich frühe, wenngleich für den Bauer und kleinen Bürger schon nahe der Mittagszeit, als Amadeus in dem Palaste des Grafen vorsprach. Da er hier schon öfter musicirt und in Gesellschaft gewesen, fand sein Eintritt keinen Anstand und auch der Kammerdiener meldete ihn sofort. Nach wenigen Minuten ward er vorgelassen.

Die alte Excellenz war eben erst aufgestanden, und bot Mozart — der nur gewohnt war den Herrn Grafen in der reichgestickten Hoftracht mit Perrücke und Degen zu

sehen — einen so komischen Anblick, daß er die unendlichste
Mühe hatte, ein lautes Lachen zu unterdrücken. Die kleine
Gestalt, von den Jahren und den Freuden des Lebens
etwas gebückt, war in einen Schlafrock von weißer Seide
gehüllt, auf den Flora, im Uebermaße ihrer Gunst, den
Blüthenreichthum eines ganzen Frühlings gestreut zu haben
schien. Er schloß eng um die dünne Figur, die Mozart
dadurch nur noch dünner vorkam, und war von einem
Gürtel gehalten, wie ihn die Kapuziner um ihre Kutte zu
tragen pflegten, nur daß diesen die kunstgerechte Hand
eines Possamentir aus weißer Seide gefertigt hatte. Das
Hauptstück des Anzuges, und im eigentlichen Sinne dessen
Krone, war aber die hohe und spitze Nachtmütze von feiner
weißer Baumwolle, die in einem Quästchen von rosa Seide
endigte, und durch ein breites rosa-seidenes Band um den
Kopf gehalten wurde. Nur wenige weiße Haare fielen
unter derselben auf das kirschrothe Gesicht mit der dicken
blaurothen Nase und den kleinen, klitzernden Augen, die
sich in ungewöhnlicher Lebendigkeit unter den weißen buschigen Augenbrauen bewegten. Die Züge dieses Gesichtes
verriethen indessen doch eine gewisse Feinheit, einen scharf
markirten aristokratischen Stolz, ja sie waren nicht ohne
geistigen Ausdruck. Auch in Nachtmütze und Schlafrock
war die Excellenz unverkennlich.

Der alte Herr rauchte dabei seine kölner Pfeife und
schlürfte von Zeit zu Zeit aus silberner Tasse köstlich
duftenden Kaffee, während er zwei alte kugelrunde Möpse
mit Zuckerbrod fütterte. In dieser edlen Beschäftigung

ließ sich denn auch der Herr Graf bei Mozarts Eintreten
nicht im geringsten stören. Kaum daß er auf eine Sekunde
dem jungen Manne den Kopf halb zudrehte, den er dann
fast unbemerklich zum Gruße neigte.

Ein Anderer wie Mozart hätte sich hier verletzt ge=
fühlt; aber Amadeus trug etwas in sich, das ihm bei
gegenüberstehendem Stolze immer das nöthige Gleichge=
wicht gab: es war das Bewußtsein seiner künstlerischen
Bedeutung. Er wartete daher auch gar nicht ab, bis der
Herr Intendant mit der Mopsfütterung und seinen zärt=
liche Anreden an Belline und Caro zu Ende war, son=
dern er unterbrach dies zärtliche Gespräch sogar, indem er
in höflichem aber bestimmten Tone sagte:

„Excellenz werden die Gnade haben mir zu vergeben,
daß ich so früh störe; allein da ich wußte, daß der Herr
Graf nur bis zu dieser Zeit zu sprechen, mußte ich es wohl
wagen."

„Hier Belline!" — sagte der Graf, der angeredeten
feisten Möpsin ein Zuckerbrod darreichend. — „Hier, Bel=
line!" . . . . „Macht nichts, lieber Mozart, mit was
kann ich dienen."

„Der Herr Graf würde mich unendlich verpflichten,
wenn Sie mir — gegenüber Churfürstlichen Gnaden —
zur Aufklärung eines Irrthums behülflich sein wollten."

„Eines Irrthum's?"

„Ja! — Durchlaucht, weiß nicht, daß ich schon drei=
mal — zusammen 16 Monate in Italien war; — weiß
nicht, was ich kann. Es kommt nur darauf an, ihm meine

Diplome als Mitglied der philharmonischen Academien von Bologna und Verona und die Partituren meiner drei italienischen Opern vorzulegen .... und dann ...."

„Caro, sei schön brav! ... hier Caro! hier .... hier .... — nun und dann?"

„Und dann lasse ich es auf eine Probe ankommen. Churfürstliche Durchlaucht sollen alle Componisten von München herkommen lassen, er kann auch einige von Italien und Frankreich, Deutschland, England und Spanien verschreiben. Ich traue mir, es mit jedem aufzunehmen."

„Viel gesagt, junger Mann, — viel gesagt! — viel versprochen! — Pfui Belline, hierher! — So! .... komm hier mein Thierchen, komm!" ....

„Ich bin, wie gesagt, bereit, den Wettkampf aufzunehmen."

„Ja! — und was beanspruchen Sie denn eigentlich."

„Excellenz ich beanspruche nichts, und habe auch nicht das Recht dazu, etwas zu beanspruchen; aber ich würde glücklich sein, an einer so vortrefflichen Capelle, wie die Münchner als Compositeur eine Anstellung zu finden. Ich würde mich auch mit Wenigem begnügen."

„Zum Beispiel?"

„Mit dreihundert Gulden. Für das Essen dürfte ich nicht sorgen; denn ich wäre immer eingeladen. Ich esse überdies wenig, trinke für gewöhnlich Wasser und höchstens zuletzt zum Obst ein Gläschen Wein. Dabei würde ich mich verpflichten, alle Jahre vier deutsche Opern, theils

buffe, theils serie zu liefern. Ich hätte dann von jeder
eine Sera oder Einnahme für mich, wie es hier gebräuch=
lich ist, und diese würde mir allein wenigstens 500 Gulden
eintragen.*) Und" — setzte hier Mozart mit flammen=
den Augen hinzu — „wie wollte ich der deutschen
Nationalbühne in der Musik emporhelfen!**)"

„Ja!" — meinte der Graf — „eine deutsche Opera
seria möchten wir schon haben."

„Nun, so möge mir Excellenz nur Gelegenheit geben,
eine zu schreiben. Hier sind meine Diplome. Ich sage
und zeige dies Alles Ew. Excellenz nur, damit — wenn
bei Churfürstlicher Durchlaucht die Rede auf mich kommen
sollte, und mir etwa Unrecht gethan würde, sich Excellenz
mit Grund meiner annehmen können."***)

Seeau schwieg einen Augenblick, gab die ausgerauchte
Pfeife dem hinter seinem Sessel stehenden Diener, nahm
eine Priese Schnupftabak und sagte dann:

„Gehen Sie jetzt nach Frankreich?"

Mozart war nicht mit Unrecht über diese Querfrage
überrascht. Er faßte sich indessen rasch und sagte:

„Vergebung, Excellenz, ich bleibe noch in Deutschland."

„So!" — versetzte der alte Herr, der indessen Mo=
zart's Antwort — da er Bellinen das letzte Zuckerbrod
gegeben, — mißverstanden hatte . . . . „So, so! Hier

---

*) Mozarts eigene Worte im Brief vom 2. October 1777 von
München. —

**) Ebendaselbst.

***) Am angegebenen Orte.

bleiben Sie noch, das ist schön!" — und dabei stand er auf.

Jetzt aber schoß Mozart das Blut in den Kopf: „Nein!" — sagte er — „ich wäre allerdings gern geblieben; und, die Wahrheit zu gestehen, hätte ich nur deswegen gern vom Churfürsten eine Stelle gehabt, damit ich Eure Excellenz mit meinen Compositionen hätte bedienen können, und zwar ohne alles Interesse. Ich hätte mir ein Vergnügen daraus gemacht."*)

Bei diesen Worten aber geschah etwas Unerhörtes: Seine Excellenz, der Herr Graf Seeau, wandten sich zum Weggehen; aber . . . . im Weggehen neigten Sie flüchtig das Haupt, und — — rückten sogar die Nachtmütze!**)

---

*) Mozart's eigene Worte.
**) Nissen: S. 308. Oulibicheff: I. Theil S. 93. Jahn: II. Thl. S. 56.

Pater Nonnos.

~~~~~

Mozart hatte Graf Seeau lächelnd verlassen. Die ungeheure Herablassung des Intendanten, die Nachtmütze vor ihm zu rücken, kam ihm ungemein komisch vor; — ihm, den Kaiserinnen schon als Kind geküßt, dem Fürsten und Cardinäle schon gehuldigt, dem der heilige Vater zu Rom mit Zuvorkommenheit begegnet, den die ersten musikalischen Autoritäten Italiens mit Stolz ihren Freund und Genossen nannten, von dessen eminentem Talente Europa sich überzeugt, dem Tausende und Abertausende bereits in Begeisterung zugejauchzt ... ihn glaubte ein Seeau zu ehren, wenn er die Nachtmütze rückte!

Wäre Seeau nicht selbst eine Schlafmütze und in seiner ganzen geistig-armen und doch so dünkelhaften Erscheinung lächerlich gewesen, hätte Mozart im Gefühle seiner Kraft, seines Talentes und seiner bisherigen und

zukünftigen Leistungen — denn er trug das Bewußtsein
einstiger Größe instinktive in sich — über eine solche Be=
handlung empört sein können. Unwillkührlich fiel ihm
aber beim hinausgehen das Benehmen jener adelstolzen
Edeldame ein, die im Sterben lag und ihrem kleinen Sohne,
der vor dem eintretenden Prediger eine tiefe Verbeugung
machte, mit lallender Zunge noch die Worte zurief: „Nicht
zu tief, mein Sohn, er ist nicht von Adel!“ . . . und starb.
Amadeus konnte über Seeau, Belline und die Nacht=
mütze nur lachen.

Als er Krönner, dem er begegnete, die Geschichte
lachend erzählte, sagte dieser in seiner derben Manier:
„Nun ja! dergleichen adelstolze Tröpfe haben wir genug
hier. Der Holzapfel ist auch von hohem Stamm; Schild=
kröten und Schnecken sind aus guten Häusern, und unsere
Bauern sagen, wenn sich unter dem Korn viel leere Halme
finden: unser Roggen junkert.“

„Nun!“ — versetzte Mozart — „das Beste ist, daß
ich bei aller Bescheidenheit doch auch ein bischen Stolz
besitze. Ich denke immer: Verdienst ist die wahre Adels=
probe, und wird gelten, wenn auch der älteste Adelsbrief
nichts mehr gilt!“

„Allerdings!“ — meinte Krönner. — „In praxi ist
in unseren Zeiten unter allen Hofämtern das eines Hof=
predigers am überflüssigsten; in der Theorie aber wäre ein
tüchtiger Hof=Sirach am allernützlichsten, der da predigte:
„Schön und edel ist Stolz auf berühmte Namen, aber ein
berühmter Name ohne eigenes Verdienst ist bloß eine Null

ohne alle Bedeutung, sie wird nur durch eine vorstehende
Zahl bedeutend, wie die Folie bei Edelsteinen und Spie-
geln!".... Was sind diese Menschen!.... Höchstens
Karyatiden oder Verzierungen des Staatspalastes, die sich
vordrängen, und die eigentlichen Pfeiler verstecken!"

Mozart verlor indessen über all das Vorgekommene
die Hoffnung, eine Anstellung in München zu erhalten,
noch nicht. Uebrigens capricirte er sich auch nicht gerade
darauf. Fühlte er doch, daß einem jungen Manne von
ein und zwanzig Jahren und seinen Anlagen die ganze
Welt offen stehe. Da war noch Mannheim, wo der Hof
Karl Theodors, des Churfürsten von der Pfalz, residirte, und vor allen Dingen Paris, wo er ja schon als
Kind mit so großem Enthusiasmus aufgenommen worden
war; — wo ihm Freunde lebten, wie Baron Grimm,
die Gräfin Tessé, die reizende Espinasse; — Paris,
der gewaltige Tummelplatz der bedeutendsten künstlerischen
Größen; — Paris, die tonangebende Weltstadt.

Indeß .... ein Tag nach dem anderen verging und
es blieb alles beim Alten. Schmeichelhafte Aufnahme,
wo er sich zeigte; — glänzender Beifall, wenn er sich hören
ließ; zahlreiche Protectionen, wenn man den schönen Worten
sogenannter Gönner glauben durfte; — Versprechungen
und geschmeidige Redensarten.... aber von einer Anstellung kein Wort.

Endlich fing dem jungen Manne an die Geduld zu
vergehen; und da ihm auch sein würdiger Vater schrieb: er
solle sich nicht zu klein machen und nicht wegwerfen, so war

sein Entschluß gefaßt. Er wollte noch einmal bei Secau
versprechen, dabei aber einen definitiven Entschluß verlangen.

Es war ein schöner Octobermorgen, als er aus seiner
Wohnung trat. Die Sonne strahlte herrlich am blauen
Himmel und eine frische kräftige Luft erfüllte die Straßen
Münchens. Auf dem Schranneplatz aber lebte und webte
es. Wagen mit Fruchtsäcken waren in Menge aufgefahren,
Bräuer und Bauern, Müller, Bäcker und Mäkler wogten
durcheinander: handelten, schwatzten, kauften und ver-
kauften; Abläder schrien und fluchten und über Alle schaute
ruhig die heilige Maria, die als vergoldetes lebensgroßes
Bild auf der Säule thront, die die Mitte des Platzes
schmückt. Sie funkelte jetzt im eigenen und im Sonnengolde, während die geharnischten Engel zu ihren Füßen, die
Drachen der Sünde und der Ketzerei in Stücke hieben.

Mozart war schon an dies Bild des irdischen Treibens
und der, über diesem thronenden, himmlischen Ruhe gewöhnt.
Er würde daher gleichgültig an demselben vorübergegangen
sein, wenn ihm nicht eine Menge einzelner Gruppen aufgefallen wären, die eifrig über einen ernsten Gegenstand zu
sprechen schienen. Erst dachte er an einen Aufschlag der
Frucht, was das Nächste war; dann aber fing er im Vorübergehen so ernste Worte, ja so zornige Drohungen auf,
daß er sich umsah, ob er in der Menge denn gar keinen
Bekannten entdecke, der ihm Aufschluß geben könne.

Richtig! dort stand Woticzka! Er hatte die Hände
vor sich gefaltet und hörte mit augenscheinlicher Spannung

der Erzählung eines Dritten zu. Schon wollte sich Mo=
zart ihm nahen, als eine Scene erfolgte, wie sie das
fromme München vielleicht noch nie gesehen.

Zwei Mönche kamen, von einer benachbarten Straße
einbiegend, eben auf den Schrannenplatz. Kaum aber hatte
die Menge sie gewahrt, als sich eine Bewegung in ihr kund
gab und ein dumpfes Murmeln — einem fernen Donner
gleich — durch sie hinlief. Aber dies Murmeln dauerte
nur wenige Minuten, dann folgte ein Drohen und
Schimpfen, ein Fluchen und Verwünschen, daß Wolfgang
Amadeus seinen Ohren nicht traute. Die Mönche, die
sicher nicht wußten, wodurch sie sich diesen unerhörten Haß
zugezogen, während sie doch sonst immer an die größte De=
votion von Seiten des Volkes gewöhnt waren, flüchteten
nach einem Hause, und es war in der That Zeit, denn
schon machten einige Bursche Miene, Steine nach ihnen
zu werfen.

„Aber um des Himmels Willen!" — sagte jetzt Mo=
zart, der sich unterdessen bis zu Woticzka hingedrängt
hatte, — „was geht denn da vor? was ist geschehen? was
haben die armen Mönche gethan, daß die frommen Münch=
ner so über sie herfallen?"

„O!" — rief der Angeredete — „wenn auch diese un=
schuldig sind, so giebt es doch welche unter ihnen, die man
aufknüpfen sollte!"

„Ich staune!" — entgegnete Mozart. —

„Ihr werdet es noch mehr, lieber Freund, wenn Ihr
erfahrt, was sich wieder Grauenhaftes begeben hat."

„Nun?"

„Kennt Ihr vielleicht einen gewissen Pater Ronnos?"

„Ronnos?!" — rief Mozart und sein Herz schlug hörbar — „ob ich ihn kenne, ... er ist mein Freund!"

„Unmöglich!" — versetzte Woticzka. — „Daß Ihr von ihm gehört, glaube ich, denn die Geschichte der schändlichen Behandlung dieses Ehrenmannes durch seine Brüder und die Jammergeschichte seiner unglücklichen Schwester sind in ganz Baiern — vielleicht im ganzen Reiche bekannt; .... wie aber sollte der Benedictiner von Kloster Oberaltaich Mozart's Freund sein?"

„Ich lernte ihn schon als Kind kennen," — versetzte der junge Künstler aufgeregt — „aber jetzt, lieber Woticzka, laßt mich um aller Heiligen Willen wissen, was mit Pater Ronnos geschehen ist."

„Nun denn!" — versetzte der Violonist und Kammerdiener des Churfürsten — „obgleich es mir unter diesen Umständen doppelt schmerzlich ist." ....

„Ihr spannt mich wahrhaftig auf die Folter."

„Geduld! was ich zu sagen habe, erfahrt Ihr noch früh genug. Ihr wißt also, lieber Mozart, wie man den edlen Pater Ronnos seiner Zeit in der Abtei Oberaltaich mißhandelte, weil er ein helldenkender Mann war und unvorsichtiger Weise die zügellosen Sitten und die grenzenlose Unwissenheit seiner Mitbrüder mit Schärfe und Spott geißelte?"*)

*) Als er in seiner Vertheidigung unter andern auch den Gottes-

„Ich weiß! ich weiß!" — rief Mozart.

„Nun," — fuhr Woticzka fort — „von dieser Grau=
samkeit überwältigt wurde Ronnes, nachdem er die Frei=
heit wieder empfangen, zwar behutsamer, aber seinen ge=
fühllosen Klostergenossen nicht befreundeter."

„Wie ganz natürlich!"

„Er lebte von nun an in sich gekehrt, düster, unter den
Mönchsstücken ein freudenarmes Leben. Nur eines ließ
er sich nicht nehmen: so oft er aus dem Kloster kam — was
freilich selten geschah — suchte er irgend ein gutes Werk
zu Gunsten seiner Mitmenschen auszuführen. Jüngst
nun, als er eine Sendung nach der Gegend des Starn=
berger See's auszuführen hatte . . ."

„Des Starnberges See's?!" — wiederholte Mozart
gespannt.

„Ja! des Starnberger See's!" — fuhr Woticzka
fort — „soll er bei einer Versammlung der Landleute ge=
wesen sein, die der berühmte Thürriegel veranstaltet,
um die armen halb verhungerten Leute der dortigen Gegend
durch Auswanderung nach Spanien vom Hungertode zu
retten."

„Nun, und?"

„Sein edles Herz ließ ihn denn auch hier nicht schweigen,
und seinem Zureden glaubt man den Haupterfolg zu ver=
danken. Es wanderten nämlich in der That dreitausend

---

gelehrten Jerusalem anführte, mußte er seinen Richtern erst er=
klären, daß er nicht die Stadt dieses Namens, sondern den braun=
schweigischen Abt von Riddagshausen meine.

Menschen jener Gegend nach der Sierra Morena aus. Zum Unglück aber war ein großer Theil davon dem Kloster Oberaltaich zinspflichtig, und nun könnt Ihr Euch die Wuth der Mönche denken, als sie erfuhren, daß alle die bisher unter Schweiß und Blut erpreßten Frohnen und Zinsgefälle für sie verloren seien. Denn wo nichts ist, da hat der Kaiser das Recht verloren; und jene armen Leute hatten eben meist nichts, als das nackte Leben."

"Und die Mönche erfuhren, daß Pater Nonnos die Hauptursache dieser Auswanderungen?"

"Ja, sie erfuhren es; denn wo giebt es keine Spitz= buben und Verräther. Ein Winkeladvokat, der Stadt= Doctor genannt, verkaufte das Geheimniß an den Abt und machte sich dann mit dem Gelde davon."

"Und Pater Nonnos?" — frug Mozart fast athemlos.

"Er wurde, wie natürlich, sobald die Sache ruchbar, auf's Neue von den Klosterbrüdern in Haft gebracht, die man, der Wuth und Rache voll, mit Unmenschlichkeit voll= zog. In schweren Verhören geängstigt, mit allen Schreck= nissen der geheimen Tortur bedrängt, ohne alle und jede Aussicht auf Rettung ward er der Verzweiflung zum Raube . . . ."

"Nun, und?" . . . .

"Er entleibte sich selbst, um der Qual langsamen Kerkertodes zu entgehen!"*)

---

*) Zschokke's Geschichte des bairischen Volkes und seiner Fürsten. 6. Theil Seite 326 u. f.

„Entsetzlich!" — rief Mozart — die Hand vor die Stirne schlagend. — „Und welches war sein Tod?"

„Er durchschnitt sich die Kehle. Kurz vor Ausführung dieses Entschlusses hatte er auf eine steinerne Tafel die Worte geschrieben: „Veni, Domine Jesu, Amen!"*)

Mozart stand tief erschüttert. Knüpfte ihn auch kein Freundschaftsband enger an den Hingeschiedenen, so hatte er ihn doch in den zweimalen, die er in seinem Leben mit ihm zusammengetroffen, lieb gewonnen und achten gelernt, wie das traurige Schicksal des bleichen Mannes seine ganze Theilnahme erregte. Zwei geniale Männer waren sich begegnet und ihre Seelen hatten sich — ihnen selbst unbewußt — mit brüderlicher Liebe umschlossen.**)

Der augenblickliche Eindruck war indessen ein so peinlicher für Mozart's zart organisirte Natur, daß er sich wie geistig gelähmt fühlte. Schweigend drückte er daher Woticzka's Hand und kehrte wie im Traume raschen Schrittes nach Hause. Lange saß er hier in dumpfem Brüten, was sonst seine Sache gar nicht war, und sah nicht einmal das Schreiben mit dem großen Siegel, das während

---

*) Ich komme, Herr Jesus, Amen.

**) Der Tod des Pater Nonnos erregte in Baiern großes Entsetzen und eine gewaltige Erbitterung gegen sämmtliche Mönche und Klöster. Der Churfürst verhing sogleich eine Untersuchung über den Vorfall und namentlich über die Gesetzbrüchigkeit der Abtei, welche, seinen Befehlen zum Trotz, Kerker und Pflege peinlichen Rechts zu behalten gewagt hatte. Leider brachte der bald darauf erfolgte Tod des Churfürsten und die Besetzung Niederbaierns durch Oesterreich Alles in Vergessenheit.

seiner kurzen Abwesenheit gebracht und von seiner Mutter, die ihn auf dieser Reise begleitete, auf seinen Tisch gelegt worden war, da sie selbst zur Kirche gegangen.

Endlich fiel es ihm in die Augen. Mechanisch öffnete er es und fand: eine entschiedene Ablehnung seiner Bitte um Anstellung, da keine Stelle für ihn frei sei!

Der Brief war von der Intendantur und von Seeau unterzeichnet.

Zwei Schwestern.

Zu der Zeit, von welcher wir schreiben, schloß Mannheim — die schöne, freundliche, vom Rhein und Neckar
so traulich umfangene Stadt — nach der Seite des ersteren Stromes hin, noch ein schönes, stattliches Thor, das
Rheinthor genannt, das die von beiden Seiten herziehenden
Festungswerke durch einen weitgeschwungenen Bogen gar
zierlich vereinte. Prangte doch über diesem Bogen das
Churpfälzische Wappenschild mit dem Namenszuge Karl
Philipps, eine Schöpfung des churpfälzischen Hofbild-
hauers Linck; während man unter dem Wappen die
Inschrift las:

Bonus Princeps nunquam
ut Paci credit non Se
praeparet bello.

„Ein guter Fürst traut niemals so ganz dem Frieden,
daß er sich nicht gerüstet halte zum Kriege."

Außerhalb über dem Durchgange dagegen hing in der Gestalt eines auseinandergeschlagenen Tuches eine aus weißem Marmor gehauene Tafel mit den Worten:

Virtus conjuncta fortior
Rhenum ego me Rhenus defendit
Virtutem geminam debemus uni
Carolo Philippo Electori Palatino
Principi Pacis et Belli
quia Tempore Pacis cogitavit
quae belli sunt
anno Christi MDCCXXVIII.

„Die vereinigte Tugend ist stärker. Ich ver=theidige den Rhein und der Rhein mich. Diese doppelte Stärke verdanken wir Karl Philipp, Chur=fürsten von der Pfalz, dem Fürsten des Friedens und Krieges, weil er in der Zeit des Friedens des Krieges ge=dacht hat. Im Jahre Christi 1728."

Freilich ahnte man nicht, als man diese großsprecherische Inschrift setzte, wie wenig sie sich im Laufe der Zeit be=währen sollte; denn weder die Festung vermochte den Rhein, noch der Rhein die Festung zu vertheidigen, und allein in den sechs schlimmsten Kriegsjahren späterer Zeit zogen mehr denn 400,000 Mann feindlicher Truppen unter dem Bogen hindurch, der diese pomphafte Aufschrift trug. So sind die Schicksale der Völker! Wie die Wellen den Tropfen im Meere willenlos mit sich fortspülen, so erfassen die Wogen der Zeit dich selbst, deinen Stamm und dein Volk und reißen euch unaufhaltsam dahin in den wilden Strömungen der Weltgeschichte!

Aber nicht das Rheinthor zu Mannheim ist es, was uns in Anspruch nimmt, sondern ein kleines, bescheidenes, einstöckiges Häuschen, das noch im Jahre 1777 in zweiter Linie hinter dem Walle, dicht an diesem Rheinthore stand.

Allerdings machte dies Haus an und für sich keine Ansprüche, weder auf ein stattliches und imponirendes Aeußere, noch auf sonst irgend eine Berühmtheit; aber es war hübsch und wohnlich, und verkündete schon auf den ersten Blick, daß seine Inhaber auf Ordnung und Reinlichkeit hielten. Einen besonderen wohnlichen Anstrich gaben ihm aber die zwei fünfeckigen Erker, die zu beiden Seiten vorsprangen, und sich in spitzen Thürmchen endeten. Und welche Aussicht über den Rhein mußten nicht die Mansardenfenster gewähren: lag ja doch gerade gegenüber die Rheinschanze und in der Ferne das schöne Haardtgebirge, dieser Hauptschmuck der Pfalz, die schon Karl der Große mit Recht sein deutsches Italien nannte. O sei mir gegrüßt, du Land mit dem milden blauen Himmel, der sich so freundlich über dir wölbt! Zwar bist du nur ein kleiner Fleck der deutschen Erde, aber dafür bist du auch ausgezeichnet vor allen anderen Gauen des theuren Vaterlandes! Hat auch die Hand des Schöpfers dir nicht himmelanstrebende Berge geschenkt, deren Schneehäupter dem wärmenden Strahle der Sonne trotzen; — durchfurchen dich auch nicht mächtige Ströme, die mit donnerndem Brausen von Fels zu Fels sich stürzen: so sind dafür sanftere Reize über dich ergossen. Auf deinen Hügeln kocht die Sonne in Ueberfluß der Traube edles Blut, und klare Bäche durchrieseln plätschernd deine Thäler und befruchten dein Gefilde. Wenn der Frühling im bunten Blüthenkleide über deine Fluren dahingeht und lächelnd sein Füllhorn ausleert, wenn aus tausend und tausend Blumenkelchen süßer Opferduft gen Himmel steigt; wenn die Amsel im grünen Hage liebend lockt und schlägt: dann darfst du kühn mit jedem Strich der schönen Erde um die Palme ringen!"

O Pfalz! liebliche Pfalz! wohin hat mich die Erinnerung an dich geführt! . . . . aber heute senden ja des Frühlings freundliche Kinder ihre süßen Opferdüfte nicht empor, — — ruft nicht die Amsel mehr mit lockendem Schlage, denn Frühling und Sommer sind vorüber und nur der erste Tag des Octobers ist es, der bei dem schönsten blauen Himmel und dem freundlichsten Sonnenscheine die Erde noch einmal küßt, — als wolle auch der Herbst nun Abschied nehmen von der Geliebten, nach der der kalte schneeige Winter schon seine Hände begierig ausstreckt.

Aber hat denn ein solcher Spätherbsttag nicht einen ganz besonderen — einen doppelten Reiz für sich? nicht nur den, eines schönen Tages überhaupt, sondern auch den poetischen, den alles Untergehende, still Versinkende in sich schließt? Nur noch einmal vielleicht, vor des Winters stürmischem Hereinbrechen, lächelt uns die Natur so freundlich zu; dann . . . . dann . . . . ist es aus mit ihren Freuden! — dann ist das holde Reich des Heiteren gestürzt und der kalte Usurpator des Nordens tritt es verächtlich unter die Füße!

Darum treibt es denn auch jedes Menschenherz an

solchen Tagen so gewaltig hinaus; darum möchte Jeder
diese letzten Tropfen in dem Becher der Naturfreuden noch
eilig schlürfen; — darum aber liegt auch der Hauch einer
stillen Wehmuth über solchen Tagen ausgegossen.

So ging es denn auch heute. Den Morgen hatte sich
ein undurchdringlicher Nebel über Rhein und Neckar gela-
gert, und somit auch Mannheim, das ja beiden Flüssen
in den Armen ruht, mit einer weißen dichten Hülle überzogen. Da war lange kein Gedanke daran die Sonnen-
scheibe zu sehen, — bis nach und nach eine leichte Bewegung in die dichte Nebelmasse kam, die sichtbarlich auf einen
Kampf mit den Strahlen jenes Gestirnes hindeutete. Jetzt
wurden die Massen lichter, jetzt verdickten sie sich wieder,
aber allmälig kam doch am Himmel eine blasse Scheibe
zum Vorschein, bis plötzlich ein leiser Wind sich spüren
ließ und mit einemmale — fast wie mit einem Zauberschlage
— jede Spur des Nebels verschwunden war, und die
Sonne in ihrem vollsten Glanze an einem Himmel strahlte,
der mit seinem reinen tiefen Blau die schönsten Sommer-
tage übertraf.

Das war eine große Freude für die Mannheimer;
denn der Churfürst gab heute — zur Feier der Genesung
seines achtjährigen Söhnchens, des kleinen Fürsten Karl
von Bretzenheim, den eine gefährliche Kinderkrankheit
niedergeworfen hatte — ein Volksfest in dem Garten seines
Schlößchens auf der Mühlane.

Der kleine Fürst von Bretzenheim war aber auch
Karl Theodors Liebling, das erste Kind seiner Ge-

liebten, der schönen und reizenden Schauspielerin Josephe
Seyffert — der Tochter eines Regierungskanzlisten
gleichen Namens, die jedoch längst, zur Gräfin Heydeck
erhoben, als solche öffentlich mit dem Fürsten lebte.*)

Auch ihre Kinder **) wurden ganz unbefangen als die
Kinder des Churfürsten angesehen, erzogen und ausge=
zeichnet, wie ihnen denn Karl Theodor das jetzt noch in
Mannheim prangende Bretzenheimische Palais, gegen=
über dem Schlosse, erbauen ließ.

Zu diesem Feste also, zu dem alle Beamte in Mann=
heim nebst ihren Familien geladen waren, strömte es jetzt
nach der Mühlau=Insel; — zu diesem Feste bereiteten sich
eben, klopfenden Herzens, die Einwohner jenes bescheidenen
Häuschens neben dem Rheinthore vor. Denn der Besitzer
dieses Häuschens war auch ein Beamter, ein grundehr=
licher, einfacher deutscher Mann, mit Namen Weber.
Freilich gehörte Herr Weber nicht zu den hohen Ange=

---

*) Karl Theodor errichtete später für ihn eine, mit den Gü=
tern der aufgehobenen Jesuiten reich dotirte, bairische Zunge des
Maltheser Ordens, deren Großprior mit 26,000 Gulden Einkünften
der Fürst von Bretzenheim ward, und neun Jahre später, 1790,
kaufte er ihm von dem Churfürsten von Cöln die westphälische Herr=
schaft Bretzenheim an der Nahe um 300,000 Gulden, worauf er
in demselben Jahre von Kaiser Joseph II. zum Reichsfürsten von
Bretzenheim erhoben wurde.

**) Sie hatte, außer dem ebengedachten Sohne noch 3 Töchter
mit dem Churfürsten, die ebenfalls Gräfinnen von Bretzenheim ge=
nannt wurden. Häusser: Geschichte der rhein. Pfalz. II. Thl.
S. 934.

stellten, da er sich seit vierzehn Jahren, mit Frau und sechs
Kindern — fünf Mädchen und einem Sohne — bei einem
Gehalte von zweihundert Gulden begnügen hatte müssen;
aber seine Bescheidenheit und Anhänglichkeit an das Churfürstliche Haus war ja auch gerade in der letzten Zeit um
so schöner und reicher belohnt worden, als er nun für seine
langjährigen treuen Dienste . . . . . ganze 400 fl. jährlich
erhielt! Jedenfalls war es ein Glück für Herrn Weber,
daß ihm seine Eltern das bewußte kleine Haus am Rheinthor hinterlassen, so wohnte er doch frei, und hatte selbst
noch eine kleine Einnahme an Miethzins für zwei, an einen
alten Junggesellen vermiethete Zimmer.

Aber so klein das Haus und der Gehalt dieses Mannes,
so groß war die Zufriedenheit und das Glück, die unter
diesem bescheidenen Dache wohnten. Da war Niemand
in der ganzen Familie, der an das Leben andere Ansprüche
machte: als Gesundheit, heiteres Gemüth, tägliches Brod
und, als Würze alles dessen, die herzlichste und innigste
Liebe untereinander. Und wahrlich! das Schicksal war
freundlich genug, den guten Menschen diese bescheidenen
Wünsche reichlich zu gewähren. Vater und Mutter freuten
sich der besten Gesundheit, die Kinder blühten wie frische
Rosen auf, und da die Körper wohl und die Seelen genüg-
sam waren, so fehlten auch — bei aller Kärglichkeit der
Existenz — Heiterkeit und Zufriedenheit nicht; während
ein glückliches Familienleben das Haschen nach äußeren
Freuden durchaus überflüssig machte.

Dabei war Herr Weber kein trockener Aktenmensch,

wie so viele Beamte der damaligen Zeit; im Gegentheile: er liebte Kunst und Wissenschaft, und wenn er auch nur wenige Bücher anschaffen und sich höchst selten einen Kunstgenuß gönnen konnte, so gab es doch immer höher gestellte Freunde und Gönner, die ihm hie und da ein gutes Buch liehen, auch wohl den, wegen seiner Redlichkeit und Pflichttreue allgemein geachteten Mann, zu Concerten und musikalischen Festen einluden. Denn auf Musik hielt Herr Weber gar viel, und wie viele schöne Stunden verdankten er und seine Familie seinem Spiele auf dem alten, noch von den Eltern herstammenden, Clavichord; — denn seinen höchsten Wunsch: ein Clavier oder gar eines von den neuen Fortepiano zu besitzen, wie sie damals Stein in Augsburg anfertigte, wagte er kaum vor sich selbst auszudenken: seiner Erfüllung stellte sich ja die reinste Unmöglichkeit entgegen. Was aber diesem Sinn für Kunst und Wissenschaft bei Weber eine höhere Bedeutung gab, war, daß er ihn nicht nur auf seine Kinder zu übertragen suchte, sondern auch sein eigenes Wissen dazu benutzte, ihre Schulbildung zu erweitern und zu vervollkommnen, ... und was war Schulbildung in jener Zeit!

Man kann sich einen Begriff machen, wie es sich damals um die Pädagogik verhielt, wenn man erfährt, daß noch unter Karl Theodor der Lehrer für die Edelknaben unter dem Oberstallmeisterstabe stand. Der Leibkutscher hatte 300 Gulden, der Viceleibkutscher und die zwölf Trompeter hatten jeder 250 Gulden . . . . der Lehrer,

ein Professor philosophiae, erhielt jährlich....
200 Gulden!

Daraus schließe man auf den übrigen Schulstand; da=
für bestand aber auch der Hofstaat aus 2000 Personen,
die, außer den Naturallieferungen, jährlich 850,000
Gulden in Anspruch nahmen!

Weber und seine Frau kannten nun alle diese Verhält=
nisse sehr gut, und da beide die Erziehung ihrer Kinder für
ihre höchste, heiligste, aber auch schönste Lebensaufgabe er=
kannten, so suchten sie selbst das zu ersetzen, was, die
Schule eben nicht gab. Und welche kräftige Hülfe hatte
da Herr Weber in seiner Frau! Sie war ein Weib von
jenem alten guten Schrot und Kern: tüchtig als Hausfrau,
einfach, sparsam bis ins Kleine, unermüdlich fleißig, streng
auf Ordnung haltend und von Herzen fromm, ohne auch
nur im Entferntesten zu jenen weiblichen Seelen zu
gehören, die ihre Frömmigkeit in sentimentalem Spielen
mit religiösen Gefühlen suchen.

Unter solcher Pflege mußten denn auch die Kinder gar
wohl gerathen, und wirklich hatten die Eltern ihre große
Freude an ihnen.

Die beiden ältesten waren Mädchen. Aloysia stand
im fünfzehnten, Constanze im vierzehnten Jahre. Beide
waren schön und blühend, wie frische Rosenknospen, auf
welchen noch der Thau des Morgens funkelt.

Beide liebten sich herzinnig, ja sie waren ein Herz und
eine Seele, und doch waren ihre Charaktere gewaltig ver=
schieden. Aloysia, die eine prächtige Stimme hatte, und

die sich daher auch — nach ihrem eigenen und dem Wunsche
der Eltern — zu einer Sängerin heranbildete, war lebhaft
und feurig. Nichts schien ihr je zu schwer, zu unerreichbar;
aber nichts kam auch ihrem Fleiße und ihrer Ausdauer
gleich, wenn es galt, ein bestimmtes Ziel zu erreichen.
Und dies Ziel hatte sich das fünfzehnjährige Mädchen schon
gesetzt: sie wollte einst die Welt mit ihrer Stimme erobern.
Sie war dabei leidenschaftlich für die Musik begeistert und
schwelgte im Vorgenusse: eine Priesterin derselben zu
werden.

Ganz anders stand es um Constanze, die viel ruhiger,
stiller, innerlicher als die Schwester erschien. Dabei war
sie noch Kind im strengsten Sinne des Wortes. Sie lebte
wie eine Blume, geschaffen für einen kleinen Kreis zu blü-
hen, und den nächsten ähnlich zu werden. Was sie aber
namentlich charakterisirte, war eine sanfte Traurigkeit, zu
der sie von Natur aus geneigt schien. Einem schärferen
Blicke entging es aber nicht, daß diese Neigung zur Traurigkeit nichts Anderes als der Reflex einer tieffühlenden
Seele war, gehoben und getragen durch innere Entwicklung in der Zeit des Ueberganges von dem Kinde zur
Jungfrau.

Constanze fühlte, wie sich in ihrem Herzen, Geiste
und Körper ein unbekanntes Etwas still aber gewaltig ent-
falte; aber sie konnte dies Etwas weder begreifen noch
nennen. Sie suchte darnach und fand es nicht, und das
gerade stimmte sie oft weich und sehnsüchtig bis zu Thränen.
Wenn sie aber dann von den Geschwistern geneckt wurde,

konnte sie auch ebenso ausgelassen lustig sein, doch hatte
diese Lustigkeit dann immer etwas überreiztes. Sonst war
Constanze unendlich gut, sanft und zeichnete sich nament=
lich auch durch Fügsamkeit und Nachgiebigkeit aus, während
es ihr auf der anderen Seite keinesweges an Geist gebrach.
Auch sie liebte dabei die Musik über alles, besaß aber nur
wenig Stimme.

Alle Weber'schen Kinder aber kamen an Herzensrein=
heit sich gleich. Da wurde ja nichts über anderer Leute
Thun geurtheilt, noch sonst eine Geschichte aus der damals
— namentlich in Mannheim — so verderbten Welt erzählt.
Die jungen Wesen ahnten kaum etwas von dem Bösen der
Welt. Sie hatten noch nie etwas gehört, worüber sie
hätten schamroth werden können, oder die Augen hätten
niederschlagen müssen. Kein zweideutiges Wort hatte ihnen
jemals Nachdenken gemacht, noch ein fremdes Wehgefühl
ihr Herz in Schadenfreude gehoben.

Von Putz wußte man im Weber'schen Hause ebenfalls
nichts. Was man dort unter Putz verstand, war eigentlich
nur — bei den einfachsten Stoffen — erhöhte Reinlichkeit
und Nettigkeit. So kam es denn auch, daß, wenn Aloy=
sia und Constanze je eine Blume in ihr schönes Haar
steckten, sie nicht daran dachten, wie sie dadurch schöner
würden, sondern nur, wie schön sich die Blume in ihren
Haaren ausnehme. Dafür floß aber auch in ihren Adern
gesundes Blut, und auf ihren Wangen lagerte sich mit
süßem Zauber jene unbeschreiblich liebliche Röthe, die der
Hauch der Jungfräulichkeit ist. Ihre Seelen waren rein,

und wo und wie sie sich bewegten, war alles edel und gefällig. So lebten sie in einem kindlich süßen Frieden und
bekundeten diesen in anspruchsloser Freundlichkeit auch nach
Außen hin.

Daß unter solchen Umständen Vater Weber fast niemals mit seiner Familie an öffentlichen Vergnügungen
Theil nahm, versteht sich wohl von selbst. Aber heute
mußte eine Ausnahme gemacht werden, da der Churfürst
allen seinen Beamten befohlen hatte, nebst ihren Familien
im Garten des Mühlau-Schlößchens zu erscheinen. Indessen kam dieser Befehl dem Weber'schen Ehepaare diesmal auch nicht unangenehm; denn da Aloysia in ihrer
musikalischen Ausbildung so weit gediehen war, daß ein
öffentliches Auftreten demnächst bevorstand, mußte sie doch
auch nach und nach in die Welt eingeführt werden.

Daß sich aber die Kinder von der Aloysia an bis zu
dem kleinen sechsjährigen Hermann auf das seltene Vergnügen freuten, bedarf wohl keiner Erwähnung. Hatten
doch die dicken Nebelschichten des Morgens trübe Gesichter
und halb unterdrückte Seufzer genug hervorgerufen; —
war doch der kleine Hermann beständig zwischen dem
Gaubenfenster und der Wohnstube unterweges, um Wetter-
beobachtungen anzustellen und die Erfolge seiner Beobachtungen der Mutter und den Schwestern zu überbringen.
Die ersten dieser Rapporte lauteten freilich sehr trübe und
wurden mit kläglicher Stimme und niedergeschlagenen
Mienen abgestattet; — wie sich aber die Nebel lichteten,

ward auch Gesicht und Stimme des Knaben lichter und
nun tönte es schon von der Treppe herab:

„Mama, Aloys, Constanz . . . . es wird heller!"

„Jetzt fällt der Nebel!"

„Nein er wird wieder dicker, man kann die Rheinschanze
nicht mehr sehen!" — bis endlich in schmetternden, jauch-
zenden Tönen die Worte erschallten:

„Die Sonne! die Sonne! die Sonne!"

Ein allgemeines Jubeln und Händeklatschen antwortete
dieser Freudenbotschaft, und nun that Jedes — in Erwartung der nachmittäglichen Freuden — seine kleinen Pflichten
nur so eifriger und pünktlicher.

Aloysia sang ihre Arien fameuse! Constanze hatte
noch nie so viele Aufmerksamkeit auf die Lieblingssuppe des
Vaters verwandt; — Johanna säumte das Hemde, das
sie eben in der Arbeit hatte, so nett, daß sie die Mutter
besonders loben mußte; — Maria und Sophie strickten
an ihren Strümpfen, als ob es bezahlt würde; — und der
kleine Hermann nahm von selbst sein A-B-C-Buch
und buchstabirte so laut und eifrig, daß alle lachen mußten.
Endlich war der Morgen und das Mittagessen vorüber,
und nun ging es hinaus nach der Mühlaue, wohin bereits
schon ganz Mannheim strömte; denn auch wer nicht befohlen war, wollte die Herrlichkeiten wenigstens aus der
Ferne sehen. Wie hätten die damals als maßlos genuß-
süchtig bekannten Mannheimer eine Festlichkeit vorüber
gehen lassen, ohne mitzugenießen!

Die Mühlaue ist eine große Insel, die von dem

Rhein und dem Neckar, bei der Mündung des letzteren
Flusses in den ersteren, und durch einen Durchstich vom
Neckar in den Rhein gebildet wird. Hier, auf der west-
lichen Spitze der Insel hatten Churfürstliche Gnaden ein
kleines Schlößchen,*) das zwar nur aus einem Saale und
wenigen Zimmern bestand, die ein einziges Parterre-
Geschoß bildeten, dennoch aber ansehnlichen Raum für Festi-
vitäten, wie die heutige, boten.

Rings um das Schlößchen aber zog sich damals ein weiter
schöner Garten, der in einer unabsehbaren Aue mit Wiesen
endete. Ein großer Teich, am Schlößchen beginnend und
die ganze Aue durchschneidend, gab dem Ganzen einen
besonderen Reiz, zumal er von den köstlichsten Fischen
wimmelte und oft zu großen Fischereien Veranlassung gab.

Von der Gartenpracht war freilich jetzt nicht mehr viel
zu sehen. Einige spätblühende Astern und Georginen aus-
genommen, gab es keine Blumen mehr und selbst die
Bäume waren fast kahl, da die herbstlichen Nebel die gelben
Blätter in Masse herabgedrückt hatten. Dennoch ließ —
heute wenigstens — der reinblaue Himmel und die prächtig
strahlende Sonne Manchen vergessen, daß es bereits
October sei.

Und wie das wimmelte in dem Garten und vor demselben, auf den Wegen, die zu dem Schlößchen führten und
in dem großen Saale des Schlößchens selbst, in dem der

*) Noch jetzt einer der Lieblingsspaziergänge und Vergnügungs-
orte der Mannheimer.

Hof versammelt war. Jetzt endlich erschien der Hofmar=
schall und ordnete mit seinen Untergebenen die Aufstellung
der Beamten nebst ihren Familien, da Churfürstliche
Gnaden ihre Reihen passiren und mit sämmtlichen einige
Worte sprechen wollte. Auch Weber und den Seinen
wurde ihr Platz angewiesen: aber nur in zweiter Reihe,
da der Raum zu eng war.

Das hätte nun Vater Weber wenig gekümmert, wäre
nicht gerade vor ihn ein Mann zu stehen gekommen, den
er aus Grund seines Herzens verachtete, da er bekannter=
weise einer der bestechlichsten Beamten und einer der un=
moralischsten Menschen in Mannheim war, was zu Karl
Theodors Zeiten viel heißen wollte. Dabei bildete sich
der Herr Hofgerichtsrath nicht wenig darauf ein, eine ganz
gemeine — aber von einem vornehmen Herrn protegirte
— Person geheirathet zu haben. Besagte Person hing
denn auch jetzt an seinem Arme, und zwar in einem Staate,
der einer Gräfin Ehre gemacht hätte.

Den Kopf zierte ein unförmliches Haargebäude, von
gepuderten Locken überdeckt, auf welchem wieder eine
himmelhohe Haube von feinen Spitzen thronte, deren
Bänder und Schleifen gar nicht zu zählen waren. In
einem gleichen Verhältniß stand der Rock aus schwerem
Seidenzeug, der förmlich einen weitabstehenden Ballon
bildete, dessen hinterer Theil noch einmal durch einen
mächtigen Cul de Paris gehoben wurde. Bandschleifen
zogen dies kostbare Kleid nach vorn hinauf, um einen zweiten
nicht minder werthvollen Rock sehen zu lassen. Dabei

prangten Perlenschnüren im Haare und um Hals und Arme,
während ein riesiger Fächer, mit den schönsten Schäferscenen
bemalt, bald entfaltet das Gesicht der Dame zur Hälfte
coquett verbarg, bald zusammengeschlagen ihr wie ein
Scepter zu gezierten Bewegungen diente.

Und wie standen Aloysia und Constanze neben
dieser Schönen, mit den künstlich rothen Wangen?

Wie zwei Rosenknöspchen, die einem Stiele entsprossen,
neben einem dicken Strauß gebackener Blumen. Beide
trugen ganz einfache Kleidchen von lichtrosa Indienne, die
Haare nach der Mode aber einfach aufgesteckt und als einzigen Schmuck den Hauch der Unschuld und der Kindlich-
keit. Der Herr Hofgerichtsrath und seine Gattin sahen
denn auch nur mit wegwerfenden Blicken auf die Weber'sche
Familie, die sie einer Anrede gar nicht würdig erachteten.
Es war aber auch jetzt keine Zeit mehr, denn Churfürstliche Gnaden gingen bereits langsam und hie und da stehen
bleibend, dem lebendigen Beamtenspalier mit seinen bunten
großen und kleinen Staketen entlang.

Jetzt stand er vor dem Hofgerichtsrathe, der sich in
diesem Augenblicke mit eben so viel kriechender Unterthä-
nigkeit vor dem regierenden Herrn beugte, als er vorhin
mit Hochmuth und Stolz auf seine Umgebung herab-
geschaut.

„Nun, nun!" — sagte bei dieser fast bis zur Erde ge-
henden Reverenz Karl Theodor, dessen gesundem Sinn
eine solche übermäßige Ehrerbietung ebenfalls widerlich
war — „brech er nur nicht das Genick mit seinem Büch-

ling! Ist er denn auch vor Gott so demüthig, wie hier
vor seinem irdischen Herrn?"

„Churfürstliche Gnaden!" — entgegnete der Angeredete immer noch in tief gebeugter Stellung und die Hand
auf das Herz gelegt, mit salbungsreichem Tone — „ich
schmeichle mir Gott und meinem irdischen Herrn gleich
treu zu dienen."

„Hm!" — brummte der Fürst — „heißt er nicht
Hollenbach?"

„Zu dienen, Churfürstliche Gnaden!"

„Und er hat dem Präsidenten, Graf Schall, geholfen,
die Rechnungen über den Canzleibezug von Schreibmate-
rialien in den letzten fünfzehn Jahren zu machen?"

„Zu dienen, Churfürstliche Gnaden, — habe sie sogar
allein aufgestellt."

„Da ist er ein ebenso großer Spitzbube, wie der Schall
selbst!" — sagte der Churfürst so laut, daß es Jedermann
hören konnte, und, zu seiner Begleitung gewandt, fuhr
er fort:

„Rechnet der Kerl 3813 Gulden; nämlich über 900 Ries
Papier, 345 Pfund Siegellack, 450 Pfund Bindgarn,
26,000 Stück Federkiele, 120 Federmesser, 80 Papier-
scheeren und . . . . 740 englische Bleistifte!"*)

Der Churfürst hatte diese Rechnung in einem so eigenen
Tone zwischen Zorn und Hohn gesagt, daß seine Umgebung,

---

*) Historisch.

die an solche Dinge schon gewöhnt war, unwillkürlich lachen mußte.

Hollenbach aber stöhnte:

„Eifer, Churfürstliche Gnaden, ... alles Eifer in Dero Diensten!"

„Ja!" — meinte Karl Theodor, — „es ist gut, daß Graf Schall vor dem Riß steht; den können Wir nicht hängen lassen, sonst baumelte er mit."

Der Hofgerichtsrath verbeugte sich vergnügt.

„Ist das sein Ehegespons?" — frug der Fürst weiter.

„Zu dienen, Churfürstliche Gnaden!" — versetzte Hollenbach; während die Gedachte bis zur Erde knixte und ihr Gesicht mit gezierter Verschämtheit hinter dem Fächer verbarg.

„Haben sie ja noch gar nicht am Hofe gesehen?"

„Halten zu Gnaden!" — versetzte die Frau — „habe aber beim letzten Ball den Reverentismus so stark im Bein gehabt, daß ich nicht ausgehen konnte!"

„Wen?!" — rief der Churfürst.

„Den Rheumatismus!" — verbesserte der Hofgerichtsrath.

Karl Theodor lachte hell auf.

„Verdammte Geschichte! Wer wird sich auch mit einem Reverentismus abgeben."

„Ach!" — meinte die Frau — „wenn das das einzige wäre, was man zu leiden hätte; aber" — sie merkte hier das verlegene Zupfen des Gatten an ihrem Kleide nicht —

„aber“ fuhr sie fort, — „da leide ich auch öst an einem kathedralischen Fieber!“

„Katarrhalisch! katarrhalisch!“ — flüsterte der Mann.

Des Churfürsten Heiterkeit stieg immer mehr; die Frau aber lachte dumm mit und sagte:

„O, was Churfürstliche Gnaden doch für ein leutseliger Herr sind, und immer so bei Homer!“

„Humor! Humor!“ — ergänzte der Mann ganz entsetzt.

„Einerlei!“ — rief der Churfürst. — „Sie kann wenigstens in ihrem Humor zu einem homerischen Gelächter Veranlassung geben!“

In diesem Augenblick fielen die Blicke des Regenten auf Aloysia und Constanze und blieben mit freudiger Ueberraschung an den beiden lieblichen Erscheinungen hängen.

„Wer sind die beiden netten Mädchen?“ — frug er dann.

„Meine Töchter, Durchlaucht!“ — versetzte bescheiden und mit ehrfurchtsvoller Verbeugung Herr Weber.

„Und wer ist er?“

„Registrator Weber.“

„Weber?“ — wiederholte der Churfürst — „Registrator Weber? der Name ist Uns erst vor kurzer Zeit genannt worden?“

„Ganz recht, Durchlaucht!“ — sagte hier der hinter dem Fürsten stehende Graf Törring=Seefeld. — „Ich las Churfürstlichen Gnaden denselben auf der Liste der=

jenigen Beamten vor, die sich seit Jahren durch Treue und
Diensteifer ausgezeichnet haben."

„Richtig!" — rief Karl Theodor. — „Und Wir gaben
Zulage. Aber es kommt Uns vor, als müßten Wir auch
mit Saviola über Weber gesprochen haben."

„Durchlaucht verläßt Ihr ausgezeichnetes Gedächtniß
nicht!" — sagte vortretend mit höfischer Verbeugung
Graf Saviola, der Intendant des churfürstlichen Hof-
theaters. — „Ich erlaubte mir, die kleine Weber, die
eine ausgezeichnete Stimme hat, auf Bitten des Vaters,
zur Aufnahme in dem Conservatorium vorzuschlagen."

„Und welche ist dies?"

Aloysia ward hier über und über roth; aber sie verbeugte sich, trotz aller mädchenhaften Schüchternheit, doch
so zierlich und das Erröthen stand ihr so gut, daß der
Churfürst im Stillen ganz entzückt war.

„Nun," — sagte er — „da Wir doch heute einmal in
so gutem Homer sind, so wollen Wir auch einen homeri-
stischen Streich machen. Hat sie Muth, Mamsell Weber,
uns etwas da drinnen zu singen?"

Vater, Mutter und Constanze erblaßten, auch der
Aloysia fuhr das Entsetzen wie ein Schwert durch die
Seele; aber sie fühlte auch, daß von diesem Momente ihre
ganze Zukunft abhänge. Ihr Entschluß war daher sofort
gefaßt und freundlich sagte sie:

„Wenn Churfürstliche Gnaden es wünschen, daß ich
singe, mache ich mir jederzeit ein Vergnügen daraus, Dero
Wunsch zu erfüllen."

„Sieh, sieh!" — rief der Churfürst freudig — „die
Jungfer hat Muth, das gefällt Uns. Nur wer Muth hat,
bringt es zu etwas: auf der Bühne, auf dem Schlachtfeld
oder im Leben. — Saviola!"

„Durchlaucht!"

„Bringt mir die Jungfer Weber hinein in den Saal,
stellt sie der Frau Gräfin Heydeck vor und sagt, daß
Wir die Kleine singen hören wollen. Man soll das neue
Fortepiano von Stein in den Saal stellen."

„Kann Sie sich selbst begleiten?"

„O ja Durchlaucht."

„Gut! Wir bringen Unseren Gang zu Ende, und
kommen dann nach." — Und Karl Theodor drehte sich
zum Weitergehen; aber plötzlich hielt er wieder an und rief
nochmals: „Saviola!"

„Durchlaucht!"

„Vater Weber soll anstandshalber mitgehen; wird
die Kleine auch weniger verlegen machen, obgleich sie Muth
wie ein guter General hat."

Aber der so viel gepriesene Muth der guten Aloysia
sollte noch hart auf die Probe gestellt werden. Die halbe
Stunde, die sie im Saale warten mußte, war ihr, trotz der
freundlichen Aufnahme von Seiten der Gräfin, um so ent=
setzlicher, als alle die Blicke der Höflinge und Hofdamen
auf ihr ruhten, und sie wohl die spöttischen Mienen bemerkte,
die theils ihrer einfachen bürgerlichen Kleidung, theils —
was sie nun freilich nicht ahnte — der ganz besonderen
Bevorzugung von Seiten des Churfürsten galten. Sie

fühlte zum erstenmale, daß es eine Kleinigkeit sei, einen
kühnen Entschluß zu fassen, aber unendlich schwer ihn mit
Consequenz durchzuführen. Nur die Nähe ihres Vaters
und der Gedanke an ihre Zukunft hielten sie aufrecht.

Endlich kam Karl Theodor zurück. Er ließ ihr die
Wahl in dem vorzutragenden Stücke, ermuthigte sie auch
auf wirklich herzliche Weise und so sang Aloysia unter
eigener Begleitung eine Arie aus der neuesten Oper ihres
Lehrers, des Churfürstlichen Orchester=Directors Wend=
ling. Aber sie entfaltete dabei — nachdem sie die erste
Angst überwunden — eine so frische, klangvolle und bieg=
same Stimme und eine so ausgezeichnete Schule, daß Alles
entzückt war.

Karl Theodor selbst klopfte dem Vater freudig auf
die Achseln und rief:

„Da hat er in der Jungfer einen waren Schatz!"

Als aber Aloysia noch einige andere Arien mit gleichem
Erfolg gesungen, rief Karl Theodor wieder: „Saviola!"

„Durchlaucht befehlen!" — erwiederte der allzeit be=
reite Intendant.

„Von heute an ist Mamsell Weber Mitglied des
Conservatoriums und in der demnächsten Aufführung der
„Samori" wollen Wir sie in der Hauptrolle hören."

Wer war glücklicher als Aloysia und Vater Weber.*)

Wie beide dem Saale hinausgekommen, wußten sie

---

*) Aloysia Weber wurde später unter dem Namen, Madame
Lange, eine der berühmtesten Sängerinnen ihrer Zeit.

8*

nachher nicht mehr. Mutter und Geschwister konnten die
erfreuliche Nachricht aber kaum glauben. Was lag der
glücklichen Familie nun an dem sogenannten „Tracte=
ment" auf der Wiese, — was an dem Schifferstechen auf
dem Teiche und dem Feuerwerk vor dem Schlößchen. So
bald sie konnten eilten sie daher nach Hause, denn so recht
freudig, so recht glücklich konnten sie doch nur in dem trau=
lichen Stübchen im Hause am Rheinthore sein.

Wahres Glück will fern der Außenwelt, nur
im engsten Kreise geliebter Menschen gekostet
werden! — —

Ein schöner Abend.

Ein Monat war seit dem Feste auf dem Mühlau-Schlößchen vergangen, und was Niemand für möglich erachtet hatte, die kleine Weber — von der bis dahin keine Seele in Mannheim etwas gewußt — war nicht nur in der Oper „Samori" aufgetreten, sie hatte auch ungemein gefallen. Es ging ihr in der That nichts ab, als die „Action," um auf jedem Theater als Primadonna erscheinen zu können. *)

Aber dies Auftreten auf den schlüpfrigen Brettern der Bühne hatte in Aloysia's Wesen und Charakter nichts geändert. Die mädchenhafte Schüchternheit mußte sie freilich ablegen, aber die anerzogene Bescheidenheit und das ächt jungfräuliche Wesen ihrer Seele blieben. Sie hatte dabei einen

---

*) Nissen: S. 343. Oulibicheff I. Thl. S. 153.

starken Haltpunkt an ihrem Lehrer, dem würdigen Freunde
ihres Vaters, an dem Orchester-Director Wendling
unter dessen Obhut sie sich stellte und den sie ohnedem wie
ihren Vater verehrte, da sie mit dessen Tochter Gustl auf-
gewachsen.

Daß Aloysia Sängerin geworden, änderte daher in
dem stillen glücklichen Familienleben im Weber'schen Hause
nichts; auch nichts an ihr selbst, die in Kleidung und Erscheinung so einfach und kindlich blieb, wie zuvor, und der
die Mutter auch im Hauswesen nichts nachgab. Die Küche
freilich konnte sie der Stunden, Uebungen und Proben
wegen, nur an einzelnen Tagen besorgen, und hier war es
Constanze die sie — unter der Anleitung und Oberauf-
sicht der Mutter — ablöste.

Aber beim Reinigen der Zimmer und des Hauses, beim
Kleidermachen für sich und die Uebrigen, beim abendlichen
Spinnen oder Stricken — in sofern sie sich nicht auf der
Bühne befand — blieb es ganz beim Alten. Und das war
Aloysia auch recht: denn es hätte ihr ein Stück vom Le-
ben gefehlt, würde sie, der alten Gewohnheit nach, nicht
mehr in das Hauswesen haben eingreifen dürfen.

Nur größer und reifer erschien sie sich und Anderen;
wie denn ihre Geschwister schon deswegen einen höheren
Respect vor ihr hatten, weil sie in der Welt eine Stellung
einnahm. Diese Stellung brachte vor der Hand freilich
nichts ein; denn schon die Aufnahme am Conservatorium
und der churfürstlichen Oper mußte bei der Jugend Aloysias als eine große Gnade des Churfürsten angesehen

werden. Aber trotzdem war sie doch einmal „Sängerin" und . . . . . welche Zukunft lag da der Glücklichen offen!

Nur der guten, treuen Mutter bangte es manchmal vor dieser Zukunft. Nicht als ob sie der sittlichen Festigkeit ihrer Tochter mißtraut hätte; . . . . aber es war eben doch, wie sie meinte: „ein gar strudliches Leben da draußen auf der Bühne!" und wenn sie sich gar dachte, daß ihre Aelteste einmal an ein anderes Theater in einer anderen Stadt kommen sollte, dann ward sie recht niedergeschlagen.

In solchen Stunden trat dann Herr Weber zu ihr, und legte ihr mit seinem klaren, ruhigen Verstande dar: wie es doch eine wahre Gottesfügung für sie beide mit ihrem Haus voll Kinder sei, daß die Aloysia eine so herrliche Stimme und so große musikalische Anlagen habe; wie es daher auch unchristlich erscheinen müsse, wenn man die Dinge nicht dankbar hinnehme, wie sie der liebe Gott gefügt. Das Mäd'l habe gute Grundsätze, und wenn es an diesen halte, so fürchte er nichts.

„Hast recht, Alter!" — pflegte dann Frau Weber zu sagen, indem sie sich mit der Schürze eine Thräne aus den Augen wischte — „hast recht! ich bin eben so ein einfältiges Weib, das immer gleich das Herz voll Sorgen hat . . . . und . . . . die Aloys . . . . . die ist mir eben an's Herz gewachsen!"

Das waren nun freilich die anderen Kinder nicht weniger; aber gerade die Sorgen, die sie um ihre Aelteste trug, machten sie ihr jetzt doppelt werth. Ob's nicht beim Vater auch so gegangen?

Er ließ es sich wenigstens nicht merken; doch war das
Ergebniß bei beiden Eltern das gleiche: ihr stilles Familienleben bekam — schon durch die Möglichkeit Aloysia in
kürzerer oder längerer Zeit verlieren zu können — einen
noch höheren Werth für sie.

Und wie schön war es jetzt daheim im traulichen Stübchen, namentlich Abends, wenn da draußen ein kaltfeuchter
Nebel die Straßen deckte, oder der rauhe Herbstwind an
den runden Scheiben der Fenster gespensterisch klopfte und
rüttelte. Dann saßen wohl die kleineren Kinder auf der
Bank um den Ofen, in dem ein lustig Feuer knisterte, und
belasen Erbsen, Linsen oder Bohnen, während Johanna
und Maria für sich und die Anderen warme Winter-
strümpfe strickten, und die Mutter, Aloyse und Constanze — oft auch noch Wendling's Gustl — ihre
Spinnräder gar fleißig schnurren ließen. Das war so
etwas für Vater Weber! der dann, in seinen Schlafrock
gehüllt, die Zipfelmütze auf dem Kopfe, die lange Pfeife im
Munde, so recht innerlich vergnügt im Zimmer auf und
abging und dem Gesang oder Gespräch der Mädchen
lauschte.

Nicht für Tonnen Goldes hätte Weber diese Stunden
hergegeben! und wenn dann noch ein Freund, wie Wendling, dazukam, so daß das Gespräch an Interesse gewann,
dann war vollends Weihnachten und Vater Weber glücklich wie ein König.

Auch heute Abend saß die Familie so bei einander.
Der November hatte sich rauh angelassen und von dem

Rhein her pfiff ein eisiger Wind, der mit Ungestüm an den Erkerthürmchen schüttelte und rüttelte, so daß einzelne zerbrochene Schiefersteine krachend auf die Straße fielen und die alten Windfahnen sich schreiend drehten.

Ein feiner Regen schlug dabei gegen die Fenster, als klopften neckische Nachtgeister den Mädchen, die auch oft verstohlen hinblickten, wenn wieder so ein rechter Schauer anprallte.

„Das ist ein prächtiges Wetter!" — sagte jetzt Papa Weber, im Zimmer auf und ab schreitend, während er sich in seinem Schlafrock von geblümten Zitz fester einwickelte und dichte Rauchwolken aus der langen Pfeife blies. — „Wie wohlig fühlt sich da der Mensch im warmen Stübchen und im Kreise der Seinen."

„Gewiß!" — entgegnete die Mutter — „es kann nichts Trauteres geben. Nur kommt mir immer der Gedanke an die armen Menschen, die kein Obdach haben, oder durch Pflicht und Geschäft draußen gehalten werden."

„Nun!" — meinte der Vater — „so ganz ohne Obdach dürften doch nur wenige sein, und wen Geschäft und Pflicht draußen hält, der ist auch gegen Wind und Wetter verwahrt und an die Strapatzen des Lebens gewöhnt. Immerhin würde es mir Freude und Beruhigung sein, könnte ich in solcher Nacht irgend einem armen Menschen Obdach bieten. Aber es gibt noch andere Menschen, die mich an solchen Abenden dauern . . . . ."

„Und die wären?"

„Die Alleinstehenden, die sich nicht, wie wir, an der Geselligkeit des Familienlebens erfreuen können."

„Da hast du recht, Männchen!" — sagte Frau Weber — „denn über ein schönes Familienleben geht doch nichts in der Welt."

„Und zwar," — fuhr der Vater fort — „nicht nur in Beziehung auf Annehmlichkeit. Ein schönes Familienleben wird auch stets zur Pflanzstätte der Tugend, edler Wirksamkeit, vernünftiger Sparsamkeit und somit des höchsten und heiligsten Glückes."

„Wer wüßte das mehr als wir Frauen zu schätzen!" — sagte die Mutter.

„Und ihr habt auch Grund genug dazu!" — meinte der Papa, vor Aloysia stehen bleibend und seine Hand liebevoll auf ihre Schulter legend. — „Merkt euch das, ihr Mädchen, dem Familienleben verdankt das Weib, was es ist. Was war es denn in den vorchristlichen Zeiten bei den meisten Völkern? — nichts, als eine Sklavin. Selbst bei den sonst so hochstehenden Griechen waren die Frauen von Allem ausgeschlossen, was über den engen Kreis ihres Hauswesens ging, und sogar im eigenen Hause auf die innersten Theile desselben, die Frauengemächer beschränkt."

„Und da durften sie auch den Vater nicht sehen?" — frug die kleine Sophie erstaunt.

„Doch! den Vater und den Gatten, aber diese allein!"

„Aber bei den Römern war es doch besser!" — meinte Aloysia.

„Nur um Weniges; und wenn unsere Vorfahren, die

Germanen, eine gewisse heilige Scheu dem Weibe bewahrten, so blieb die Stellung des Weibes, dem Manne gegenüber, doch immer eine tief untergeordnete und gedrückte."

„Und wie schrecklich müssen es erst die Frauen im Orient haben!" — sagte hier Constanze.

„Sie verbringen ihr Leben in geistiger und physischer Sklaverei, in schmutzigen oder goldenen Kerkern," — fuhr der Vater fort — „wo aber Familienleben ist, da ist auch dem Weibe seine Würde gesichert; denn hier gerade hat es seinen schönsten Wirkungskreis."

„Ja!" — meinte Aloysia — „wenn wir nur die Kraft und die Selbstständigkeit der Männer hätten. Ich fühle täglich, daß es mir durchaus nicht am guten Willen fehlt, um ganz Großes und Bedeutendes zu leisten, aber die Kraft, die Kraft mangelt!"

Vater Weber lächelte; dann trat er vor seine Aelteste, hob ihr Köpfchen in die Höhe, schaute ihr in die Augen und sagte:

„Ich dächt meiner Aloysia fehlte es an Muth, Kraft und Zuversicht nicht."

„Ist noch immer nicht das Rechte!" — rief diese, und ließ im Eifer ihr Spinnrad so kräftig schnurren, daß der Faden in ihren Fingern zerriß.

„Ist auch nicht nöthig!" — fiel jetzt die Mutter ein — „würde sonst, wie hier, mancher Faden im Leben zerrissen gehen. Dem Manne die Kraft, uns Frauen die Milde!"

„Mir aus der Seele gesprochen!" — rief der Vater. — „Wenn der am Mann hervorstechende Charakter die Kraft

ist, so ward dem Weibe die Milde gegeben, an welche sich
so tausend andere herrliche Vorzüge knüpfen. Wenn die
Kraft des Mannes den Drang zu wirken, — die Begierde nach Thaten, — das Streben nach Besitz, Ehre,
Ruhm, Einfluß und Größe erzeugt, — wenn die Kraft
des Mannes den Trieb nach Außen weckt, den Geist in
die Ferne lenkt, ... so entkeimt der Milde des Weibes
die sanftere Empfindung, die Anmuth und Schönheit, die
Liebe mit den zarteren Regungen des Herzens, der stille
Fleiß, das feinere Gefühl des Anstandes, die sanftere Ueber-
redung und jenes ganze, sowohl in freundlicher Heiterkeit,
als in geheimnißvoller Ahnung webende, süße, unergründ-
liche Wesen, das seine allgewaltige Zauberkraft auf Alle
ausübt, die ihm nahen."

„Komm her, Alter!" — rief hier, Thränen der Freude
im Auge, Frau Weber — „komm her, und hol' dir einen
Schmatz für die so schöne als gerechte Anerkennung edler
Weiblichkeit!"

Und Papa Weber that, was ihm befohlen war; —
ja er that sogar noch mehr: er küßte alle seine Kinder der
Reihe nach durch.

In diesem Augenblicke schellte es laut an der Haus-
thüre.

Alle horchten erstaunt; die Mutter aber rief: — „Ei
du lieber Gott, wer mag denn das sein, der bei dem
Wetter und so spät noch kommt!"

„Nun, spät ist es noch nicht!" — meinte der Vater —
„es wird eben jetzt früh dunkel."

„S'wird die Gustl sein!" — sagte Constanze.

„O nein! nein!" — erwiederte Aloysia — „die ist viel zu furchtsam, um bei der Dunkelheit vom Kaufhaus bis hierher zu gehen."

„Nun," — sagte Vater Weber ruhig — „es wird sich ja gleich zeigen, wer es ist; ich höre die alte Cathrine schon mit den Schlüsseln rasseln."

Eine kleine Pause trat ein. Man hörte deutlich die alte Cathrine in ihren Schlappen die Treppe hinunter= klappen, dann klirrte der Riegel, der Schlüssel drehte sich . . . . . und jetzt vernahm man deutlich eine Männerstimme fragen: — „Genirt es auch nicht?"

„Das ist Wendling!" — sagte der Vater. — „Aber wie kommt denn der dazu, zu fragen: ob's nicht genire; als ob er nicht zu hundertmalen noch weit später gekommen wäre?"

Aber die Antwort und der Aufschluß folgten sofort, denn deutlich hörte man nun zwei Personen die Treppe heraufkommen.

„Er ist nicht allein!" — brummte der Vater etwas ärgerlich über die Störung seines schönen Abends; aber schon klopfte es auch, und auf sein: „Herein!" öffnete sich die Thüre.

Das war nun wirklich der alte Hausfreund Wend= ling; aber zu Aller Erstaunen stand an seiner Seite ein weltfremder junger Mann, unansehnlich der äußeren Er= scheinung nach, auch nicht schön gerade, aber von inter= essanten Zügen, hoher, nach den Seiten hervortretender

Stirne, hübsch gebildetem Munde und tiefen sinnigen
Augen.

Wendling aber, der sichtlich in der besten Laune war,
rief heiter:

„Nicht wahr, Ihr Lieben, das heißt überraschen? Ein=
mal bei dem miserablen Wetter — Ihr solltet nur sehen,
wie unsere Mäntel und Hüte, die wir der alten Cathrine
gelassen, durchnäßt sind, — dann bei Nacht und Nebel,
und endlich in Begleitung eines fremden Besuches!“

„Der für diese Unbescheidenheit sehr um Vergebung
bitten muß!“ — sagte mit einer höflichen Verbeugung der
junge Mann — „aber der Herr Orchester=Director!“

„Hat ihn mitgeschleift,“ — fiel Wendling dem Jüng=
ling in die Rede. — „weil er wußte, daß er der Familie
Weber eine große Freude dadurch bereiten und auch
dem jungen Herrn gewiß etwas Angenehmes erzeugen
würde.“

„Jedenfalls sind uns die Herren herzlich willkommen!“
— sagte jetzt Vater Weber, beiden auf gute deutsche Weise
die Hand reichend und schüttelnd. — „Wendling weiß
das von sich, und was Sie betrifft, junger Mann, so könn=
ten Sie nicht besser in unserem kleinen stillen Kreise
empfohlen sein.“

„Lieber Alter!“ — rief hier der Orchester=Director mit
so strahlender Miene, wie man sie gar nicht an ihm ge=
wohnt war, und klopfte dabei dem Hausherrn auf die
Achsel, während er mit der andern Hand auf den jungen
Mann deutete — „der da, braucht eigentlich gar keine Em=

pfehlung — sein Name und seine Leistungen empfehlen ihn genug."

„Herr Director . . . ."

„St!"—machte Wendling, während die ganze Familie in der größten Spannung auf den Jüngling sah, der in der That jetzt verlegen wurde.

„Und wen haben wir denn die Freude, zu begrüßen?"— hub jetzt die Mutter an.

Der junge Mann wollte sprechen, sein Begleiter aber hielt ihm den Mund zu:

„Nicht ein Wort!" — rief er dabei schalkhaft drohend: — „Sie müssen rathen!"

Da sprang mit einemmale Aloysia wie begeistert von ihrem Stuhle auf, stieß ihr Spinnrad zurück und rief:

„Mozart! ich wette, es ist Herr Mozart!"

„So ist es," — sagte Wendling lächelnd, und nun ging es an ein freudiges Begrüßen, denn dem Vater, der Mutter und den beiden älteren Töchtern war dieser damals schon in der musikalischen Welt so klangvolle Namen wohl bekannt.

„Aber Mädel!" — sagte endlich Wendling zu Aloy= sia — „woher hast du denn das errathen?"

Aloysia erröthete über und über; faßte sich aber schnell und meinte: es sei ihr wie eine Eingebung gekommen. Uebrigens habe man gestern schon bei der Aufführung da= von gesprochen, daß der Herr Concertmeister Mozart im Theater sei."

„Und das war er auch," — sagte Mozart — „und

hat sich recht glücklich geschätzt, Sie zu hören; denn Ihre Stimme ist von seltener Schöne und Reinheit."

„Sie haben eine Anfängerin gehört und gesehen!" — meinte Aloysia bescheiden.

„Gesehen . . . . ja!" — versetzte Mozart mit der ihm eigenen Offenheit — „aber gehört habe ich eine durchgebildete Sängerin. Ihre Schule ist ausgezeichnet, und wenn es mit der Action noch etwas besser geht, können Sie getrost überall als Primadonna auftreten!"

Aus dem Munde eines anderen gleich jungen und der Familie gleich fremden Mannes, hätte dies Urtheil unzweifelhaft etwas anmaßend geklungen und die Familie vielleicht zurückgestoßen; aber schon der Ton, mit welchem es ausgesprochen wurde, voll derselben herzlichen Offenheit und Geradheit, die sich in den Zügen des jungen Mannes wieder spiegelte, ließ ein Verkennen der guten Absicht nicht zu. Außerdem ruht in genialen Männern immer ein geheimes Etwas, das auf andere gewöhnlichere Menschen dominirend einwirkt. Ihre Seelen fühlen instinktiv die Nähe eines mächtigeren Geistes und beugen sich ihm willig, schon ehe dies naturgemäße Sichunterordnen ihnen zum Bewußtsein kommt.

So war es auch hier, während das wirklich liebenswürdige Wesen des jungen Mannes ausgleichend und gemüthlich anziehend wirkte. Dazu kam, daß die gegenseitigen Naturen wie für einander geschaffen schienen: Offenheit zu Offenheit, Geradheit zu Geradheit, heiterer Sinn zu gleicher Unbefangenheit und Wohlwollen zu Wohlwollen.

Da war es denn freilich kein Wunder, daß Mozart
schon nach einer halben Stunde rein vergessen hatte, wo
er war; — „zu Hause," so fühlte er sich wenigstens, während
ihn die Weber'schen behandelten, als sei er mit ihnen auf-
erzogen und ein Glied der Familie. Auf Wendling's
Mahnung hatte Amadeus einige von ihm componirte
Arien mitgebracht, die wurden jetzt von Aloysia gesungen
und von ihm begleitet.

Das war eine Pracht! . . . . Vater Weber blies vor
Entzücken Rauchwolken aus seiner Pfeife, als wolle er den
ganzen Olymp mit Wolken versehen; — der Orchester-
Director strahlte vor Seligkeit wie ein Verzückter; —
Mama hatte Thränen der Freude im Auge und die Kinder
saßen wie in der Kirche!

Als aber nun vollends Aloysia die Arie mit den entsetzlich schweren Passagen, die Mozart seiner Zeit in
Italien für die berühmte De Amicis geschrieben, mit
einer überraschenden Vortrefflichkeit vorgetragen, da war
auch Amadeus vor Entzücken und Bewunderung außer
sich. Alles vergessend sprang er vom Instrumente auf,
erfaßte des Mädchens beide Hände und indem er rief:
„Wundervoll! dafür muß ich dem Mädel ein Schmatzerl
geben!" — küßte er sie ohne Umstände.

Alles lachte laut auf; der kleine Hermann aber
klatschte wie toll in die Hände und rief, sich wie ein Kreisel
drehend:

„Jetzt kriegt die Aloys einen Bart! sie hat sich küssen
lassen!"

Aloysia selbst war blutroth geworden und so erschrocken, daß sie sich zur Mutter flüchtete; der Vater aber
— der sonst in solchen Dingen keinen Spaß verstand —
erkannte recht gut die Harmlosigkeit, die in der Sache lag
und rief lachend:

„Einen Kuß in Ehren, kann Niemand wehren!"

Um dem Dinge indessen rasch eine andere Wendung
zu geben, und ihre Aelteste aus der Verlegenheit zu reißen,
befahl die kluge Mutter jetzt an das Abendbrod zu denken;
und wie der Blitz waren Aloysia und Constanze verschwunden, erstere um den Tisch zu decken, letztere um die
Küche — so gut es in der Eile gehen wollte — zu besorgen.

Die Männer sprachen unterdessen über Musik, und so
kam man auch auf einen damals in Mannheim sehr an-
gesehenen und später in der musikalischen Welt viel berühmten und viel berüchtigten Mann, den Abt Vogler.

Weber lobte ihn, der Orchester-Director aber blieb
bei seiner alten Behauptung: Abt Vogler sei ein musikalischer Charlatan. Endlich sollte Mozart aus einer vor-
liegenden Thatsache entscheiden. Wendling sagte nämlich, indem er einen großen Anschlagezettel aus seiner
Tasche zog:

„Herr Concertmeister Mozart, was ist der Musiker
und Componist, der mit großen Buchstaben in dem Pro-
gramm für sein Concert seine neuesten Tonschöpfungen
also ankündigt:

„Ein Seegefecht. — Der Fall der Mauern von Jericho.
— Das Ausstampfen des Reises in Afrika.*)"

Hier unterbrach Mozart's heiteres Gelächter die
Vorlesung.

„Was das für ein Mann ist?" — wiederholte er dann;
— „Ihr lieben, guten Herren: so was kann nur ein Narr
oder ein Charlatan thun!"

„Hab' ich's nicht gesagt!" — versetzte Wendling
triumphirend; — „wenn mir einer, wie Abt Vogler,
sagt: er mache in drei Wochen einen Compositeur und in
sechs Monaten einen Sänger! so erkläre ich ihn für den
größten Schwindler und Windbeutel der Welt."

„Nun!" — sagte Wolfgang ruhiger — „ich bin be=
gierig ihn kennen zu lernen und seine Musik zu hören.
Ohne eigene Prüfung urtheile ich nicht gern. Es gibt
auch Menschen, die ihre Originalität bis zur Bizarrerie
treiben."

„Und unter Bizarrerie und Paradoxen den Charlata=
nismus verbergen!" — meinte Wendling.

„Wie alt ist er denn?" — frug jetzt Mozart.

„Acht und zwanzig Jahre."

„Und seine Geschichte?"

„Er kam seiner Zeit miserabel und ohne einen Kreuzer
nach Mannheim, producirte sich auf dem Clavier und
machte ein Ballet. Man hatte Mitleiden und der Chur=
fürst schickte ihn nach Italien. Als Vogler zurückkahm,

---

*) Historisch.

wurde er geistlich und durch geheimen Einfluß sogleich Hofcaplan. Er producirte hierauf ein Miserere, welches nicht
zu hören war, da Alles falsch ging und von dem man
daher auch, wie ganz natürlich, nicht viel leben konnte.
Das verdroß ihn, er ging zum Churfürst und beklagte sich,
daß das Orchester ihm zum Trotz schlecht spiele: mit einem
Wort, er wußte es so gut herum zu drehen — spielte auch
so kleine ihm nutzbare Schlechtigkeiten und Intriquen
mit Weibern — daß er Vice-Capellmeister wurde. Jetzt
glaubt er, es gebe nichts Besseres und Vollkommeneres als
ihn."*)

„Werden Sie ihn besuchen?" — frug hier Weber.

„Nein!" — sagte der junge Mann entschieden. —
„Wenn es sich verhält, wie der Herr Orchester-Director
sagt, nicht! So willig und freudig ich mich vor wahrem
Verdienste beuge, so wenig ist es mir gegeben, vor Männern
der Art zu kriechen."

„Das ist brav!" — rief Wendling und drückte
Mozart die Hand.

Jetzt aber kam auch die Mutter wieder heran und rief
die Herren zu Tische: „Was Gott heute bescheert hat!"—
sagte sie dabei zu dem fremden Besuche — „bei uns geht
es halt bürgerlich und einfach her."

„Wie bei uns, zu Hause, Frau Registrator!" — versetzte Mozart.

Und einfach war das Abendbrod in der That: Kar-

***

*) Historisch. Oulibicheff I. Seite 104 u. f.

tosseln in der Schale und Milch für die Kinder — die großen Mädchen eingerechnet; — für die Männer noch eine Platte Schinken und einige Flaschen Oberländer Wein.

Aber das schmälerte die Heiterkeit nicht. Mozart namentlich war sehr lustig, und unterhielt die ganze Gesellschaft durch witzige Erzählungen und besonders auch durch seine Fertigkeit, in drolligen Versen zu sprechen. Nach dem Abendbrod phantasirte er noch längere Zeit zu aller Entzücken auf dem Claviachord und als man sich erst spät trennte, gestanden sich Alle: lange keinen so vergnügten Abend verlebt zu haben.

Warum aber saß Aloysia noch so lange ohne sich auszukleiden an dem Fenster ihrer Mansardenkammer und schaute durch die kleinen runden Scheiben in die dunkle regnerische Nacht hinaus? . . . . Sie wußte es wohl selbst nicht. Es war ihr so eigenthümlich zu Muthe. Froh, ja fast selig . . . . und doch wieder so eng, daß sie Herzklopfen bekam.

„Aber warum kommst du denn nicht zu Bett?" — frug nun schon zum drittenmale und halb im Schlafe Constanze, die mit Aloysia das Lager theilte.

„Weil ich noch so aufgeregt bin!" — antwortete die Gefragte . . . . und die Schwester drehte sich herum und schlief sanft ein.

Ein musikalischer Charlatan.

Der Schöngeist — sagt einer unserer ersten Satyriker — taumelt über ein gelungenes Gedichtchen oder den satyrischen Stachel eines Epigramms, wie der Botaniker über eine seltene Pflanze oder der Mineraloge über einen seltenen Stein. Ein rechter Anatom kann einen Leichnam drei bis vier Wochen auf seiner Stube haben, und theilt die Menschen nur in zwei Klassen: in Menschen, die präpariren und in solche, die sich präpariren lassen. Fühlhörner und Füße, Staubfäden, Klauen und Schnäbel werden mit der nämlichen Wichtigkeit untersucht, wie der Ursprung der Welt und die Bestimmung des Menschen. Ein rechter Mineraloge hat nicht eher Ruhe, als mit dem Grab=Stein und beschäftigt sich dann erst mit Insekten und Würmern.

Aber ist das nicht zu achten, wo es naturwüchsige Wahrheit, inneres Bedürfniß, angeborne Eigenthümlichkeit

ist? Gewiß! — Lächerlich und verächtlich wird indessen
ein solch' bizarres Auftreten, wenn damit Genialität affec-
tirt werden soll, die gar nicht vorhanden ist. An der Stelle
der Genialität sitzt dann gewöhnlich kleinliche Eitelkeit und
Ehrsucht, und das aus diesen Schwächen hervorgehende
Streben wird Charlatanerie.

Abt Vogler, der churpfälzische Vice-Capellmeister
und Hofcaplan — ein hübscher Mann von 28 Jahren, mit
frischem, blühendem Gesicht und einem Bäuchlein, das sich
nach gerade sanft abrundete — saß behaglich, in einem
weichen Sessel zurückgelehnt, vor einer Tasse süß dampfen-
den Kaffee, die reichliche Mahlzeit, die er eben einge-
nommen, mit Muße zu verdauen.

Alles um ihn her athmete Ruhe, Bequemlichkeit und
Wohlhabenheit, — das, was der Engländer mit einem
Wort Comfort nennt. Ueber dem eingelegten Boden des
Zimmers lag ein weicher Teppich; die Wände bedeckten
Boiserien, wie sie damals sehr Mode waren, und jetzt noch
in vielen der älteren Wohnungen Mannheims zu finden
sind: über den Thüren zeigten sich nette Wandgemälde,
nackte Kinder vorstellend, die unter sich, mit Blumen oder
Thieren spielten: die hohen Fenster mit neumodischen vier-
eckigen Scheiben, waren von dunklen bis zur Erde reichen-
den Vorhängen halb bedeckt; während ein schönes Augsburger Fortepiano, ein weich gepolstertes Sopha, verschie-
dene Sessel, ein Nippschrank, der eine Standuhr, zwei
Chinesen von Porzellan mit beweglichen Köpfen und Händen und sonst tausend kleine artige Porzellanfiguren trug,

und ein, jetzt noch mit den Resten des reichen Mittags-
mahles besetzter Tisch, das Ameublement des Zimmers
ausmachten.

Abt Vogler selbst war von Kopf bis zu Fuß schwarz
gekleidet. Schuhe mit fein geschliffenen Stahlschnallen,
schwarz-seidene Strümpfe, kurz-schwarz-seidene Hosen, eine
solche Weste mit Patten, bis nahe an die Knie reichend, aus
der die zwei goldenen Ketten der zwei Uhren rechts und
links herauslugten; große Brillantringe an den Fingern,
wattirter ebenfalls schwarz-seidener Rock mit ditto Stickereien, und leicht gepuderte Locken zu beiden Seiten der
Stirne, nebst wohl-gewickeltem Haarzopf, stellten den feinen
Mann seiner Zeit würdig dar. Der Mann wäre dabei
schön zu nennen gewesen, wenn ein eigenthümlicher Zug
von Hochmuth und Menschenverachtung das Gesicht nicht
entstellt hätte. In diesem Zuge lag zugleich aber der Ausdruck eines so gränzenlosen Dünkels, daß er jeden Unbe-
fangenen auf der Stelle zurückstoßen mußte.

Jetzt im Augenblicke freilich bemühte sich der gestrenge
Herr seinem Ausdrucke Milde, Herablassung und Freundlichkeit zu geben, denn vor ihm stand, den Präsentirteller
mit Kaffee- und Milchkanne in der Hand, sein Haushälterin.
Es war dies, wie man zu sagen pflegt, eine „saubere"
Person. Nicht hübsch, aber von anziehendem Aeußern;
nicht jung, aber doch noch frisch und kräftig, voll und rund
in Formen, lebhaft in Bewegungen und heiter von Humor.
Ueberhaupt stak etwas Gewinnendes, Verführerisches in
ihr, ohne daß man sagen konnte, worin es lag. Gehoben

mochte es durch die außerordentliche Reinlichkeit und fast coquette Nettigkeit des sonst einfachen Anzuges werden, der übrigens, im Geschmacke jener Zeit, nicht gerade streng im Verhüllen war.

Ob im Allgemeinen Strenge eine Haupttugend der Haushälterin des Abtes gewesen, läßt sich mit Bestimmtheit nicht sagen. Da sie aber mit außerordentlicher Theilnahme an ihrem Herrn hing, und philosophisch genug war, um einzusehen, daß die Isolirung, deren ein Junggeselle ausgesetzt ist, endlich alle Fäden zerreißt, die ihn an die Menschheit knüpfen, und einen starren Egoismus und eine Verhärtung aller Gefühle hervorruft, die nachtheilig auf ganze Generationen der Gesellschaft wirken können, ... so nahm sie sich seiner redlich und mit christlicher Milde an, in Liebe vermittelnd zwischen ihm und der Menschheit. Und das war keine Kleinigkeit, denn Abt Vogler war, wie schon erwähnt, ein Sonderling.

Wo sollte sie z. B., um nur Eins zu erwähnen, mit all den Taschentüchern hin, die sich im Haushalte des Abtes unausgesetzt mehrten. Vogler war nämlich — wie alle Genies, wirkliche und affectirte, — ungemein vergeßlich. Er lief daher sehr häufig ohne Taschentuch vom Hause fort. Entdeckte er nun unterweges das Uebel, so fand er es viel bequemer, ein neues zu kaufen, als den weiten Weg zurückzulaufen und zwei Treppen zu steigen. Und da halfen alle Vorstellungen der guten Haushälterin nichts; ganz Mannheim kannte ja bereits diese geniale Eigenthümlichkeit des genialen Voglers schon; es blieb

der Guten also gar nichts anderes übrig, als die passenden
für sich zurückzulegen und die weniger passenden zu Gunsten
ihrer kleinen Ersparnisse zu verkaufen. Eine wahre Wohl=
that für ihren Herrn, der sonst ein eigenes Zimmer für
seinen Vorrath an Taschentüchern hätte miethen müssen.
Und solcher Sonderbarkeiten beliebte Abt Vogler eine
Menge zu haben. Paßten sie nun nicht so gut, wie jene
mit den Taschentüchern, in die Anschauungsweise der Haus=
hälterin, so gab es freilich oft kleine Scenen; ja böse
Zungen wollten sogar von derben Verweisen wissen, und
daß überhaupt zu Hause der Scepter nicht in des Herrn
Abtes Hand läge. So gab es oft Sturm von beiden Seiten.
Musiker aber sind bekannterweise zumeist so leicht, wie ihre
Notenblätter, und — da Kunst der Sinnlichkeit angehört
— ebenfalls höchst sinnlicher Natur. Frieden liebte der
Abt auch: was that er daher nicht alles für den Frieden,
ein gutes Diner und Souper und . . . .

„Nun möchte ich aber doch einmal wissen!“ — sagte in
diesem Augenblicke die Haushälterin lächelnd, indem sie
dem Herrn Abt Milch zugoß, — „was, wenn Sie nicht
geistlich und daher unverheirathet wären, Ihre Frau dazu
sagte, wenn sie — wie ich heute — in acht Tagen das dritte
neugekaufte Taschentuch verfände. O ich bin viel zu
gut und zu nachsichtig. Hätten Sie nur eine recht böse
Frau!“

„Danke schön, Marie, danke!“ — sagte der Abt mit
einer Miene, in der ohngefähr der Gedanke lag: kann mir
recht gut denken, wie das wäre.

„Aber warum sind Sie denn auch nur in Ihren späteren Jahren noch geistlich geworden?" — frug die Haushälterin weiter. — „Eine Frau wäre Ihnen so nöthig, sie hätte Ihnen das Leben zum Paradies gemacht."

„Hast recht, Marie!" — versetzte der Abt mit einem vielsagenden Seitenblick auf seine Haushälterin. — „Warum bin ich auch Geistlicher geworden und habe nicht, wie andere Menschenkinder, gefreit. Es ist wahr, die Erde ist ein Paradies, indem es von Even wimmelt, wenn es nur nicht auch fast eben so viele Schlangen gäbe!"

„Das ist so recht die Lästerzunge eines Hagestolzen!" — entgegnete die Haushälterin geärgert. — „Jung gefreit, hat nie gereut!"

„So sagt ein Sprichwort!" — meinte der Abt — „aber es gibt auch eines, das heißt: Wer ehrlich ist, freit früh, wer klug ist, nie!"

„Ja, und klug, überklug sind der Herr Abt!" — rief Marie, deren Laune durch den Widerspruch nicht die beste zu werden anfing. — „Nicht wahr, wenn damals eine recht reiche Frau gekommen wäre . . . . . ."

„Nein!" — fiel Vogler ein — „nein! liebes Kind, da irrst du dich! Sieh! ich stelle es mir sehr schrecklich vor, eine Frau wegen ihres Hauses und Vermögens zu nehmen, und nun — möglicherweise — Haus und Vermögen durch Feuer zu verlieren, ohne . . . . . daß die werthe Hälfte mit verbrenne!"

„Sie sind nicht werth, daß Sie ein Weib ansieht!" — sagte die Haushälterin böse, und wandte sich, den Teller mit den Kannen auf ein Nebentischchen zu stellen. Aber der Abt hielt sie am Kleide, zog sie näher, legte den Arm um ihre Hüften, sah ihr mit möglichster Freundlichkeit in das Antlitz und sagte, carezzando:

„Liebe Marie, — nicht so follemente — was brauche ich denn eine Frau? Kann ich denn Jemanden finden, der mich besser und liebevoller pflegt als du? Ich bin eben einmal kein gewöhnlicher Geist — bin ein Genie! .... Schaafe leben in Heerden, der Adler horstet allein! und .... in der Ehe geht alle Genialität verloren; .... in der Ehe verliert man die Stimme und klimpert höchstens noch ein Bischen am Clavier oder mit der Geige; — wie, zum Teufel, sollte einem denn in der Kinderstube nicht jeder gute und große Gedanke schwinden. Und Kinder? .... ich habe noch Niemand gefunden, den ich zum Sohn oder zur Tochter haben möchte!"

„Es ist auch ein Glück, daß sie keine haben!" — versetzte die Haushälterin. — „Wehe den Armen, wenn sie die Launen des Herrn Abtes ertragen sollten."

„Das ist mein Fehler nicht!" — sagte Vogler, Marie immer noch festhaltend und leise an sich ziehend. — „Das ist das Capriccio des Lebens! Genies haben in der Regel Launen."

„Aber nicht Alle, die Launen haben, sind Genies!" — versetzte die Haushälterin bitter. Der Abt biß sich auf die Lippen. Da er indessen schon gemerkt, daß böses Wetter im Anzuge sei, erwiderte er nichts, ließ aber Maria los und frug, um auf ein anderes Thema zu kommen.:

„War der Salzburger Mozart noch nicht da?" —

„Nein!" — sagte die Haushälterin kurz und in hartem Tone, während sie am Tische ab- und zuging und aufräumte.

„Unverschämt!" — versetzte der churpfälzische Vice-Capellmeister, auf dessen Stirne sich jetzt ebenfalls Wolken sammelten. — „Der naseweise junge Mensch scheint wenig von Schicklichkeit und gutem Ton zu wissen, sonst hätte er Abt Vogler, der jetzt unbestritten der erste deutsche Compositore ist, bereits seine Aufwartung gemacht."

„Wird sich eben die Füße nicht ablaufen!" — meinte Marie — „soll ja Wunder was für ein Genie sein!"

„Talent, Marie!" — rief der Abt mit spöttischer Miene — „So ein kleines alltägliches musikalisches Talentchen! So einer von den Clavierspielern und Geigern, die da glauben: Thiere, Felsen und Steine, gleich einem Orpheus zu bewegen, während sie doch nichts bewegen, ... als Finger und Fidelbogen!"

„Der Herr Abt werfen ja sehr weg!" — sagte Marie spöttelnd.

„Ich kenne die Menschen! Auf tausend kommen 600 Narren, 395 Schurken und 5 ordentliche Leute; auf 100,000,000 Menschen kommt aber erst ein Genie!"

„Wie der Herr Abt!"

„Allerdings! . . . . Genie! Genie! . . . . O wenn diese Menschen nur wüßten, was das heißen will! Aber da führen dies Zauberwort jetzt freilich selbst die Künstlersperlinge im Munde! Und doch läßt sich ohne Genie ein

wahrer Sohn der Kunst nicht denken! Was sind Pergo-
lese's Stabat Mater und Grauns Passion gegen mein
Miserere?! Was wollen alle diese Opernschmierer und
Schmier-Componisten geben die neue Weise der Musik,
die ich — Abt Vogler — eingeführt habe. — —
Natur! — — Natur! — Natur ist mein Losungswort!
Der Componist muß nicht nur Tonkünstler, nein! . . . .
er muß auch Mathematiker, Dichter und **Maler** zu
gleicher Zeit sein! Das eben stellt ihn so unerreichbar
hoch!"

„Also sind Sie der Schöpfer der Tonmalerei?!" —
frug noch immer boshaft spöttelnd die Haushälterin.

„Ja!" — rief der Abt begeistert. — „Nach Jahrhun=
derten noch wird man von Abt Voglers „Farbenmusik"
sprechen. Wie herrlich sind meine Compositionen: „Der
Fall der Mauern von Jericho!" und „das Aus=
stampfen des Reises in Afrika!" Welche Töne der
Leidenschaft charakterisiren die erste dieser Tonmalereien!
der langsam klagende Ton des Schmerzes, das imponirende
Largo — und der muntere, geschwinde Ton — das Leg-
gerezza — der Freude. Wie brausen da die Meere, wie
rollen die Donner, wie murmeln die Bäche, wie pfeifen
die Winde, wie girren die Nachtigallen, wie rast das
Schlachtgetümmel, con tutta Forza! und dann . . . . . .
das Stürzen der Mauern! . . . . pomposamente! La
prima volta forte, la seconda piano! . . . . Mache
mir es nach, wer kann!! . . . . . Und dann . . . . meine
Kirchenmusik! . . . . O! das ist die wahre Musik der Zu=

kunst! Was hat mein Genie nicht Alles in diese Töne gelegt? Im Kyrie ist durch Dreiklänge mit Auslassung der Terz „„die Idee des allerhöchsten Wesens versinnlicht.““

„Wirklich?“ — sagte die Haushälterin. — „Das wäre mir nun auch nicht im Entferntesten eingefallen, als ich Ihre Messe hörte.“

„Weil du keine Ahnung von der Philosophie der Musik hast.“

„Nein!“ — versetzte Marie — „die hab' ich allerdings nicht. Philosophie der Musik? Ich dachte immer, die Musik solle nur zum Gefühl sprechen. So recht einfach und herzlich die Freude, den Schmerz, die fromme Erhebung ausdrücken, um uns selbst freudig, fromm, selig zu stimmen.“

„Ach!“ — rief der Abt, indem er sein Haupt mit verächtlicher Miene hin und herwiegte — „das sind so die alten, abgelebten, gemeinen Begriffe. In meinem Kyrie z. B. „„da trägt die in dieser Disposition von Grundton und Quinte enthaltene musikalische Symbolik des Anfangs und Endes durch ihren geistigen Parallelismus mit der Satzung der Glaubenslehre: Deus est initium et finis omnium rerum, wesentlich zur Erweckung der vom Tondichter angestrebten Vorstellung bei.““ — Verstehst du das?“

„Nein!“ — sagte Marie kopfschüttelnd und ihren Herrn mit großen Augen ansehend.

„Thut auch nichts! Es werden's ohnehin nur Wenige

verstehen, denn die Schaar der Auserwählten ist klein. Aber aussprechen muß ich mich jetzt noch weiter gegen dich, damit du erkennst, wer ich bin."

„Der Schöpfer der „Farbenmusik" — „der Philosophie der Musik" — und der „Musik der Zukunft!" — sagte Marie lächelnd.

„So ist es!" — entgegnete Abt Vogler fast feierlich. — „Was kann es z. B. Herrlicheres geben, als die „„unmittelbar aus ritualem Schoß emporgesprossene Gestaltung des Jugenthema's im Gloria und des Hauptmotives vom Credo! Könnten wohl solche Gestaltungen, ohne Plagiat oder wenigstens Nachbildung zu werden, ein zweitesmal entstehen? Der Ritus wenigstens besitzt für das Gloria und Credo kein zweites Motiv. Beginnt dieses Gloria nicht mit einem, wie überirdisch leisen Schwirren der Geigen in der höchsten Lage?"

„Und was soll das Schwirren?"

„„Es ist dies constante Säuseln des H-dur-Accords nichts anderes, als das Sinnbild der Emanation eines zur Erde herabdringenden Lichtstrahls des geöffneten Himmels."" — Ferner: im pianissimo beginnen einzelne Stimmen das Gloria in excelsis Deo!"

„Ja!" — sagte die Haushälterin — „das ist mir auch aufgefallen. Warum lassen Sie denn den Jubel pianissimo anfangen. Ich weiß nicht . . . . wenn mir's so froh um's Herz ist, daß ich jubeln möchte . . . . da sing ich so laut hinaus, als ich kann."

„Du! du! — Wie kannst du in musikalischer Beziehung

von dir reden! . . . dieses pianissimo bedeutet die Stimmen der „„auf glänzenden Wolken herabschwebenden seligen Heerschaaren, deren schon hoch oben erklingende Hymnen, je näher sie zur Erde kommen, lauter und lauter werden.““

„Aber ich weiß nicht!" — sagte hier Marie — „wir haben so schöne ältere Messen: ich muß gestehen, daß die mich viel religiöser stimmen."

„Bah!" — rief Vogler — „das ist eben der verdorbene Geschmack unserer Zeit. Die Kirchenmusik der Vergangenheit entspricht unserem religiösen Bedürfnisse nicht mehr. Meine Musik ist der einzige mögliche Fortschritt! . . . . Gedanken! Gedanken müssen da sein! . . . . jeder Ton, jede Wendung, muß einen philosophischen Gedanken ausdrücken. Bewundere man einmal in dieser Messe, wie das Wort descendit immer einer absteigenden Tonreihe unterlegt ist, das resurrexit stets einer aufsteigenden! . . . . da liegt es! Das sind Gedanken der Musik der Zukunft. Die Tonart fisdur z. B. „„strahlt heiligen Glanz!"" und dann überhaupt „„welch' ein geheimnißvoller Aether der Instrumentirung! — So muß es getönt haben, als der große Vorhang im Tempel zu Jerusalem inmitten entzweiriß!""

Maria stand noch immer da und sah ihren Herrn groß an, während sie ein um das anderemal den Kopf verwundert schüttelte. Ihr musikalisch ungebildetes Hirn wollte durchaus nichts von der Philosophie der Zukunftsmusik fassen.

„Und! . . . ." rief Vogler weiter, indem er sich aus
dem Sessel erhob und mit großen feierlichen Schritten im
Zimmer auf und abging: — „Wer will sich mir zu Seite
setzen, wenn ich auf der Orgel einen Platzregen darstelle,
daß die Herren die Hüte aufsetzen, und die Frauen ihre
Tücher überbreiten?! . . . . oder ein Donnerwetter so natürlich, so maestoso spiele, daß die Zuhörer zittern und
rufen: „Gott! wenn's nur nicht einschlägt!"

„Ja wohl!" — sagte hier die Haushälterin leise vor
sich hin — „wenns nur nicht einschlägt. Aber ich glaube
es hat schon im oberen Stübchen eingeschlagen."

Vogler hörte sie nicht. Seine Eitelkeit, seine Ein-
bildung von sich selbst und seinem eminenten Genie waren
so fieberhaft erregt, daß er nichts außer sich hörte, sah und
dachte und endlich im Uebermaße der Ueberhebung in den
Ruf ausbrach:

„Ja! ja! ich sage mit Rameau: Gebt mir eine hol-
ländische Zeitung und ich setze sie in Musik . . . . nur . . .
daß das eine Prahlerei von Rameau war, während es
mir eine Kleinigkeit sein würde!"

Und er schritt längere Zeit, die eine Hand auf den
Rücken gelegt, die andere in den Busen gesteckt, majestätisch
in seinem Zimmer auf und ab. Die Haushälterin hatte
das Gemach längst verlassen. Plötzlich aber war es, als
ob ihm irgend etwas Unangenehmes neben den selbstge-
fälligen Betrachtungen seiner eigenen Größe durch den
Kopf schieße. Und so war es denn auch in der That. Abt
Vogler, der stolze eingebildete Mann, kannte es Mozart

nicht vergessen, daß er nun schon seit längerer Zeit in Mannheim sei, ohne ihn — die erste musikalische Größe hier, und, wie er meinte, allerwärts — zu besuchen. Hatte sich doch der churpfälzische Vice=Capellmeister sogar schon herabgelassen, den jungen Collegen zu einem Besuche bei ihm einzuladen, und doch war der junge Starrkopf nicht gekommen!

War es denn aber Vogler so sehr um Mozarts nähere Bekanntschaft zu thun? Gewiß nicht! Er verachtete den Salzburger Concertmeister ja, und diese Verachtung hatte sich sogar schon, angefacht durch die freundliche Auf= nahme, die Mozart am Hofe gefunden, bis zum Hasse gesteigert.

Es war die alte und doch ewig neue Geschichte des Künstlerneides, die schon die Griechen so treffend durch das Verhältniß Apollos zu Marsyas angedeutet.

Marsyas, ein Sohn des Olympos — so erzählen jene — fand die Flöte, welche Minerva erfunden, aber, weil ihr Spiel das Gesicht entstellte, wieder weggeworfen hatte. Als er es durch Uebung zu einer bedeutenden Fer= tigkeit im Flötenspiel gebracht hatte, wagte er mit Apollo, der eifersüchtig auf des Marsyas Kunsttalent geworden, einen Wettkampf, bei dem die Musen Richterinnen sein sollten. Anfangs schien der Sieg sich auf des Marsyas Seite zu neigen, da die helleren und stärkeren Klänge der Flöte die sanfteren Töne der Leier überhallten. Da aber Apollo in Begeisterung kam und sein Spiel mit Gesang begleitete, wurde Marsyas für überwunden erklärt.

Apollo hängte ihn nun, seinen Künstlerhaß zu befriedigen, an einen Baum und zog ihm die Haut ab.

Und wie vielen Marsyassen hat seitdem der Neid bei lebendigem Leibe die Haut über den Kopf gezogen?! Auch Abt Vogler brannte nur, die Stärke — oder, in seinen Augen, die Schwäche — des jungen Mannes auf dem Claviere kennen zu lernen, um ihn und seine Hoffnungen dann um so sicherer bei Hofe — wo ihm namentlich weiblicher Einfluß mächtig zur Seite stand — zu vernichten.' Es ärgerte ihn daher doppelt und dreifach, daß der junge Mann nicht kam. „Verwünschte Lage!" — sagte er jetzt vor sich hin, indem er sich mit dem Rücken vor den Ofen stellte, der eine behagliche Wärme ausströmte. — „Ich, Abt Vogler, kann den unbedeutenden Menschen doch nicht zuerst besuchen, das wäre doch gar zu amoroso! — — — Und doch, lerne ich seine Schwächen nicht kennen, kann ich ihm nicht beikommen, während es feststeht, daß er fort muß."

Vogler schwieg .... aber die Empfangsscene bei Karl Theodor, der er selbst beigewohnt, ging ihm durch den Kopf.

„Es ist jetzt glaube ich fünfzehn Jahre, daß Er nicht hier war?" — hatte damals der Churfürst mit vieler Herablassung zu Mozart gesagt, und auf die Bejahung dieser Frage hinzugesetzt: „Er spielt unvergleichlich!"

Dieses unselige: „Er spielt unvergleichlich!" wollte aber von jener Stunde an dem guten Abt Vogler nicht mehr aus dem Gedächtniß kommen. Wo hatten da mals Churfürstliche Gnaden ihren Kopf, um so etwas in Abt Voglers Gegenwart sagen zu können! .... in Abt Voglers Gegenwart, der die Ehre hatte, der Churfürstlichen Kinder Musiklehrer zu sein! .... in Abt Voglers Gegenwart, der das berühmte Miserere componirt; .... der den Platzregen spielte, daß, wie er selbst behauptete, die Männer die Hüte aufsetzten und die Damen Tücher überbreiteten, um nicht naß zu werden; .... in Abt Vogler's Gegenwart, der, „den Fall der Mauern von Jericho“ und „das Ausstampfen des Reises in Afrika“ geschrieben! Welch' eine Beleidigung und Kränkung dieses genialen Mannes. Wenn es indessen nur bei den unseligen Worten: „Er spielt unvergleichlich!“ geblieben wäre, das hätte nichts gethan.

Der Abt war Hof= und Weltmann genug, um zu wissen, daß schöne Worte in jenen Sphären meist nichts als Schall und Rauch, oft sogar die versilberten und vergoldeten Pillen sind, in welchen man aus zarten Menschlichkeitsrücksichten Supplicanten die abschlägige Antwort zukommen läßt. Aber den Teufel auch! diesmal schienen die schönen Worte Wahrheit werden zu wollen. Der Intendant, Graf Saviola, hatte sogleich Befehl erhalten, Mozart zu dem Grafen und den Gräfinnen von Bretzenheim zu führen. Mozart begab sich zu ihnen, gefiel, kam den nächsten und die folgenden Tage wieder und so drohten sich seine Besuche nach und nach in einen förmlichen Unterricht zu verwandeln. Aber da war noch mehr des Schlimmen; der Churfürst hatte sogar schon mehrere=

male dem Unterrichte selbst beigewohnt und sich mit Mo=
zart über mancherlei Dinge unterhalten. Variationen,
die dieser für den jungen Grafen, und ein Rondo, das er
der ältesten Gräfin componirte, wurden . . . horribile
dictu! . . . . ganz entzückend gefunden; während die Gräfin
Caroline bei der jüngsten Aufführung der Vogler'schen
Compositionen auf die Frage: wie ihr das Concert gefalle?
mit einem leichten Anfluge maliciösen Lächelns geant=
wortet haben sollte:

„Ich genieße mein Vergnügen mit Geduld!"

War da nicht viel, — war da nicht alles zu befürchten?

Nur das ungeheuerste Selbstbewußtsein hatte bis
dahin die aufsteigenden Befürchtungen des Churpfälzischen
Vice-Capellmeisters niedergehalten; aber je mehr er heute
darüber nachdachte, desto unbehaglicher wurde es ihm doch
dabei. Und so kämpfte denn jetzt sein Stolz einen harten
Kampf mit der Klugheit des Weltmannes: der Rubicon
war zu überschreiten . . . . sollte er sich so wegwerfen, den
Mozart zuerst zu besuchen?!

Er ging hin und her . . . . er stellte sich wieder an den
Ofen . . . . er trommelte an den Fensterscheiben . . . . er
zählte die Knöpfe seiner Weste . . . . er wollte . . . . und
wollte wieder nicht! . . . . er . . . . er . . . . „Er spielt
unvergleichlich!" tönte es durch seine Seele . . . . und
der Entschluß war gefaßt.

„Il faut casser le noyau pour en avoir l'amande!"*)

---

*) Man muß den Stein zerbrechen, ehe man an den Kern ge=
langt."

— rief er aus und griff so hastig, als fürchte er einen Rückfall in seinem Vorsatze, nach Hut und Mantel.

In wenigen Minuten war er auf dem Wege zu seinem Marsyas.

Mozart wohnte damals mit seiner Mutter bei dem Capellmeister Cannabich, der ein alter Freund seines Vaters war und sich die Freude nicht hatte nehmen lassen, Wolfgang bis zu einer Anstellung in seinem Hause mit ächt deutscher Gastfreundschaft aufzunehmen. Hier aber war der junge Mann vollkommen zu Hause, was ihm fast selbst so bedünkte, als er in Cannabich einen zweiten Vater und in dessen Tochter eine Schwester wie Nannerl fand.

Hier nun traf Abt Vogler seinen Mann.

Man kann sich denken, wie erstaunt Mozart von diesem Besuche des „musikalischen Spaßmacher's" war, wie er Abt Vogler nannte. Aber Wolfgang war nicht der Mann Gefühle zu heucheln, die ihm fremd waren, und sich da zu bücken, wo er verachtete. Er empfing den stolzen und eingebildeten Vice-Capellmeister daher zwar mit der conventionellen Höflichkeit, die der Gebildete nie vergißt, aber kalt und abgemessen.

Wie natürlich wandte sich das Gespräch auf Musik, und nun hatte Amadeus — neben Vogler auf einem alten lederüberzogenen Sessel sitzend, denn Sophas waren damals noch Luxusmöbel, die nur die Wohnungen der Reichen schmückten — Gelegenheit genug, die Verdienste des Herrn Abtes um die Welt der Töne aus dessen eigenem

Munde zu erfahren. Vogler redete dabei als unbedingt
erste und einzige Autorität mit der wegwerfenden Groß-
geisterei des eminenten Genie's.

„Was mich jetzt außer der, von mir erfundenen,
Farbenmusik hauptsächlich beschäftigt," — sagte er jetzt,
mit blinzelnden Augen den bescheidenen Anzug Mozart's
und das einfache Ameublement seines Mansardenstübchens
musternd — „ist einmal der große und geniale Gedanke:
ob sich Töne in einem weißen Zimmer besser ausnehmen, als in einem schwarzen; ein Problem, das
die Welt meinem Gehirne verdankt und über dessen
Lösung ich, der Wichtigkeit wegen, schon Jahre lang brüte
. . . . und dann die Wiederauflebung der Musik der
Alten."

„Aber," — sagte hier Mozart — „das möchte doch
ein schweres Stück Arbeit sein, da Sie wahrscheinlich von
der Musik der Alten gerade so viel wissen, wie wir Anderen,
das heißt: wenig oder gar nichts!"

„Mit nichten, junger Mann," — versetzte hier stolz der
Abt, indem er sich innerlich über die spöttische Miene seines
Collegen tödtlich ärgerte. — „Es mögen viele Leute von der
Musik der Alten nichts wissen, ich aber kenne ihre Vor-
trefflichkeit und werde sie der Welt beweisen."

„Ei, Herr Vice-Capellmeister!" — rief hier Mozart
— „da sind Sie ja unendlich glücklich im Auffinden histo-
rischer Quellen gewesen! Bitte nennen Sie mir dieselben,
damit auch ich mein Wissen auf diesem Felde erweitern
kann!"

„Davon später!" — versetzte der Abt kurz — „vor allen Dingen führt uns der griechische Styl . . . ."

„Das heißt" — fiel Mozart ein — „der alte Kirchen= styl, den man der Steifheit und außerordentlichen Armuth seiner Melodien wegen, den griechischen zu nennen beliebt hat . . . ."

„Aecht griechisch!" — sagte Vogler mit dem Ton höchster Autorität — „Anabasis und Anacamptos!...."

„Ja!" — meinte Mozart lächelnd und mit der, dem ächten Verdienste eigenen bescheidenen Zuversicht, die leichten Blickes alle Charlatanerie übersieht. — „Zusammenfü= gungen aus Tonleitern, welchen alle systematische Verbin= dung und Grundlage fehlt."

„Abt Vogler hat dieses Dunkel gelichtet!" — meinte der Vice-Capellmeister, indem er mit stolzer Selbstschätzung sein Haupt hob. — „Meine ganz eigenthümliche Combina= tionen von Accorden und genialen Uebergängen haben das Räthsel gelöst."

Und mit diesen Worten zog er ein kleines in rothen Safian mit Gold gebundenes Musikheft aus der Tasche und reichte es Mozart mit triumphirender Miene, indem er sagte:

„Hier die Beweise!"

Mozart schaute aufmerksam hinein. Einige Minuten verstrichen und ließen Vogler Zeit, seinen Sieg im Voraus zu genießen. Wie aber ward ihm, als Mozart das Buch mit den Worten zurückgab:

„Das sind recht hübsche Effecte, hervorgebracht ver=

mittelst einer gelehrten und ausgesuchten Harmonie, ... Effecte, welche die Melodien des Chorals an und für sich nicht haben können . . . aber . . . . verzeihen Sie, Herr Abt Vogler, es sind Ihre Erfindungen, ... Musik der Alten ist es nicht!"

Ein dunkles Roth lief über das volle Gesicht des Vice-Capellmeisters.

„Ich bin schon gewohnt," — sagte er dann stolz — „nicht begriffen und nicht verstanden zu werden. Es ist nicht Jedermanns Sache geniale Gedanken zu fassen."

„Gewiß nicht!" — rief Amadeus heiter und mit sarkastischer Betonung. Aber der Abt hörte ihn nicht; sein verhaltener Groll machte sich jetzt in einem wilden, fanatischen Eifer für seine Lieblingsidee Luft.

„Und wenn sie auch nicht verstanden wird," — rief er jetzt — „sie ist doch von unendlicher Schönheit die alte griechische Musik; — ein Riese an Erhabenheit gegen die moderne Musik, die in ihrer Armuth nichts aufzuweisen hat, als die fortwährenden Uebergänge zweier Tonarten in einander, von Dur in Moll, während die Alten, die weder das eine noch das andere gehabt, auf jede Tonleiter ein anderes tonisches System gebaut haben, wovon jedes in das authentische und feierliche Gebiet getheilt wurde, und" — fuhr er mit erhöhtem emphatischem Tone fort — „dabei besaßen sie außer der diatonischen und chromatischen Tonart, das wunderbare Geheimniß der enharmonischen,*) die seit dem unseren plumpen Ohren unzugänglich geworden!"

***

*) Diatonisch nennen wir die Tonfolge von fünf ganzen und

Mozart konnte über diese Mystification das Lachen
nicht ganz verbeißen, da er recht gut und besser als
irgend Jemand wußte, daß ein undurchdringliches Dunkel
über der Musik der Alten ruhe. Er wollte indessen
doch den einflußreichen Collegen nicht geradezu beleidigen
und sagte daher nur, indem er seine Hand auf des Abtes
Arm legte:

„Sie sind ein Tausendkünstler, daß Sie das Gespenst
der alten Musik auf diese Art wieder heraufbeschworen
haben, da es doch feststeht: .... daß die Griechen die
Harmonie gar nicht gekannt haben!"

Es war in der That gut, daß in diesem Augenblicke
Cannabich eintrat, wodurch das Gespräch eine andere
Wendung bekam: auch trug die Milde, die Cannabich
eigen war, zur gegenseitigen Beruhigung bei. Mozart
mußte spielen, Vogler hörte und sah genau zu; wer aber
mit scharfem Blick die dünkelhaften Züge des Vice-Capellmeisters beobachtet hätte, würde bemerkt haben, wie Ver-
druß, Zorn und Aerger auch auf dieser Claviatur der Seele
spielten. Als Mozart fertig, sagte der Besuch kein Wort;
forderte aber — um sich nun selbst im brillantesten Lichte
zu zeigen, ein Concert von Mozart's Composition, es
prima vista zu spielen.

---

zwei halben Stufen. Diatonische Tonleiter ist unsere Scala; dia-
tonisch-chromatisch, Leiter, durch die halben Stufen gehend. Wörtlich bedeutet Diatonisch, was von Ton zu Ton aufeinander folgt:
Enharmonisch: die mehrfache Bedeutung eines Tones.—Handlexicon
der Tonkunst von C. Gollmick.

Aber was war das für ein Spiel! Auch hier sah der
Charlatan auf allen Ecken und Enden heraus. Da war
nie das rechte Tempo, so daß Amadeus entsetzt rief:

„Viel zu geschwind!" — Den Baß aber spielte er
meistens, weil ihm der Originalsatz doch zu schwer für
prima vista war, anders als er stand und wie er ihm in
die Finger kam.

Jetzt zuckte es in Mozart, der mit Cannabich Blicke
der Verzweiflung wechselte; aber er gedachte bei des wür=
digen alten Mannes Anblick der Ermahnungen zur Klug=
heit, die ihm sein Vater gegeben .... und .... schwieg.

Endlich machte Abt Vogler Anstalten zum Weggehen.
Um ihm möglicherweise doch eine Artigkeit zu erweisen,
bat ihn Mozart, — der erfahren hatte, daß der Vice=
Capellmeister die Oper: „Lucio Silla" von Bach besitze
— ihm doch dieselbe auf wenige Tage zu leihen. Das
war doch wenigstens eine Sollicitation an den großen Abt
Vogler. Er versprach also mit herablassender Gönner=
miene die Bitte erfüllen zu wollen; aber wie ein Donner=
schlag traf es Mozart, als er dabei sagte:

„Sie werden nicht viel Gescheutes darin finden."

„Wie?" — wiederholte Amadeus, der nicht recht
gehört zu haben glaubte — „in Bach's Musik nicht viel
Gescheutes?"

„Wie schön, wie herrlich ist doch die eine Arie!" —
setzte, innerlich ebenfalls durch diesen namenlosen Dünkel
empört, Cannabich hinzu.

Vogler lachte spöttisch, dann frug er: „Was ist denn das für eine Arie?"

„Pupille amante."

„Die Sauerei?!"*) — rief Vogler höhnisch — „die hat er gewiß im Punschrausch geschrieben!"

Jetzt war es aber ein Glück, daß Vogler die Thüre erreicht hatte und mit einer leichten Verbeugung, die einem Granden von Spanien, gegenüber seiner Hörigen, Ehre gemacht, das Zimmer verließ. In Mozart's Adern kochte das Blut. Ueber sich hatte er den eingebildeten Menschen mit der Ruhe und dem edlen Stolze wahren Verdienstes hinwegsehen lassen; aber die wegwerfende Verhöhnung eines Mannes, der so groß wie Bach dastand, empörte seine edle Natur.

„Er ist, wie ich sagte, ein Narr und ein Charlatan!" — rief er — aber dann hatte sein harmloses Wesen auch schon wieder allen Groll vergessen. An Bach's herrliche Tonschöpfungen denkend, eilte er zu seinem Claviere und spielte Cannabich, mit vor Seligkeit strahlenden Mienen, mehreres von diesem großen Meister vor.**)

---

*) Nissen Seite 329.

**) Vogler legte in späteren Zeiten seine Ueberschwänglichkeiten ab, und ward — auf den rechten Weg zurückkehrend — ein tüchtiger und geschätzter Componist. Seine Extravaganzen um jene Zeit aber sind geschichtlich wahr.

Die Weihnachtsbescherung.

Der Winter war unterdessen mit voller Macht hereingebrochen. Der Rhein trieb gewaltige Schollen Eises, die Schiffbrücke, die Mannheim mit der Rheinschanze und dem jenseitigen Ufer verbindet, war abgefahren, die Straßen der Stadt lagen voll Schnee, wer da konnte flüchtete hinter den warmen Ofen und auf den breiten Gassen sah man nur einzelne Raben, Sperlinge und Goldammern, die der Hunger von draußen hereingetrieben und die nun ängstlich hin und herflogen und hüpften, um ihr spärliches Futter zu finden.

Aber war es auch da außen frostig und kalt, so war es doch in gar manchen Herzen warm und Frühlingsmilde geblieben; wie z. B. in allen, die im Weber'schen Hause schlugen, ... und in dem des jungen Mozart. Und im Kreise der Weber'schen Familie, in den Amadeus auch

längst seine treue, für ihn so besorgte Mutter eingeführt,
bewegte er sich am liebsten. Hier war alles so einfach,
schlicht und recht, so herzlich und treu; — hier waren die
Menschen so aufrichtig, gut und wahr, so liebevoll und
doch auch wieder so anspruchslos. Zwei Monate waren
noch nicht verstrichen und schon bildete Wolfgang fast
einen integrirenden Theil der Familie; ja durch ihn hatte
sich das Leben in derselben auf eine, sonst dem Weber'schen
Hause ganz fremde Weise vergrößert, indem Wendling's
und Cannabich's jetzt mehr denn je mit demselben ver-
wachsen waren.

Aber Mozart und die Weber'schen verstanden sich
auch so gut! Er brachte einen neuen Umschwung in die
musikalischen Leistungen Aloysias, die jetzt gestand, daß
sie jetzt erst wisse, was Gesang sei. Auch Constanzen,
Johanna und Marien ertheilte er freiwillig und unentgeltlich Unterricht im Clavierspiele und schuf gar manchen
der langen Winterabende zu einem kleinen, häuslichen
Concerte um. Dabei fesselte Alle sein Frohsinn, seine
heitere und liebenswürdige Hingabe an das Leben und
die Kunst, sein immer sprudelnder Witz und seine fröhlichen Launen. Eine freundliche Physiognomie, heitere
Stirne, helle Augen, lächelnder Mund und zuvorkommendes
Wesen erheitert ja stets unsere Umgebung, wie ein schöner
Tag die Welt. Die Herzen der Kinder waren daher ganz
sein, so daß der kleine Hermann oft noch im Schlafe von
„Onkel Wolfgang" phantasirte.

Es ist aber eine ausgemachte Sache, daß man nie so

bekannt und vertraut wird, als wenn man erst herzlich mit
einander gelacht hat; wie denn auch im jugendlichen Frohsinn der Grund davon zu suchen ist, daß Jugendfreund-
schaften am längsten .... oft bis in das greise Alter
dauern. Fröhliche Menschen sind dabei nicht blos glückliche sondern auch in der Regel gute, wohlwollende Menschen, ohne Neid und Grämelei, ohne Klatscherei und Ver-
leumdung, die recht gerne so weit möglich den Bösen aus
dem Wege gehen. Dies war denn auch so recht auf die
Erwähnten anzuwenden, die gerade in diesem Wesen den
Schlüssel zu ihrem kleinen Paradiese fanden, daß sich
außerdem auf körperlicher und geistiger Gesundheit, auf
immer frischer Thätigkeit, einem warmen Antheil an allem
Schönen und Guten und auf der Beherzigung der weisen
Lehre aufbaute: Glücklich ist nicht der, welcher besitzt, was
er wünscht; sondern der, welcher nicht wünscht, was
er nicht besitzt!

Was aber Mozart gleich von Anfang an das
Weber'sche Haus fesselte, — waren vor allen Dingen,
die beiden ältesten Mädchen: Aloysia und Constanze.
Beide waren so liebe Erscheinungen und selbst durch
Schwesterliebe so innig verbunden, daß sie Amadens in
den ersten Zeiten fast wie ein Wesen vorkamen. Sie
füllten in der That sein Herz aus, ohne daß er sie von
einander trennte. Indessen ward dies, ihm selbst noch
nicht klar bewußte Gefühl bald zu einem bewußten, das
Wolfgang mit unwiderstehlicher Gewalt zu den Mädchen
hinzog: er liebte! .... Aber welche? .... Eine war ja

so lieb, wie die andere . . . . und doch trügen beide so ver=
schiedene Reize.

Wenn er Aloysia auf der Bühne in einer seiner Lieb=
lingsrollen sah und hörte, oder wenn er zu Hause am
Claviacherd saß und sie neben ihm stand und mit ihrer
götterschönen Stimme so seelenvoll und hinreißend sang,
dann war es ihm oft, als müsse er sie an sein Herz drücken
und mit einem flammenden Kusse auf ihre frischen Lippen
ausrufen: „O du süßer Engel, du . . . . du bist es, den
ich liebe! Ohne dich kann ich nicht leben!“

Wenn er dann aber wieder Constanze beobachtete,
das herzige, kindliche Wesen mit der stillen Seelenheiterkeit,
die der leise Hauch einer unbestimmten Sehnsucht so manch=
mal gar zaubrisch wie ein leichter, duftiger Schleier über=
deckte; — — — wenn er sah, wie sie — die doch noch so
jung — alle häuslichen Arbeiten mit dem ruhigen Anstande,
der so lieblich zu ihrer kindlichen Unbefangenheit stand,
verrichtete, und seine Blicke nun den ihren begegneten, die
so frisch und hell . . . . und doch auch wieder so wonnevoll
tief dareinschauten, als ob sie ihm das Dasein einer ver=
borgenen Zauberwelt verrathen wollten: — — — dann
war es ihm wieder, als müsse er Constanze an sich ziehen
und ihr in das Ohr flüstern: „O laß sie mich finden, diese
so still=freudig geahnte Zauberwelt; — laß sie mich bei
dir . . . . an deinem Herzen finden!“

Riß ihn häufig die sprudelnde lebensfrische Heiterkeit
Aloysia’s, wie in einem himmlischen Rausche mit fort,
so zog ihn doch auch gar manchmal die sinnige Theilnahme

an, die Constanze für Alles bewies, was ihn betraf, und
es kam ihm dann wohl vor, als sei das übersprudelnd
heitere Wesen der älteren Schwester gleich dem Cham-
pagnerschaume, der gar lieblich in duftendem Gischte auf-
zischt, aber von dem nichts im Glase bleibt, wenn er ver-
flogen ist. Aber welche begeisterte Kunstjüngerin war
dafür Aloysia wieder, wie schön ging ihr Streben mit
dem des jungen Mannes Hand in Hand: schienen sie nicht
für einander geschaffen? Er .... vielleicht bald Chur-
pfälzischer Kammer-Componist, oder Capellmeister an
irgend einem bedeutenden Theater; — sie, die gefeierte
Primadonna für die der Geliebte die herrlichsten Arien
schreibt! — — Welch ein Gedanke! welch' eine Zukunft
gemeinsamen Kunststrebens, gemeinsamer Begeisterung,
gemeinsamen Ruhmes! .... und das alles verklärt durch
die Seligkeit der Liebe!

Bei solchen Gedanken mußte freilich das Bild Constanzens wieder zurücktreten; auch war diese doch noch
gar jung und selbst körperlich weit weniger entwickelt, als
die Schwester, deren schöne jugendliche Gestalt und an-
muthiges Wesen bereits ganz Mannheim entzückte.

Dieses Schwanken dauerte indessen bei Mozart doch
nicht lange. Einer so kräftigen inneren Natur wie der
seinen, war jede Unentschiedenheit zuwider; — die Kunst
siegte auch hier, und wie nach längerem Kämpfen des
Nebels mit der Sonne, diese oft plötzlich durchbricht, so
war ihm die Thatsache mit einemmale klar geworden: Du
liebst Aloysia!

Und wie stand es mit dieser? .... Ach, sie war sich längst recht klar und deutlich bewußt geworden, wie es in ihrem Herzchen aussah. Da thronte schon seit dem verhängnisvollen Kusse an dem ersten Abende: Herr Wolfgang Amadeus Mozart .... als einziger und unumschränkter Herr!

Auch hier hatte zumeist die Musik das Amt des kleinen schalkhaften Gottes Amor übernommen; wie denn Aloysia ebenfalls der Gedanke an eine gemeinschaftliche große musikalische Zukunft nicht ferne geblieben. Dazu kam noch, daß Amadeus, — so liebenswürdig bei näherer Bekanntschaft, — auch der erste junge Mann war, der ihr nahe getreten, ... kein Wunder, daß sich ihm ihr empfängliches Herz bald erschloß.

Erschloß? .... wohl! .... aber doch nur im Geheimen. Keines von Beiden — weder Aloysia noch Amadeus — hatten bis jetzt ihrer Liebe auch nur den leisesten Ausdruck, geschweige denn Worte verliehen. In beiden Herzen brannte die Flamme; aber sie nährten sie nur mit der stillen Seligkeit einer ersten, verborgen aufkeimenden Liebe.

So war Weihnachten herbeigekommen 'und streute bereits die leuchtenden Blumen der Erwartung, der Hoffnung und des frohen Gefühles, Anderen Freuden bereiten zu können, in die kalten Dezembertage. Vater Weber hielt auf die Feier solcher und ähnlicher Feste, wie Hochzeits- und Geburtstage, sehr viel; denn wenn sie auch in seinem Hause noch so bescheiden begangen wurden, waren sie doch immer Lichtpunkte, die ihre Strahlen erleuchtend und erwärmend über das Familienleben ausgossen, und die zarte Pflanze der gegenseitigen Liebe zu neuer schönerer Blüthe trieben. Kein Wunder also, daß auch in dem kleinen Hause am Rheinthore mit der Annäherung der Weihnachten jene ganz eigenthümliche geheimnißvolle Regsamkeit anhub, die so vielen verführerischen Zauber für die demnächst Gebenden und Nehmenden hat.

Am Tage freilich blieb den Kindern — der guten alten Hausordnung wegen — wenig Zeit an die Anfertigung ihrer kleinen Geschenke für Vater und Mutter zu denken: Sobald aber die Zeit zum Schlafengehen gekommen, die jugendliche Schaar mit einem herzlichen Kusse von den Eltern geschieden und Aloysia und Constanze ihr schlichtes Kämmerlein in den Mansarden erreicht hatten, begann die ebengedachte geheimnißvolle Thätigkeit.

Und wie behaglich ließ es sich in diesem so äußerst nett und rein gehaltenen Stübchen arbeiten.

Die Lampe gab Licht, der kleine Ofen Wärme genug, und durch die runden Scheiben blitzte von dem jenseitigen Ufer herüber das Wachtstubenlicht der Rheinschanze, die in jenen Zeiten noch als ein stark befestigter Brückenkopf zu der damaligen Festung Mannheim gehörte.

Johanna und Maria nähten dann mit zierlichen Stichen an Hemden für den Vater, zu deren Leinwand der weibliche Theil der Familie das Garn im vorigen Winter gesponnen; Aloysia und Constanze aber, schon weiter in künstlichen Frauenarbeiten, stickten und häkelten den Eltern kleine Geschenke.

Warum erhob sich aber Constanze auch des Morgens schon so frühe? — warum stahl sie sich so leise aus ihrem Bette und ließ Aloysia ihren gesunden Morgenschlaf so ruhig weiter genießen, während sie behutsam die Lampe wieder anzündete und — der Kälte wegen in einen alten Schwal der Mutter eingewickelt — an einer Brieftasche stickte?

Es war eine gar nette Arbeit, die in feiner Stickerei aus Seide und Chenille eine Landschaft vorstellte, in deren Mitte unter einem Rosengebüsche ein Altar stand. Auf dem Altar aber lag ein Lorbeerkranz und um das Ganze schlangen sich oben die Worte: „Dem Verdienste die Krone!" während unten nur: „Aus treuem Herzen" stand.

Ob dies Geschenk für den Vater war? Niemand erfuhr etwas davon, denn ehe Aloysia des Morgens von ihrem gesunden Schlafe erwachte, war keine Spur mehr von Constanzens Arbeit zu sehen.

Endlich erschien das Fest, und wie überall, so war auch im Weber'schen Hause die Freude nicht klein. Mama hatte zum Ueberfluß Kuchen gebacken, Aepfel und Nüsse gab es auch und Jedes war von den empfangenen kleinen Liebesgaben hoch erfreut . . . . aber noch glücklicher durch das, was es selbst hatte geben können.

Auch der junge Mozart war nicht ausgeblieben. Er brachte einige, für Aloysia's Stimme eigens componirte, Gesangsstücke, gar schön und zierlich ausgeschrieben, und

ein Rondo für das. Clavier, das er für Constanze
gesetzt.

Vater Weber dagegen erhielt zu seiner großen Freude
einen ächten Salzburger Pfeifenkopf, so schön als je einer
in Mannheim war, und Mama Weber eine neue seidene
Sonntagsschürze, ringsum in Falten gar sauber eingelesen.
Dagegen erwarteten ihn und die Mutter hohe Teller voll
Aepfel und Nüsse und große mächtige Stücke Festkuchen.
Andere Geschenke zu geben wäre gegen Sitte und Gebrauch
gewesen, zumal Amadeus noch unverheirathet war und
man aus Geschenken auf Nebenabsichten hätte schließen
können.

Und doch war Wolfgang nicht so ganz leer ausge=
gangen, was schon sein freudestrahlendes Gesicht und sein
übersprudelnder Humor bewiesen.

Als es nämlich am heiligen Abende zu dunkeln ange=
fangen, war bei Cannabichs, wo er noch wohnte, von
einem kleinen Mädchen ein Päckchen für ihn abgegeben
worden. Neugierig öffnete er es, und siehe da, es enthielt
eine wunderschön gestickte Brieftasche von lichtblauem
Seidenzeuge, oben eine Landschaft in deren Mitte ein Altar
unter Rosenhecken, der einen Lorbeerkranz trug, und um
das Ganze die Worte: „dem Verdienste die Krone!"
und: „Aus treuem Herzen!"

„Aus treuem Herzen!" — rief er entzückt und über=
selig — „o das kommt gewiß von Aloysia! von wem
könnte, von wem sollte es anders sein?! . . . . und

wenn es von ihr kommt, so liebt sie mich! . . . . . so
liebt sie mich!"

Und er sprang jubelnd wie ein Kind durch das Zimmer
und küßte das Geschenk tausendmal.

Endlich fiel es ihm ein, auch in die Brieftasche zu
sehen. Da lag denn ein Zettelchen, auf dem mit verstellter
Hand geschrieben stand: „Niemand darf von dieser Gabe
wissen, und mit Niemand dürfen Sie darüber sprechen,
auch nicht mit dem Geber, wenn Sie ihn errathen sollten."

„Das treue Herz."

„Errathen?" — wiederholte Amadeus — „auf wen
sollte und könnte ich rathen, als auf Aloysia? O so habe
ich mich doch nicht getäuscht, wenn ich so manchmal
ihren süßen Blick auffing und Gegenliebe in ihm zu lesen
glaubte, so schnell sie die Augen auch niederschlug. — Und
ist sie in der letzten Zeit nicht immer roth geworden, wenn
ich eintrat oder mit ihr sprach? — Hat ihre Hand nicht
erst gestern beim Abschiede in der meinen gezittert?"

Und jetzt fielen Wolfgang eine Menge Dinge ein, die
ihm die klarsten Beweise ihrer Gegenliebe lieferten. Da
war es ihm, als habe sich der Himmel für ihn erschlossen.
Er hätte die Welt umarmen können; . . . . er bebte vor
Seligkeit, und es war gut, daß er allein war, sonst hätte
er sich den Augenblick verrathen. Doch nein! . . . . er war
ja nicht allein! . . . . . da stand ja sein liebes Instrument,
sein vertrauter Freund in Leid und Freud, und prächtig,
zauberhaft strömte er auf ihm jetzt seine Gefühle aus.

Was waren das für Töne, für Harmonien und Me=

ledien? O wer sie aufgefaßt und der Nachwelt bewahrt
hätte, ihm gebührte ewiger Dank! — Aber es hörte sie
Niemand als sein eigenes Herz, das sich ausjubelte in dem
Gedanken: Aloysia liebt mich! — Und Melodien ström=
ten auf und nieder, und er schwamm auf diesem Strome
der Töne in ein niegeahntes Paradies der Seligkeit.

Endlich sprang er auf, es drängte ihn nach dem Weber'=
schen Hause; aber, indem er aufsprang, fiel etwas auf den
Boden; — er bückte sich darnach, und . . . . seltsamer Zu=
fall . . . . es war das kleine goldene Kreuz, das ihm einst,
beim Abschiede von Rom, Ginditta gegeben, und das er
bis dahin an einem Schnürchen als Amulet auf der Brust
getragen. In seiner Aufregung war er mit der Hand in
den Busen gefahren und hatte die etwas mürbe gewordene
Schnur zerrissen.

Der Zufall bewegte ihn doch unangenehm. Er wurde
etwas ruhiger, legte das Kreuz auf das Instrument und
ging ein paarmal auf und ab.

Ginditta's Bild glitt an seiner Seele vorüber; er
gedachte der schönen Tage zu Rom, des Abschiedes in der
Grotte der heiligen Cecilie, des eigenthümlichen Zusam=
mentreffens in Mailand und der Worte: „Auf Wieder=
sehen!"

Aber waren denn nicht sieben Jahre seitdem vergan=
gen? Arme Ginditta, wo mochte sie nun weilen?

„Wir werden uns wohl nie wiedersehen!" — sagte er
jetzt leise — „aber deinem Andenken treue Seele, die
du mein Schutzgeist in Mailand warst, will auch ich

treu bleiben. Du bist und bleibst mir eine liebe ferne
Schwester!"

Und mit diesen Worten nahm er das kleine goldene
Kreuz, band es wieder an der Schnur fest und barg es von
Neuem auf seiner Brust. Aber dieser Zufall blieb doch
ein Mißton in der göttlich reinen Harmonie, in der er eben
geschwelgt. Er konnte sich des Gedankens nicht erwehren:
Wenn das eine Warnung deines Schutzgeistes gewesen sein
sollte, der dich auf irrigen Wegen sieht! Amadeus setzte
sich abermals an das Instrument. Anfangs entlockten ihm
seine Finger eine ernste, fast wehmüthige Melodie, dann
stürmte es unwillig auf, aber es ward auch wieder ruhig
— bis plötzlich sein Auge auf die Brieftasche fiel. Da
stoben die Töne wieder wie Funken auf, und die Funken
wurden Blitze und alles jubelte wieder in ihm: „Sie liebt
mich doch! — Meine Aloysia liebt mich!" und vergessen war Kreuz und Giuditta; er aber sprang zum
zweitenmale empor, holte die Mutter — die ganz erstaunt
über sein seliges Wesen war — und eilte mit ihr nach dem
Hause am Rheinthore.

Der Christbescherung, die hier Groß und Klein mit der
reinsten Freude erfüllte, haben wir erwähnt. Als sich der
erste Jubel der Kinder gelegt, mußte Aloysia unter
Wolfgangs Begleitung die Gesangstücke vortragen, die
sie von dem jungen Hausfreunde heute Abend erhalten.

Mozart ergriff zuerst eine Arie. Es war jene Arie:
„Non sò d'onde vienne etc.," die Bach so schön componirt, die aber Amadeus — nur mit Beibehaltung

des Textes — ganz neu geschaffen, und zwar für seine Aloysia!*)

Aber wie entzückend war auch diese, von einer stillen, kaum selbstbewußten Liebe dictirte Tonschöpfung! wie eigenthümlich in Form und Behandlung,**) — wie einfach und wahr der Ausdruck dessen, was er selbst empfand, was er Aloysia, durch den Vortrag derselben, so gern empfinden lassen wollte. Ach! es wurden ja hier durch den Gesang der Geliebten, die Worte Metastasios zum Selbstgespräch eines jungen Herzens, das zum erstenmale die Regung der Liebe fühlt und staunend über die neuen Gefühle, welche im Kampfe gegeneinander sich mächtig erheben, nicht wagt, sich selbst zu gestehen, wodurch es so tief gerührt und erschüttert werde. Das war ja der Zustand seines Herzens und was er selbst empfand das legte er in die Seele seiner Geliebten und — weil er Künstler war — auf ihre Lippen.

Und rein und unendlich schön drückte diese Arie die Empfindung eines jungen Mädchens aus, die in voller Unschuld in Staunen und Zweifel über die Regungen ihres Herzens geräth, . . . die sich selbst nicht versteht. Sie findet in sich, in der Vergangenheit keinen Grund zu aufregender Besorgniß: noch ist die Neigung, welche in ihr aufgekeimt, nicht zur allesbeherrschenden Leidenschaft geworden; . . .

---

*) Jahn: II. Thl. S. 168.
**) Jahn: II. Thl. S. 168 Anmerkung 9.

aber . . . . sie steht an dem Wendepunkte, das fühlt sie, der über ihr inneres Leben entscheiden wird.*)

Und wie sang nun Aloysia diese Arie? Sie sang sie . . . . mit dem Zauber eines unbeschreiblichen Wohllautes und einer Innigkeit des Gefühls die alle Anwesenden hinriß und Amadeus vor Seligkeit erbeben machte. Und doch! lag nicht bei all dieser Tiefe der Erregung auch wieder die Ruhe und Klugheit der Unschuld über dem Ganzen, wie der leichte Duft des Morgens über der auf= blühenden Rose?

Ob und wie weit Amadeus es sich selbst klar gemacht hatte, daß die Worte Metastasios seine eigene Situation aussprachen, — wer will es sagen? Daß aber seine Empfindungen das bewegende Element für diese künstle= rische Gestaltung wurde, und ihr den individuellen Cha= rakter aufprägte ist unzweifelhaft; sie war so recht eine Schöpfung der Begeisterung, die die Liebe ihm eingehaucht, sonst wäre sie nicht dies vollendete Kunstwerk geworden.**)

O wie göttlich schön umschlangen sich doch hier die beiden Himmelsschwestern Kunst und Liebe. Und war denn nicht gerade bei Beiden die Liebe aus der Bewun= derung einer gegenseitigen ungewöhnlichen musikalischen Begabung erwachsen? Und schlug sie nicht um so leichter Wurzel, als das junge Mädchen unter Amadeus lieben= dem Einfluß die Blüthe ihres herrlichen Gesanges so reich

---

*) Jahn: II. Theil, Seite 171 — 172.
**) Jahn: II. Theil, Seite 174.

und voll entfaltete, daß alle Welt staunte? — war es nicht
Wolfgang, durch den zugleich ihr Herz in Liebe bewegt
wurde, während sein musikalisches Genie sie zum Bewußtsein ihres Talentes brachte?

So ward für beide die Kunst der Dolmetscher der Liebe,
und die Liebe die Seele der Kunst!

Amadeus glühte, sein Herz schlug hörbar und seine
Hand zitterte, als er jetzt ein, ebenfalls für diesen Abend
componirtes Duett ergriff. Es war auch dies eigens für
ihn und Aloysia geschrieben. Letztere hatte zu beginnen
und sang ihren Theil reizend; nur an einer Stelle zitterte
ihre Stimme auffallend und eine tiefe Gluth bedeckte ihr
hübsches Gesichtchen. Es war die Stelle, in welcher die
Geliebte ihrem Herzensfreunde in süßen Tönen zuflüsterte:
„Ja, so wisse, mein Geliebter, daß mein Herz auf ewig
dein!“ — Sie konnte fast nicht mehr stehen, so wankten
ihre Knie und die Stimme drohte zu versagen. Da fiel
glücklicherweise Amadeus ein; als aber auch er mit einem
unaussprechlichen Ausdrucke der Wahrheit dieselben Worte
wiederholte: „Ja, so wisse, o Geliebte, daß mein Herz auf
ewig dein!“ und beide Stimmen in Jubeltönen auf dieser
Stelle länger verweilten, da war für beide ihr heiligstes
Geheimniß ausgesprochen: Sie wußten, daß sie sich
einander liebten!

Es war recht gut, daß nach Beendigung dieses Ton-
stückes, das von allen Anwesenden das lauteste Lob erndete,
das Abendessen herein gebracht wurde. Indessen herrschte
eine ganz eigene Stimmung bei demselben. Frau Weber

war plötzlich in Gedanken verloren, — Wolfgang strahlte in Seligkeit und sprudelte in Witzen, — Aloysia machte in einer ihr sonst ganz fremden Zerstreuung alles verkehrt, und gab dem Vater Pfeffer, wenn er Salz verlangte, und die Schnupftabaksdose statt der Weinflasche. Nur der Vater und Constanze — die während des Gesanges in der Küche gewesen, blieben gleich freudig. Ersterer lächelte schmunzelnd vor sich hin, während Constanze mit einem Ausdruck stiller Seligkeit an des jungen Mannes Blicken hing.

Endlich kam die Stunde des Scheidens. Aloysia eilte, um im Nebenzimmer die „Enveloppe" der Frau Mozart zu holen, auch Amadeus mußte dort seinen Mantel nehmen.

Aber wunderbar! .... ehe man in dem dunklen Zimmer Mantel und „Enveloppe" fand, fand man sich selbst. „Aloysia!" — flüsterte es leise: „Amadeus!" antwortete es ebenso, und zwei Glückliche lagen sich in den Armen, und zwei Herzen schlugen an einander, und ein inniger feuriger Kuß sagte: „Ja, so wisse, daß mein Herz auf ewig dein!"

Aber Umarmung, Kuß und Geständniß waren nur das Ergebniß eines Momentes. Im nächsten Augenblicke legte Aloysia die „Enveloppe" der Frau Mozart um. Kaum aber war dies geschehen, als ein helles Gelächter im Zimmer erschallte. Die Zerstreute hatte die „Enveloppe" verkehrt übergehängt, und Frau Mozart stand, wie eine Chinesin, in geblümtem Ziz-Cattun da.

Mama Weber schüttelte bedenklich den Kopf. Aloysia
bat tausendmal um Vergebung, die Anderen scherzten und
lachten. Endlich waren die Gäste fort, und nach kurzer
Zeit suchten auch Weber's, abgespannt von Freude und
Jubel — die Ruhe.

Nur Eine war ungemein aufgeregt, ... und diese
Eine war Aloysia.

Selbst Constanze fiel es auf. Als beide Mädchen
daher ihr Zimmer erreicht, frug diese:

„Warum bist du denn heute Abend nur so zerstreut
und so aufgeregt, Aloys?"

„Warum?" — entgegnete die Gefragte mit einem
Blick, in dem alles Sonnengold einer glücklichen Liebe lag.

„Nun?"

Aber jetzt konnte das Herz Aloysias die Fülle der
Seligkeit, die es einschloß, nicht mehr allein tragen, und
gewohnt, der treuen, so innig geliebten Schwester alles
mitzutheilen, was es an Freud und Leid trug, sank die
Glückliche Constanzen mit den Worten an die Brust:

„Constanze! .... ich liebe ihn, und er liebt mich
wieder!"

Constanze glaubte zu träumen.

„Du liebst ihn?!" — wiederholte sie gedehnt — „wen?
wen liebst du?"

„O wie kannst du fragen!" — rief Aloysia — „wen
anders, als Amadeus!"

Da zuckte es wie ein dreischneidiges Schwert durch die

Seele Constanzens. Bläſſe bedeckte ihr Geſicht und
mit bleichen, bebenden Lippen frug ſie leiſe:

„Und er liebt dich wieder?“

„Ja!“ . . . .

„Und hat es dir ſelbſt geſtanden?“

„Heute Abend, ... vorhin! O ich bin namenlos
glücklich!“ und Aloyſia umarmte die Schweſter ſtürmiſch
und herzte und küßte ſie. Aber plötzlich fuhr ſie zurück
und rief entſetzt:

„Conſtanze! was iſt dir? deine Stirne iſt kalt . . . .
du biſt blaß wie der Tod!“

„Es iſt nichts!“ — verſetzte jene. — „Uebermüdung
. . . . zu große Aufregung . . . . und dann . . . . die Ueber=
raſchung!“ . . . .

„Soll ich dir Thee kochen?“ — frug Aloyſia beſorgt.

„Nein, Liebe!“— ſagte dieſe leiſe — „lege dich zu Bett,
und laß mich noch einige Augenblicke hier ruhig ſitzen.“

„Aber du erkälteſt dich, es iſt kein Feuer im Ofen.“

Conſtanze ſchüttelte mit dem Kopfe. — „Es iſt mir
ſchon beſſer!“ — ſagte ſie dann, und in der That hatte
ihre gute und kräftige Natur auch ſchon wieder den Ein=
druck überwunden, den die für ſie ſo ſchmerzliche Nachricht
auf ſie gemacht.

Aloyſia entkleidete ſich daher unter ſeligem Geplau=
der. Was hatte ſie nicht alles zu erzählen — wie malte
ſie ihr Glück in Gegenwart und Zukunft aus!

Sie merkte in ihrem Wonnerauſch gar nicht, daß ihr
Conſtanze mit keinem Worte antworte. Selbſt im Bette

noch ging es fort .... bis der Schlaf sie übermannte und in süße Träume einwiegte.

Am Fenster aber saß Constanze. In ihrem stillen, tiefen Auge glänzte eine Thräne, während die Blicke durch die kleinen runden Scheiben in die Nacht hinaus starrten, die schwarz und schwer über dem Rheine lagerte. Nur das Wachtlicht da drüben in der Rheinschanze schimmerte noch matt herüber, sonst war alles Leben in Stille und Dunkelheit versunken.

Und still und dunkel war es auch in ihrem jugendlichen Herzen geworden, das gerade heute einen so schönen Tag feiern wollte, — das gerade diesen Abend über ein holdes Geheimniß so freudig geschlagen!

Constanze saß lange schweigend da; endlich erhob sie sich, kniete nieder und verrichtete mit Demuth und Inbrunst ihr Abendgebet. Was dies kindliche Herz gebetet? .... wer weiß es, außer Gott?! Vielleicht bat sie den himmlischen Vater um Vergebung, daß sie — zum erstenmale in ihrem Leben — hinter dem Rücken ihrer treuen, guten Eltern und ihrer lieben Schwester etwas gethan. Vielleicht küßte sie im Geiste reumüthig die strafende Hand, die so wunderbar aus den Wolken herniedergelangt und augenscheinlich das eigene Geheimniß gegen sie gewandt.

Als sie sich erhob, war es stiller und friedlicher in ihrem Herzen; — aber schlafen konnte sie lange, lange nicht. Als ihr aber gegen Morgen die Augen zufielen; ruhte das müde Haupt des lieblichen Kindes auf einem naßgeweinten Kissen.

Wieder Nichts.

~~~~~~

Von jenem Tage an war der junge Mozart ein neuer Mensch. Er selbst kam sich männlicher vor, weil er jetzt mehr denn je daran dachte, sich eine feste Existenz zu gründen, um so bald als möglich A l o y s i a sein nennen zu können. Vater W e b e r sah dies mit Freuden; denn war das Verhältniß der beiden jungen Leute bis jetzt auch noch, wie sie glaubten, ihr Geheimniß, so wußten doch der alte W e b e r und seine Frau recht gut darum. Sie hätten ja auch taub und blind sein müssen, wenn sie die gegenseitige Neigung ihrer Lieblinge nicht aus dem Vortrage jenes Duettes am Weihnachts= abende und dem Benehmen beider errathen haben würden.

Freilich war die Mutter lange sehr besorgt; aber des Vaters Vorstellungen beruhigten sie doch endlich. Der junge Mozart war ja ein so braver und sittlich guter Mensch, er besaß ja so eminente Talente, daß wohl von

keiner Seite etwas zu befürchten sein konnte. Und welche
Aussicht, wenn sich nun noch die schönen Gaben ihrer
Tochter mit den seinen verbanden: vielleicht auf Kunst=
reisen, — vielleicht auch bei gegenseitiger fester Anstellung.

Uebrigens waren die Schößlinge dieser aufkeimenden
Liebe noch so zart, daß sie sich nicht an das Licht der Welt
getrauten. Kein Wort der Liebe kam über beider Lippen,
und was ihr Herz empfand, sagten nur freundliche, innige
Blicke, oder verrieth höchstens ein leiser Druck der Hand.
Außerdem richtete es die kluge Mutter auch so ein, daß sie
ohne alles Auffallen immer zugegen war, wenn die beiden
Leutchen sich sahen. Selbst zu den Proben und Aufführ=
rungen begleitete sie jetzt, der Schicklichkeit halber, die
Tochter; was sie um so eher thun konnte, als Constanze
das ganze Hauswesen übernommen. Die Mutter konnte
es ihr aber auch, trotz ihrer Jugend, anvertrauen, denn sie
war ernster, geschäftiger, anstelliger als je, und hätte —
der Führung der Haushaltung nach — für ein Mädchen
von achtzehn Jahren gelten können. Und mit welcher
Milde, Liebe und Freundlichkeit begegnete sie Jedem: den
Eltern, Aloysia und den jüngern Geschwistern. Alle
trug sie auf den Händen und erfreute sie durch Aufmerk=
samkeiten wo und wie sie konnte. Auch dem jungen Mo=
zart begegnete sie so; nur kam es diesem vor, als ziehe sie
sich bei seinem Erscheinen etwas mehr als früher zurück
und wenn er sie unerwartet freundlich ansah, so glaubte er
manchmal einen feuchten Glanz in ihren Augen zu be=
merken. Zu solchen Bemerkungen blieb Amadeus in=

dessen wenig Zeit; er mußte sich jetzt endlich mit Ernst um eine Stelle bewerben.

„Apropos, Sie bleiben in Mannheim?" — hatte erst jüngst die Gouvernante der Churfürstlichen Kinder, Frau von Zoller, zu Mozart gesagt, und zwar in einem Tone, welcher in dem Munde dieser, seiner freundlichen Gönnerin, eine angenehme Nachricht unter der Form einer Frage errathen ließ.

Mozart war davon nichts bekannt, obgleich die That= sache seinen liebsten Wünschen entsprochen hätte. Er äußerte sich also in diesem Sinne, worauf die Dame mit Erstaunen ausrief: „Das wundert mich. Mir sagte es neulich der Churfürst selbst. „„Apropos,"" — sagte er, — „„der Mozart bleibt den Winter hier.""

Das war nun freilich eine sehr freudige Nachricht. In der That eilte denn auch Wolfgang voll der glänzendsten Hoffnungen sofort zu dem Grafen Saviola. Da der Churfürst ihn zurückbehalten wollte, so konnte dies doch gewiß nicht in der Absicht geschehen, daß der junge Mann sein Geld in Mannheim verzehre, sondern damit er den Unterricht bei den churfürstlichen Kindern fortsetze, den er seither aus freien Stücken und unentgeltlich ertheilt hatte.

Beim Eintritt in das Palais des Intendanten begeg= nete Mozart dem Abt Vogler, der eben vom Grafen Saviola kam. An seiner Seite ging ein fein gekleideter Mann, dessen hohe Stirne und geistreichen Augen, trotz des leidenden und etwas melancholischen Aussehens den

bedeutenden Menschen verriethen. Vogler sprach sehr
verbindlich mit ihm, und stellte ihn, en passant, dem
jungen Künstler mit der Miene eines Gönners, als den
zukünftigen Director des Mannheimer Theaters, den
herzoglich Wolfenbüttel'schen Bibliothekar Dr. philosophiae Lessing vor.*)

Mozart war entzückt den berühmten Verfasser der
„Emilie Galotti" und der „Minna von Barnhelm"
kennen zu lernen, für den er längst in jugendlichem Enthusiasmus schwärmte. Als er diesem aber in dem Ueber-
strömen seines Herzens die Hoffnung aussprach: ebenfalls
hier eine Anstellung am Hofe oder an dem Theater zu
finden, flog ein so eisiges, spöttisches, ja diabolisches Lächeln über die Züge des Abtes, daß — hätte es Mozart
gesehen — ihm aller Muth und alle Hoffnung vergangen
wäre. Aber Wolfgangs Blicke ruhte glücklicherweise auf
dem edlen Antlitze des deutschen Dichters, während seine
kühne Phantasie ihm schon ein herrliches Zusammenleben
mit diesem großen Manne ausmalte.

Abt Vogler ließ indessen keinem längeren Gespräche
Raum. Er hatte eben Lessing gewürdigt, zu erfahren,

---

*) Der Versuch, Lessing für die Direction des Mannheimer
Theaters zu gewinnen, scheiterte, weil er bei Hofe die Gesinnung
nicht fand, wie er sie wünschte. Statt seiner überkam sie dann den
Händen Wolfgang, Heribert, Baron von Dalberg's,
eines Bruders des berühmten Coadjutors Karl Theodors, späteren
Fürsten Primas, und Vaters des von Napoleon creirten Duc de
Dalberg.

daß er sich mit der Untersuchung der philosophisch-musikalisch-ästhetischen Frage beschäftige: „Ob sich die Töne in einem weißen Zimmer besser ausnehmen als in einem schwarzen?" und setzte nun, — Mozart mit einem leichten Neigen des Hauptes entlassend — seinen Weg mit Lessing fort.

Amadeus lachte über den Abt und eilte doppelter Hoffnung voll, die Stiege hinauf.

Der Herr Intendant war sehr beschäftigt. Er sagte indessen doch in den verbindlichsten und artigsten Worten, daß er sich glücklich schätzen werde, seinen ganzen Einfluß zu Gunsten des Schützlings der Frau Gouvernante in Bewegung zu setzen. Ja er ließ Mozart hoffen, daß er möglicherweise den Titel und die Anstellung als Kammer-Componist erhalten werde, da die beiden Capellmeisterstellen schon besetzt seien.

Wer war seliger als Amadeus! Seine Angelegenheiten standen ja ganz nach Wunsch. Es handelte sich jetzt nur noch um die Unterschrift des Churfürsten, der doch sicher vor Begierde brennen mußte, dieselbe unter ein Decret zu setzen, welches ihm die Acquisiton des jetzt schon so berühmten Künstlers sichern sollte.*)

Indessen es vergingen wieder mehrere Tage und keine Antwort kam. Da meldete sich Mozart — auf Cannabich's und Weber's Zurathen — zu einer persönlichen Audienz bei dem Churfürsten. Aber es war, als ob

---

*) Oulibicheff I. Theil, Seite 100—101.

ihn sein guter Geist verlassen: erst traten einige Gallatage hindernd in den Weg, an denen es dem Intendanten unmöglich wurde, mit Sr. Durchlaucht zu sprechen. Nach diesen verzögerte eine Jagd den Abschluß der Sache; — und dann wieder kam ein Ausflug des Hofes nach Kirchheim=Boland, zu der dort wohnenden Prinzessin von Oranien dazwischen.

Da verlor endlich Mozart die Geduld. Ach! während er sich die Sohlen ablief, um eine seit Monaten erbetene entscheidende Antwort zu erhalten, hatte der Charlatan Vogler, der zwar ein Nichts gegen Mozart war, dafür aber den Hof und die Weiber an demselben besser kannte, die Gunst, die sich Mozart immer mehr zuzuwenden schien, zu unterminiren gewußt.

Man hatte Karl Theodor's väterliche Liebe zu beunruhigen gesucht, indem man auf die ungünstigen Folgen aufmerksam machte, welche die Veränderung des Lehrers auf die Schüler stets hervorzubringen pflege. Weiter setzte man mit giftiger Zunge hinzu: „Wer ist denn dieser Mozart, dem man den seitherigen Lehrer, der ein alter erprobter Diener ist, opfern will? Ein kleiner Abenteurer, mit zwölf Gulden Gehalt, den der Erzbischof von Salzburg aus seinem Dienste gejagt hat, weil er nichts kann, und den er hätte nach Neapel schicken sollen, um in dem Conservatorium daselbst die Musik zu erlernen."*)

---

*) Worte des Erzbischofs selbst, die Leopold Mozart dem

„Und ein solches Subjekt sollte Kammer-Componist an einem churfürstlichen Hofe werden?! Er sollte, was er selbst nicht versteht, Clavierspielen, die Kinder Sr. Durchlaucht lehren?!"

Diese und ähnliche Redensarten, durch Abt Vogler ausgestreut und Damen von Einfluß in den Mund gelegt, erreichten vollkommen den Zweck, den man beabsichtigte.

Mozart bemerkte auch in der That bald, daß der Graf Saviola, der früher so freundlich gewesen, ihm auszuweichen anfing. Er begab sich also wieder zu dem-selben und wieder begegnete ihm, diesmal im Vorzimmer, wie Unheil verkündend Abt Vogler. Der Abt grüßte kaum, Mozart that dasselbe. Bei dem Intendanten aber drang Wolfgang jetzt kategorisch auf eine Antwort. Der Graf zuckte die Achseln. Da aber war es aus mit Mo-zart's Geduld.

„Was?" — rief er — „noch keine Antwort?"

Saviola schob abermals die Schultern in die Höhe, als wolle er mit dem Kopfe wie eine Schildkröte in das Haus schlüpfen, rieb sich die Hände ganz verlegen und sagte:

„Bitte um Vergebung, aber leider Nichts?"

Da schoß dem jungen Manne das Blut zu Kopfe:

„Eh bien!" — rief er, seinen Hut zerdrückend, in ge-rechter Indignation — „das hätte mir der Churfürst auch eher sagen können. Uebrigens bitte ich Sie, Herr Graf,

---

Pater Martini in einem Briefe mittheilte. Oulibicheff I. Thl., S. 101. Nissen S. 346.

in meinem Namen dem Churfürsten zu danken, für die zwar späte, doch gnädige Nachricht."*)

Und sich leicht verbeugend verließ er in höchster Aufregung das Haus.

Also abermals eine schmerzliche Täuschung! Abermals ein ganz unnöthiges Monate langes Hinhalten; abermals ein vollkommnes Mißkennen seiner Fähigkeiten und ganz ungewöhnlichen musikalischen Kenntnisse und Leistungen!

Dort stand das schöne große Haus in dem Abt Vogler, der churpfälzische Vice-Capellmeister — wie ein kleiner Fürst eingerichtet und behandelt — wohnte. Er, den Mozart so schnell in seinen Schwächen durchschaut, der ein Nichts als Componist, Clavier- und Orgelspieler gegen Mozart war, dessen lächerliche musikalische Charlatanerien Amadeus aus dem Grunde seines Herzens verachten mußte .... dort wohnte er, in den glänzendsten Verhältnissen, geschätzt bei Hofe, gepriesen von der Welt, angestaunt von der geblendeten Menge. Und hier stand Mozart auf der Straße, ohne Amt und Anstellung, weggewiesen wie ein Stümper von drei deutschen Fürsten, die nicht wußten, daß er schon vor sieben Jahren von der ganzen italienischen Nation als bewunderter Liebling auf den Händen getragen worden, — die die Siege vergessen, welche dies glänzende Genie schon als Kind in Wien, München, Mannheim, Paris, London, in Holland

---

*) Mozart's eigene Worte.

und ganz Deutschland, als Knabe in Bologna,
Rom, Neapel und Mailand gefeiert.

Da stand endlich Mozart, um alle seine schönen Hoffnungen getäuscht; — dem Hohne und dem Spott eines
Menschen, wie Vogler, ausgesetzt, von dem — wie er
jetzt fest überzeugt war — sein ganzes Mißgeschick in
Mannheim ausging!

Es bedurfte in der That einiger Zeit, ehe sich die ge-
rechten Wallungen seines Blutes legten. Er fühlte dies
und ging daher, trotz Schnee und Eis, nach dem benachbarten Orte Neckarau.

Der Tag war schön. Die Sonne leuchtete herrlich
am rein-blauen Himmel und gab der weitausgedehnten
Schneelandschaft einen ganz eigenen Reiz. Dabei wehte,
von der in gefälligen Linien sich in der Ferne hinziehenden
Bergstraße her, eine frische kräftige Luft, die das Blut
kühlte und dem Körper Frische und Elasticität mittheilte.

Hätte Amadeus nicht das Verhältniß mit Aloysia
gehabt, er wäre schon nach der ersten Viertelstunde von
seinem Aerger und Mißmuthe geheilt gewesen; .... stand
ihm denn nicht die ganze Welt offen? Sagte ihm denn
nicht das Bewußtsein seines inneren Werthes, du wirst sie
einst doch noch Alle überragen? — Bei der Neigung zu
Weber's hübscher Tochter aber, war ihm ein Weggehen
von Mannheim jetzt ebenso peinlich, als er sich —
Weber's Cannabich's und Wendling's gegenüber —
der Abweisung schämte.

Kein Wunder daher, daß weder der schöne blaue

Himmel, noch die freundliche Sonne und die reizende Winterlandschaft die Falten seiner jugendlichen Stirne so schnell glätteten. Mit ungewöhnlichem Ernst schritt er vorwärts und es läutete gerade Mittag, als er in Neckarau einbog. Da nun sein Magen, wie es schien, so ziemlich neutral geblieben war, und es zum Mittagessen in Mannheim zu spät geworden wäre, kehrte er im Schwanen ein und verlangte ein Glas Wein und etwas zu essen.

Auch ein Genie!

Das Wirthshaus „Zum Schwanen“ in Neckarau war damals nichts mehr und nichts weniger als eine ganz gewöhnliche Dorfkneipe. Es gehörte schon Muth dazu, in das Haus zu treten, da dasselbe jeden Augenblick mit Einsturz drohte. In der Wirthsstube, die von Rauch und Dampf schwarz war, konnte ein großer Mann kaum aufrecht stehen; jedenfalls mußte er sich vor den Durchzugsbalken der Decke bücken. Dabei nahm ein großer viereckter von einer Bank umgebener Kachelofen, in den ein halber Wagen Holz hineinging, einen großen Theil des Zimmers ein, während den anderen rohe Holztische und Bänke ausfüllten. Auch litt das Zimmer nicht an übermäßiger Helle; denn obgleich die Einfachheit des damaligen Besitzers noch nichts von Vorhängen wußte, so hatte doch die Zeit durch das Erblinden der kleinen runden Scheiben von schlechtem

Glase dafür gesorgt, daß hier Niemanden das Sonnenlicht
zu grell in die Augen falle. Ja, um etwas auf der Straße
sehen zu wollen, mußte man nothwendigerweise die Fenster
zurückschieben. An irgend eine Verzierung des Zimmers
war nicht gedacht, man müßte denn ein paar schlechte Holz-
schnitte dafür nehmen, die, in altmodische Rahmen gefaßt,
an den schwarzbraunen Holzwänden hingen. Das einzige
Möbel aber, außer den Tischen und Bänken, war ein
Schenktisch und hinter demselben eine Art Buffet mit
Gläsern und sonstigen Wirthschaftsgeräthen. Hühner
sorgten dabei — als malerische Staffage — für Belebung,
indem sie, theils auf dem Boden, theils auf Tischen und
Bänken, nach Nahrung pickten, während die Katze behaglich unter der Ofenbank schlief und schnurrte. Solch' patri-
archalische Einfachheit herrschte hier, und doch war an
Sonn- und Festtagen der „Schwanen zu Neckarau"
schon in jener Zeit das Ziel der Mannheimer auf ihrem
Lieblingsspaziergange. Aber es war auch — trotz dem
engen, niederen und düsteren Wirthszimmer — alles gar
frisch und gut, was man hier bekam: Butter und Käse,
Kuchen und Braten, Kaffee und Wein. Ansprüche auf
Eleganz machte der Bürgersmann in jenen Tagen ja keine;
Einfachheit und Gediegenheit waren sein Motto, und eine
ganze Familie verausgabte damals bei einem Sonntags-
spaziergange weniger, als jetzt der Einzelne, der — getrieben von der Unruhe unseres Jahrhunderts — auf den
Flügeln des Dampfes seine Festfreude in tageweiter Entfernung sucht und doch — ohnerachtet der herrlichsten

Gärten, kostbarer Säle und rauschender Musiken — ge=
langweilt und unzufrieden heimkehrt. Heute, als an einem
Werktage und zur Mittagsstunde, war es freilich leer in den
kleinen aber gastlichen Räumlichkeiten des „Schwanens";
denn außer Mozart und der freundlichen Wirthin saß nur
noch eine Person auf der Bank am Ofen. Aber diese eine
Person, fiel Mozart gleich, als eine höchst merkwürdige
Erscheinung, in die Augen! Es war ein ganz junger Mann,
mit einem bildschönen Gesichte und feinen Zügen, pracht=
vollen blauen Augen und einem reichen blonden, lockigen
Haare, wie man es selten findet. Auch war das Haar
weder gepudert noch in einen steifen Haarbeutel zusammen=
geflochten, sondern prangte in natürlichem Wuchse und
voller Ursprünglichkeit auf dem Haupte des Jünglings
dessen schlanker Wuchs gar trefflich zu der feinen Gesichts=
bildung paßte. Was aber auf den ersten Blick auffallen
mußte, war seine Kleidung, die trotz der Kälte da draußen
gewaltig sommerlich erschien. Zwar bedeckten hohe Stiefel
die unteren Theile der Beine, aber die Strümpfe erlaubten
sich hie und da aus unverzeihlicher Neugierde etwas her=
vorzuschauen. Die kurzen Beinkleider von sehr abgetra=
genem hellgelbem Caschmir, machten jeden schon bei dem
ersten Ansehen frieren, und auch der dünne — einst sehr
schön gestickte, jetzt gewaltig fadenscheinige Rock, mit diver=
sen defecten Stellen an den Ellenbogen und die verblaßte
seidene Weste erhöhten das Gefühl der Behaglichkeit bei
dem Anblicke des jungen Menschen eben nicht. Von der
Wäsche konnte man nichts sehen, da die Weste bis unter

das Kinn zugeknöpft war, die Halsbinde aber, mit einer gewissen genialen Leichtigkeit in einen kühnen Knoten ge= schürzt, beliebte an ihren Enden in vielen Theilen ausein= ander zu gehen, d. h. sie war, wie der gemeine Mann sagt, an den Enden sehr zerrissen und zersetzt. Ein kleiner, vom Wetter mißhandelter Hut und so etwas von einem alten Mantel lagen neben dem jungen Manne auf der Ofenbank. Sonst sah man ebensowenig von Gepäcke zu seiner Seite, als etwas von Speise und Trank vor ihm auf dem Tische. Die Wärme des Ofens schien das einzige, an dem er sich erquickte. Erfroren genug sah er freilich aus, und doch lag, ohngeachtet der Blässe, die sein Gesicht bedeckte, ein gewisser heiterer Lebensmuth — ja man hätte beinahe sagen können: ein gewisser Spott über sich selbst und seine Verhältnisse in diesen Zügen.

Der junge Mozart war gewiß nichts weniger als ein Menschenkenner, aber das sagte ihm doch gleich nach den ersten Blicken sein gesunder Menschenverstand, daß er hier keinen so ganz gewöhnlichen Vagabunden vor sich habe. Schon der Eindruck den die ganze äußere Erscheinung machte, war der von etwas Abstoßendem und Anziehendem zugleich. Man fühlte: daß hier eine, von der gewöhnlichen abweichende Gemüthsstimmung und darauf gegründete eigene Art zu denken und zu handeln herrsche, wie sie oft genialen Taugenichtsen eigen ist. Aber gerade das war es auch, was Mozart, der unter des Vaters Obhut so streng erzogen war, peinlich berührte. Dazu kam seine eigene verdrießliche Stimmung, die ihn mit sich und seinen An=

gelegenheiten genug beschäftigte, und so gab er denn wenig
auf den jungen Wanderer acht; denn daß der junge Mann
von weit herkomme und zwar zu Fuße, bewiesen seine be-
schmutzten, von geschmolzenem Schnee noch ganz nassen
Stiefel nur allzusehr.

Es war daher Wolfgang sehr angenehm, als die
freundliche Wirthin eine Serviette vor ihm ausbreitete und
eine Schüssel mit Braten nebst einem Glase Wein vor ihn
hinsetzte. Und . . . . wie herrlich duftete der Braten in die
Nase des hungrigen Amadeus, der — o glückliche Jugend!
— über denselben den Abt Vogler, Saviola und den
Churfürsten sammt dem fatalen „Nichts" vergaß. Es
schmeckte ihm vortrefflich, und eben würzte er einen leckeren
Bissen mit einem kräftigen Schlucke Wein, als seine Blicke
unwillkürlich auf seinen Mitgast am Ofen fielen. Aber
welch' Gesicht!

Wäre Wolfgang nicht von Natur aus so gutmüthig
gewesen, er hätte laut auflachen müssen, so tragisch-komisch
war der Ausdruck desselben. Auch hier mochte der Duft
des Bratens gar verführerisch auf einen leeren Magen
gewirkt haben; denn der junge Mann schien das Aufschreien
desselben dadurch unterdrücken zu wollen, daß er beide
Hände auf demselben zusammenpreßte. Aber er verhinderte
dadurch nicht, daß seine Nasenflügel sich unwillkürlich
schnuppernd hoben, seine Augen groß und sehnsüchtig nach
der Schüssel blicken mußten, die Augenbrauen hohe Bogen
machten und ein tiefer Seufzer seiner Brust entstieg.

Dennoch mußte auch er lächeln, als jetzt seine Blicke

mit jenen aus Mozarts Augen zusammentrafen. Er fühlte die traurig-komische Figur, die er spielte und sagte:

„Es ist doch etwas jammervolles um den menschlichen Leichnam und seine Schwächen! Die innere Regsamkeit eines frohen Genius ist wie ein schöner Maientag, der alles Aprilwetter verdrängt und mit Allem spielt, mit dem Leben und seinen Neckereien, wie mit allen Schwierigkeiten und Gefahren. Aber vierundzwanzig Stunden ohne zu essen, machen gleich wieder aus dem schönsten Maientag einen Decembermorgen."

Mozart schaute erstaunt auf; das war nicht die Sprache eines Vagabunden, und dann: wie lange hatte der arme Mensch gehungert?

„Ich will nicht hoffen!" — sagte er rasch — „daß Sie wirklich vierundzwanzig Stunden nichts gegessen haben?"

„Auch ich hatte es nicht gehofft, daß es so kommen würde," — entgegnete der Andere — „aber ein altes Lust=spiel sagt: „Der Hoffnung traun und einem Liebesschwur, das kann im Traum ein Träumer nur!"

Aber jetzt wußte Amadeus auch zweierlei: einmal mit wem er es zu thun, und dann, was er zu thun habe.

Er forderte noch eine Portion Braten und noch ein Glas Wein und lud dann den jungen Mann ein, mit ihm zu speisen. Aber wer beschreibt nun die Verklärung, die bei dieser Einladung über das hungrige Gesicht des jungen Mannes lief! Es war das plötzliche Auffinden einer Oase mitten in einer Wüste, nach Wochen langer Entbehrung — ein grünes Plätzchen zwischen Gletschern! eine Gold=

küste nach tausend Stürmen auf hoffnungslosem Wrak! Ziererei und Complimente kamen daher nicht vor — aber ein freudiger und dankbarer Blick traf Wolfgang, als sich sein vagabundischer Gast mit vielem natürlichen Anstande erhob und neben ihm niedersetzte.

Jetzt aber folgte eine stumme und doch äußerst beredte Scene. Es war die Consummation des Bratens und Weines. Ein strahlenderes und glücklicheres Gesicht, als das, des hier Speisenden, hatte Mozart noch nicht gesehen. Der Glückliche sprach kein Wort, aber sein Mienenspiel war während des Kauens und Schluckens so beredt, daß Engel in seiner „Mimik" ein ganzes Kapitel darüber hätte schreiben können. Eine Ode an den freundlichen Geber und eine Hymne an den Genuß sprachen sich in dem Spiele der Gesichtsmuskeln und dem wechselnden Ausdrucke der Augen aus, so daß Wolfgang überzeugt war, einen vortrefflichen Schauspieler vor sich zu haben.

Endlich war die Schlacht geschlagen und der Jüngling setzte das geleerte Glas zu dem leeren Teller mit dem Ausrufe:

„So hat es mir in meinem Leben noch nicht geschmeckt!"

Selbst die Wirthin mußte hier lachen, und zum Beweise, daß auch sie ein Herz im Busen trage, schenkte sie jetzt freiwillig dem hübschen jungen Gaste ein zweites Glas ein. Er kneifte sie dafür in die Wangen und sagte, mit seinen strahlenden blauen Augen sie anblitzend:

„Es gibt doch noch immer gute Seelen, und ich habe

recht, wenn ich behaupte: man muß von dem Leben das Leben ertragen lernen."

Ein tüchtiger Zug auf das Wohl der freigebigen Wirthin bekräftigte diesen Ausspruch; Wolfgang aber, der nun doch auch gern wissen wollte, mit wem er es zu thun habe, sagte lächelnd:

„Ihr scheint mir ein ganz absonderlicher Philosophe zu sein."

Der Angeredete schüttelte mit jovialer Miene den Kopf, dann rief er:

„Kennt Ihr den Wallfisch des Asmus, Herr?"

„Nein!" — sagte Amadeus.

„Nun seht! wie dieser bald durch die Tiefe des Meeres fährt, daß den Wassergeschöpfen kaltes Fieber ankommt, bald heraufstößt in die Höhe und mit Dreimastern spielt; wie ihm das Alltagpack der Gewässer ein Gerippe ist, das der Wind hin und her treibt, eine Witterung für die schwarzen und weißen Bären, die — über Eisschollen kommend — hungrig daran nagen, ... so bin ich ein Junge, nicht gerade ein gelungener, aber ein fideler, ... und ..... und so sind mir die Menschen Witterung und Futter der Alltäglichkeit!"

„Aber!" — sagte jetzt Mozart heiter — „eines scheint Euch doch an Eurer Fischnatur zu fehlen, die Flossen, sonst würdet ihr euch mehr über Wasser halten."

„Allerdings!" — versetzte jener mit einem humoristischen Blick auf seinen abgeschabten und zerrissenen Rock und sein altes kahles Hütchen — „ich und meine Freunde da, wir haben Haare lassen müssen. Aber mein Herr, das ist in der ganzen Welt so — das ist Naturgesetz! Die Lerche schwebt singend zwischen Himmel und Erde .... aber .... sie muß doch wieder herunter, und da fängt sie in neblichen Tagen das Unglück in seinem Netze!"

„Und wollt ihr mir nicht etwas von eurem Geschicke mittheilen?" — frug Wolfgang weiter.

„Sehr gerne!" — sagte der junge Mann. — „Der Hauptfehler des Menschen ist, daß er so viele kleine Fehler hat. Diese kleinen Fehler aber lernen wir nie besser kennen, als wenn wir unser Leben im Spiegel der Erinnerung betrachten. Da liegt Selbsterkenntniß! Sie sehen also, mein freundlicher Herr, daß Sie recht haben, und ich gewissermaßen Philosophe bin."

„Dann werden Sie auch der Wahrheit beipflichten ohne Selbsterkenntniß keine Besserung!" — meinte Mozart.

„Besserung?" — rief jener achselzuckend. — „Mein Verehrter, ich gebe mich immer in meiner wahren Gestalt, und da muß ich denn gleich vornherein gestehen: auf Besserung halt' ich verflucht wenig. Thut was Ihr wollt, der alte Adam kommt doch immer wieder! .... und wie sagt der große Shakspeare?

„Was ihr da sprecht, ich glaub es, denkt ihr jetzt;
„Nur bricht man oft, was man sich vorgesetzt.
„Vorsatz ist an Erinnerung gebunden,
„Kommt stark zur Welt, wird schwächer mit den Stunden!"

Und so mag es denn auch gekommen sein, daß aus meinem Vorsatze: Philosophe zu werden — wenn auch nur in der Weise eines Diogenes — nichts ward; wogegen ich mich, da am Ende die ganze Welt doch nur eine Bühne ist, dem Schauspielfach widmete."

„Also Schauspieler sind Sie? und Ihr Name?"

„Lange."

„Und wo engagirt, wenn ich fragen darf?"

„Im Augenblick nur bei unserem Herrgott, und zwar als sehr schmaler Kostgänger, wie Sie sehen."

„Aber von was leben Sie?"

„Ich mache es wie die Nachtigall: sie unterbricht ihre schmelzenden Töne, wenn sie Hunger hat und sucht Würmer. Ein solches Würmchen, was ich suche, ist die Aussicht auf ein neues Engagement und wenn es auch vor der Hand das unbedeutendste wäre!"

„Aber so, wie Sie sind . . . . ."

„Kann ich nicht in die Stadt, das weiß ich!" — rief Lange lachend, indem er aufsprang und sich in seiner ganzen so komischen als jämmerlichen Erscheinung Mozart zeigte.

„Aber was thun?"

„Ja!" — sagte die freundliche Wirthin jetzt, die mit großer Theilnahme dem Gespräche bis dahin zugehört — „wenn man nur bis morgen für einen anständigen Anzug sorgen könnte. Ueber die Nacht könnte ich den Herrn schon unentgeldlich beherbergen, da mein Mann über Land gegangen und seine Kammer also frei ist."

„Göttliche!" — rief Lange und ein Feuerblick flog nach der Sprecherin: — „Ich rufe mit Romeo's Julia:

„Mein Danken und mein Lieben ist an gränzenloser Tiefe
dem Meere gleich: ich habe desto mehr, je mehr ich
gebe: Beides ist unendlich!"

Mozart hatte, in Gedanken verloren, den letzten Theil
des Gespräches überhört. Vernunft und gutes Herz waren
in seinem Inneren in ein kleines Scharmützel gerathen,
aus dem indessen das Letztere siegreich hervorging.

„Ich will Ihnen morgen" — sagte er daher jetzt zu
Lange — „einen Anzug von den drei Anzügen, die ich
besitze, herausbringen. Versuchen sie dann in Mannheim
ihr Heil!"

Lange war äußerst erfreut und nahm natürlich dies
Anerbieten mit offenen Armen auf, obgleich er weder große
Complimente dabei machte, noch etwas von Zurückgabe des
Anzuges sprach, da es sein Grundsatz war: nichts zu ver=
sprechen, was man nicht halten könne; nur bat er seinen
freigebigen neuen Freund, nicht zu vergessen, auch ein
feines Hemde beizulegen, denn er liebe namentlich feine
Wäsche, und die sei auch das Empfehlendste bei Besuchen.
Mozart versprach es gutmüthig; der arme Mensch war
ja gar zu sehr abgebrannt und er hatte dann immer noch
fünf andere. Daran dachte er übrigens nur im Fluge.
Lange's heiteres und dabei wirklich geniales Wesen gefiel
ihm zu sehr, als daß er an etwas anderes hätte denken
können. Er ließ daher abermals die Gläser füllen und
sagte im glücklichen Vergessen des eigenen Mißgeschickes:

„Aber jetzt, mein Herr, auch die versprochene Erzäh=
lung über die Art und Weise, wie Sie hieherkamen!"

„Gut denn!" — rief jener. Die Wirthin setzte sich näher und Lange begann:

„Ich war von jeher ein sonderbarer Kauz, der sich nicht von der Meinung Anderer oder von der Gewohnheit einschränken ließ, sondern alles sagte und that, was ihm in den Sinn kam. Andere Menschen verschließen ihre wahre Denkungsart und ihr innerstes Wesen in sich, oder richten sich nach klug berechneten Absichten ein, oder fügen sich den Gesinnungen und Launen Anderer. Das konnte ich von jeher nicht; es ist eben meiner Natur zuwider, die ungebundene Freiheit verlangt. Im Gegentheile: bei mir treibt so zu sagen, die Seele jeden Keim von Gedanken gleich so weit heraus, daß er nicht nur gesagt werden, sondern auch als That ins Leben treten muß. Bei Leuten von gemeiner Seele führt ein solcher Charakter — das begreife ich wohl — zu alltäglichem, niederem, abgeschmacktem und unerträglichem Zeug, für sie ist Politesse und Zwang der Gewohnheit so nothwendig, wie Kleider für häßliche Körper; wem aber Kopf und Herz auf dem rechten Flecke sitzt, da darf man sich schon seinen Eingebungen überlassen und gewöhnlich sind solche Menschen besser, als so gar manche, die die Maske des Anstandes tragen."

„Völlig einverstanden!" — sagte Mozart. — „Ich fühle die Wahrheit dieses Ausspruches in mir selbst."

„Nur scheint doch bei Ihnen ein solideres Wesen den Extremen vorgebeugt zu haben!" — meinte Lange. — „Ich habe leider durch meine Erziehung nie etwas von so-

genannten guten Grundsätzen erfahren, und so bin ich bei
dem besten Herzen von der Welt — denn wahrhaftig, ich
habe ein gutes Herz! — zu einem gränzenlosen Leichtfuße
geworden, der bis jetzt mit dem Motto: „Man muß nicht
sich den Sachen, sondern die Sachen sich unterwerfen!"
leicht wie eine Feder durch das Leben flog. Daß mir unter
solchen Umständen der Schauspielerstand am meisten zu-
sagte, ist natürlich. Von Außen und Innen dazu begabt,
gefiel ich auch: und als vor einigen Monaten der Winter
heranrückte, hatte ich schon im Voraus den Contract für
ein Engagement in Ulm in der Tasche, wo eine gewisse
Madame Garve die Direction des Theaters übernommen.
Aber . . . . weiß der Teufel! mit Geld verstand ich nie
umzugehen und noch weniger mich einzutheilen oder einzu-
schränken. In Heidelberg fand ich Jugendfreunde; da
gab es denn — im Vertrauen auf den Contract in der
Tasche und das Aufgeld, was ich erhalten, ein Götterleben.
Die Tage, die ich hier bleiben wollte, wurden zu Wochen,
die Wochen zu Monaten . . . . und mein Geld . . . . ." —
Lange blies hier mit unübertrefflicher Komik über die
flache Hand — . . . . „zu Null und Nichts!" . . . .

„Aber was that das? . . . . Mildorus sagt in „Car-
thagos Fall:

„Geld ist ein Nichts, und eines Krösus Schatz ein Hauch,
„Wenn zwanzig Jahr', vereint mit kühnem Geist,
„Die Thore einer Welt vor deinen Augen öffnen!"

„Ich hatte aber die Welt nicht zu durchreisen, sondern
nur die alte ehrwürdige Reichsstadt Ulm aufzusuchen,

dort war ich, laut meines Contractes, Krösus! Ich that's, und bis nach Heilbronn ging's auch vortrefflich. Aber hier war es eben wieder so schön, und als ich endlich abermals an's Weiterreisen dachte, da fanden sich — o Schrecken der Schrecken — noch ein Gulden und einige Pfennige vor."

„Was war zu thun? — Man muß nicht sich den Sachen, sondern die Sachen sich unterwerfen! dachte ich. Ein junger Kerl, wie du, kann auch marschiren, und Ulm lag ja nicht aus der Welt. Es wäre am Ende auch ganz vortrefflich gegangen, hätte ich nur nicht zwei Gefährten gehabt."

„Und die waren?" — frug die Wirthin hier neugierig, ihre Blicke mit Vergnügen auf der schönen Gestalt und den schönen Zügen des Jünglings ruhen lassend.

„Hunger und Durst!" — rief Lange lachend, und ein frischer Zug aus dem vollen Weinglase bewährte, daß er diese Bekanntschaft noch nicht aufgegeben. „Mit einem Wort, in Geislingen waren noch achtzehn Pfennige der Rest meines Vermögens, und die gingen als Trinkgeld auch zum Teufel, als mich ein gutmüthiger Schwabe, der mit seinem Viehwäglein leer nach Ulm zurückfuhr, aus gutem Herzen anflud und mitnahm. Da lag ich nun, ein Sohn der hehren Kunst, wo sonst das Kälblein blökend ausgestreckt: ein elend Nichts, vom Hunger wehgekrümmt und von dem Durst" .... und Lange schlug hier mit lauter, wohltönender Stimme an und sang mit so seligem Ausdruck, daß die beiden Andern laut lachen mußten:

„Sein Glück für einen Apfel geben,
„O Adam! — — Wie? wenn Saft der Reben
„Die Probefrucht gewesen wär? — —
„Das Paradies wär' auch nicht mehr."

Es war wirklich ein so liebenswürdiger Leichtsinn, der aus dem jungen Manne sprach, daß Wolfgang längst jede Zurückhaltung abgeschüttelt und den neuen Bekannten in der That lieb gewonnen hatte. Er reichte ihm daher jetzt auch die Hand, schüttelte sie treuherzig und rief:

„Sie sind ein Götterjunge!"

„Weiß nicht!" — entgegnete Lange — „damals wenigstens empfand ich nichts von Göttlichkeit in mir; philosophirte aber desto mehr über die Schwächen der menschlichen Natur. Endlich, endlich! kamen wir, bei einbrechender Nacht in Ulm an, und da mein Schwäblein im Pflug einkehrte, that ich es auch."

„Aber" — rief jetzt Lange, die rechte Hand wie ein Fürst zwischen den Knöpfen seiner abgetragenen seidenen Weste in die Brust steckend, mit der Miene und Würde eines Königs: — „Ulmer Pflaster unter den Füßen und ich war wieder Krösus! — In der Tasche stack ja mein Contract und Madame Garve konnte Vorschuß nicht verweigern. Im Pflug war es denn auch nicht übel, obgleich es ein Wirthshaus untergeordneten Ranges. Die Wirthin mit sechs Töchtern, von denen immer eine netter wie die andere war, empfingen mich ganz artig; denn ein schmuckes Kerlchen bin ich eben doch — und damals sah ich auch im Aeußeren flott aus, obgleich ich nichts mein

nannte, als was ich auf dem Leibe trug. Gestehe ich's
aber: jenen Abend hatte ich nicht einmal für die Schönheit
der sechs Wirthstöchter Sinn. Wenn man so weit gegangen
ist, wie ich in jenen Tagen und von Heilbronn bis Ulm
von einem Gulden sechs Pfennigen gelebt hat, so kennt
man nur noch drei Sterne am Himmel des Lebens: essen,
trinken und schlafen. Ich ließ mir also flott auftragen —
versteht sich alles im Bewußtsein des Contractes in der
Tasche — und da ich immer nobel war, so regalirte ich
auch mein Schwäblein, das mich so edel auf seinem Viehwäglein in den Hafen meines Glückes spedirt. Erkundigungen einzuziehen war ich zu müde und mein linkes Bein
schlief schon, als mein rechtes noch vor dem Bette stand."

Lange hielt hier einen Augenblick inne; aber seine
Gesichtsmuskeln spielten fort, wie die Musik in einem
Zwischenacte. Man sah in seinen Zügen Abspannung,
Ruhe . . . . dann aber ein plötzliches Aufblitzen — gleichsam
die Vorbereitung zu einem großen Schlage: die Augen
öffneten sich mit einem tragisch-komischen Ausdrucke weit,
die Stirnhaut mit dem schönen blonden Haare hob sich,
während die Lippen, dicht aneinander gepreßt, gleichsam
die Rede noch zurückhielten. Das alles war indessen nicht
gemacht, sondern ganz unbewußter Gedankenausdruck und
das Spiel eines Momentes.

Aber auch dieser Moment war der Ungeduld und Neugierde der Wirthin zu lange; sie rief also ein anspornendes:
„Nun?!" und Lange fuhr fort:

„Die Sonne stand schon hoch am Himmel, als ich den

anderen Tag erwachte! Natürlich war mein erster Gedanke: Victoria! du bist in Ulm .... in Ulm, wo man
bald deinen Talenten Lorbeer ftreut, ... in Ulm, wo die
Madame Garve mit Sehnsucht auf dich wartet .... in
Ulm, wo die gute Garve dir noch heute Morgen einen
Vorschuß zahlt! Ich würde in diesen wonnigen Gefühlen
und rosigen Träumen noch länger im Bette geblieben sein,
wenn nicht die Sehnsucht nach einem tüchtigen Frühstücke
— ich war niemals Idealist — überwogen hätte. Rasch
also heraus, ... sich vor dem Spiegel so schön und liebenswürdig gemacht, als möglich .... und dann hinab. Da
saß die alte Henne vom „Pflug" mit ihren sechs Küchlein
beim Frühstück. Ich mußte gestern schon gefallen haben,
denn ich wurde sogleich eingeladen mitzufrühstücken, was
ich natürlich nicht ausschlug. Daß ich dabei den Galanten
machte, versteht sich von selbst. Aber alles Irdische ver-
geht, auch Rom und Karthage sanken .... und so kam gar
rasch auch die Zeit der völligen Vernichtung alles dessen,
was zum Frühstücke aufgetragen war. Nun wollte aber
auch die gute Alte gern ihre Neugierde befriedigt haben
und frug daher: wer ich denn sei und was ich in Ulm zu
thun gedenke. Jetzt war ich auf dem rechten Pflaster, es
galt meiner Ehre als Künstler .... und Ehre .... was
sagt der große Britte:

„Ein zehnfach wohl verschloß'nes Kleinod heißt
In einer treuen Brust ein kühner Geist.
Ehr' ist mein Leben, Beid in Eins verweben:
Nimm Ehre mir .... mein Leben ist zerstoben.

Laß sie mich drum bewähren mit dem Schwerte,
In der ich leb', für die ich sterben werde!"

„Ich warf mich also in die Brust und sagte: Madame,
ich bin Schauspieler und zwar Mitglied der Gesellschaft
der Madame Garve hier. Bei diesen Worten sahen sich
Mutter und Töchter an, und in ihren sanften Blicken lag
die stille Frage: fehlt's oben, oder ist's Schwindel? — Ich
verstand das freilich damals nicht und hielt es nur für ein
stummes Anstaunen meiner Größe, wunderte mich aber
sehr, als die Wirthin fragend wiederholte:

„Bei welcher Gesellschaft?"

„Nun," — sagte ich zum zweitenmale: — „Bei der Gesellschaft der Madame Garve."

„Garve? Kennt ihr eine Frau Garve hier?" — frug
nun die Mutter die Töchter und sechs edle Häupter ant-
worteten mit Kopfschütteln. Das verletzte mein Künstler-
Bewußtsein."

„Sie scheinen mit den hiesigen Theaterverhältnissen
wenig bekannt!" — sagte ich daher.

„Ja, da ist auch wenig bekannt zu sein!" — rief die
Alte — „denn das alte Rattenloch von Theater steht ja
seit Jahren ungebraucht da!"

Ich verbiß, des Frühstücks wegen, das „Rattenloch"
und sagte nur mit noch stolzerem Tone:

„Aber diesen Winter wird dafür das „Rattenloch"
zu Thaliens Tempel werden. Madame Garve...."

„Kommt nicht!" — sagte in diesem Momente die

tiefe Stimme eines ältlichen Mannes, der unter der Zeit unbemerkt eingetreten war.

„Kommt nicht?!?" — wiederholte ich mit erstarrenden Lippen — „und warum nicht?"

„Weil sie abgeschrieben hat. Sie ist auch bereits nach Inspruck und Tyrol abgereist."

„Wenn die Posaunen des jüngsten Gerichtes über mir zusammengeschmettert hätten, ihr Ton würde mich nicht so furchtbar berührt haben, als diese Nachricht."

„Die Garve kommt nicht!" — rief es in mir . . . . „und dein Contract! . . . . und der Vorschuß: . . . . und keinen Kreuzer Geld mehr! . . . . und gestern Abend hier im „Pflug" schon Pump von einer doppelten Portion Spätzel, zwei Portionen Rinderbraten, zwei Kannen Bier und Nachtquartier! . . . . und die Garve kommt nicht?! — — — — und du, eben noch Krösus, was bist du jetzt?" . . . .

Lange hielt inne. Entsetzen stand in seinen Zügen, als ob dieser fürchterliche Schlag ihn eben getroffen. Sein Antlitz glich dem Gorgonenhaupte, und selbst seinen beiden Zuhörer schlug das Herz ängstlich, als wären sie in der erwähnten verwünschten Lage.

„Ich konnte das Ding nicht glauben!" — fuhr Lange nach einer kleinen Pause fort. Sprach dies auch lächelnd aus und sagte, ich wolle mich erkundigen. Eine der Töchter, deren Herz am mitleidigsten und deren Verstand am schärfsten — denn sie erkannte gleich meine Lage — nannte mir nun die Wohnung verschiedener Leute, die die Sache genau

wissen mußten: eines alten kranken Souffleurs von früheren Jahren, eines lahmen Musikers des Theaters,
respective „Rattenloch-Verwalters" u. s. w. Ich
ging . . . . nein ich lief. Bei dem Souffleur, der, als
ich kam, gerade im Sterben lag, gab's nichts mehr zu souf-
fliren und zu berichten. Der lahme Musiker bestätigte.
Nun — dachte ich — das wird schön! — also nach
dem „Rattenloch" selbst. Der Herr Verwalter bestätigte. Noch schöner. . . . . Die Polizei bestätigte abermals. . . . . . Am schönsten!"

„Was nun machen!? — Es war Mittag . . . . nach
Hause gehen? . . . . nicht um die Welt; ich spürte auch zum
erstenmale in meinem Leben keinen Hunger. Aber wie
nach einer durchtanzten Nacht die Musik, so gingen mir
unaufhörlich — einem Mühlrade gleich — die Gedanken
durch den Kopf: „Die Garde kommt nicht! . . . . und dein
Contract! . . . . und der erwartete Vorschuß! . . . .
und auf Pump schon eine doppelte Portion
Spätzel, zwei Portionen Rinderbraten, zwei
Kannen Bier und ein Nachtquartier! . . . . und
was nun? . . . . und was morgen und die nächste
Zeit?!"

Lange hatte im Eifer Mozart's Arm gefaßt und
drückte ihn krampfhaft; Mozart aber — in seiner
Herzensgüte ganz vergessend, daß es sich von vergangenen
Zeiten handle — wollte eben sagen:

„Kommen Sie zu mir!" Als er sich noch zur rechten
Zeit besann und seine Verlegenheit mit einem Schlucke

Wein hinunterspülte. Die Wirthin aber, dem Erzähler
näher rückend, rief ungeduldig:

„Nun? und weiter?"

„Ja!" — sagte Lange jetzt wieder lachend — „weiter?
Das wußte ich eben nicht, wie's weiter gehen sollte. Ich
lief daher wenigstens zwanzigmal um die Stadt herum,
um einen guten Gedanken zu erwischen . . aber mein
Kopf war leer wie mein Beutel! Endlich mußte ich aber
doch nach Hause. Ich faßte Muth, rief: Man muß nicht
sich den Sachen, sondern die Sachen sich unterwerfen!
und faßte den einzigen vernünftigen Entschluß, der zu
fassen war: meiner guten Wirthin und deren Töchtern die
reine Wahrheit zu sagen!"

„Diese aber hatten bereits alles errathen und fürch=
teten schon, ich hätte Bekanntschaft mit der Donau gemacht.
Denn als ich mich dem „Pflug" näherte, stand ein
Mädchen nach rechts und eines nach links auf der Straße
als Wache ausgestellt, und als die rechte mich sah, erfüllte
der Freudenruf: „Er kommt!" das ganze Haus. Jetzt
ging's an ein Fragen und Vorwerfen, warum ich nicht
doch zum Tische gekommen sei, bis ich mit meiner Beichte
herausrückte. Da war denn freilich guter Rath theuer,
bis ich auf den guten Gedanken kam: ich wolle, wenn man
mich einige Wochen auf mein ehrliches Gesicht hin auf
Pump behalte, jede Woche eine Abendunterhaltung geben.
Richtig:

„Ich bin der Meister!" spricht das Schicksal, — „aber
ich nicht dein Sklave!" spricht der Mensch, und dem

Schickſal war der Stachel abgebrochen, man acceptirte
mich auf mein ehrliches Geſicht hin."

„Und die Abendunterhaltungen?" — rief Mozart
erſtaunt — „brachten Sie die allein fertig?"

„Wollen iſt zwar noch nicht vollbringen!" — entgeg=
nete Lange, jetzt wieder im vollſten Humor, — „aber:
in magnis voluisse sat est!" — ſagte immer mein alter
Schulmeiſter, was — ſo viel ich weiß — heißt: Bei
großen Unternehmungen genügt auch ſchon der Wille! Ich
lieh' mir eine Guitarre, ſang, declamirte, führte Scenen
aus dem Gedächtniſſe aus, improviſirte kleine Luſtſpiele,
in welchen ich ſelbſt zwei oder drei Rollen ſpielte und ſiehe
da.... es ging einige Monate vertrefflich, bis die guten
Ulmer das Ding müde und mein Geld wieder alle ward.
Als aber nun gar die „Gutmüthige" von den ſechs
„Pflug=Töchtern" anfing, mich platoniſch zu lieben und
in kleinen Briefchen von Liebe und .... von Heirath
ſprach, — die zweite mich mit ſüßem „Ach!" und „Oh!"
beſtürmte und die jüngſte mit mir durchgehen wollte, da
war meines Bleibens nicht mehr! da erblickſt du

> „Geduld, du junger, roſenwangiger Cherub,
> „Und blickteſt gräßlich wie die Hölle!"

Mein edles „Ich!" empörte ſich:

> „Sollt ich Verrath in jene Wohnung tragen,
> „Die mir ſo freundlich ihren Schooß erſchloß?
> „Wo ich des Guten, ach! ſo viel genoß;
> „Sollt ich die Güte denn mit Undank ſchlagen?"

Nein! — dachte ich — — bezahlte mit meinem letzten Heller meine Zeche . . . . mit einigen Dutzend Küssen all' die Liebe . . . . und schied von Ulm, wie ich gekommen war . . . . all' meiner Hab', all' meines Geldes baar!"

Lange hatte in humoristischem Pathos geschlossen und leerte jetzt mit einem Zuge sein Glas. Dann rief er lustig:

„Das ist die Geschichte, die mich hier hergebracht und mir das Vergnügen verschafft hat, auf's neue eine liebenswürdige Wirthin und einen uneigennützigen Freund kennen zu lernen."

„Nun," — sagte Mozart, der jetzt erst bemerkte, daß es schon spät geworden sei, mit heiterer Miene. — „Sie sind zwar, wie mir dünkt, ein sehr leckerer Zeisig, mein lieber Lange, aber doch ein netter, genialer Kerl. Ich bringe Ihnen morgen den versprochenen Anzug." . . . .

„Und das Hemde!" — fiel Lange ein.

„Und das Hemde!" — bestätigte Wolfgang lachend — „und dann will ich Sie mitnehmen und dem Intendanten vorstellen. Hoffentlich findet sich etwas für Sie, und dann denke ich, werden Sie auch etwas solider!"

„Glaub's kaum!" — entgegnete Lange mit komischer Gutmüthigkeit; dann rief er im Pathos, wie Horatius in seinen fünf bekannten Versen:

„Der Jüngling ohne Bart, von seinem Hüter endlich
„Befreit, hat Lust zu Pferden und zu Hunden;
„Er liebt im sonnenreichen Circus sich herum
„Zu tummeln, nimmt wie Wachs des Bösen Eindruck an,

„Weist guten Rath und Warnung trotzig ab,
„Denkt immer an das Nützliche zuletzt,
„Verstreut sein Gold wie Sand, ist stolz und rasch
„In seinen Leidenschaften: aber läßt,
„Was er mit Hitze kaum geliebt, gleich schnell
„Für etwas Neues, das ihn anlockt, fahren.

...... Indessen," — fügte er hinzu — „man kann's ja mit der Solidität einmal probiren!"

Mozart lachte, bezahlte jetzt und ging.

„Ein netter Mann!" — sagte Lange, ihm nachsehend — „und eine edle Natur! ... Aber da hab' ich nun wieder in meinem Leichtsinn vergessen zu fragen: wer er ist und wie er heißt! Doch — was liegt an Namen und Stand ..... er ist ein guter Mensch, und das ist genug!" und er sang der Wirthin, die sich auf die Ofenbank gesetzt, manch' Schelmenliedchen, bis diese das Licht nahm und ihm die Kammer ihres Mannes zeigte.

———————

Mißtöne.

~~~~~~~

Mozart hatte den kommenden Tag eigenhändig, in einem kleinen Bündel zusammengepackt, seinen zweitbesten Anzug, benebst einem seiner feinen Hemden, Herrn Lange nach Neckarau in den „Schwanen" gebracht. Auch einen besseren Hut hatte er unaufgefordert beigelegt und freute sich nun herzlich, als sein neuer Bekannter so ausstaffirt aus des Schwanenwirthes Kammer trat. Der bildschöne junge Mann sah in der That sehr stattlich aus, und jetzt erst zeigte sich, wie fein und anmuthig er sich zu bewegen wußte.

Die Wirthin verschlang ordentlich mit triumphirenden Blicken die schöne Gestalt, und es war ausgemachte Sache, daß Lange jetzt allen unbewachten Frauenherzen sehr gefährlich werden könnte. Mozart aber freute sich über sein Werk wie ein Kind. Die edle, gute Seele war ja so

uneigennützig, daß sie bei dem Anblick des fremden Miß=
geschickes gar nicht an die eigenen schwierigen Lebensver=
hältnisse dachte!

Ach! hätte seine Mutter gewußt, was er hier im Ueber=
maß der Güte gethan, sie wäre verzweifelt, und zwar um
so mehr, als sie der kluge Vater ja gerade dem Sohne mit=
gegeben, weil er dessen übertriebene Herzensgüte und Frei=
gebigkeit neben seiner völligen Nichtachtung alles Geldes
und Geldeswerthes kannte. Aber die gute Frau erfuhr
die Sache erst, als sie nicht mehr zu ändern war, und nach=
dem sie Anzug und Hemd stundenlang gesucht und sich bis
zur Nachhausekunft Wolfgangs über den Diebstahl die
Augen roth geweint hatte. Was half es nun, daß sie die
Hände über dem Kopf zusammenschlug, Amadeus küßte
sie so lange und war so zärtlich, sprach auch so schön von
wiedergeben, daß die gute Mutter endlich schweigen mußte;
aber sie ging doch noch den ganzen Tag herum und schüt=
telte den Kopf.

Freund Lange war unterdessen kreuzfidel. Von Mo=
zart dem Intendanten vorgestellt, hatte er demselben durch
sein gewinnendes Aeußere sogleich gefallen, und der Mann,
der gestern das erste musikalische Genie seiner Zeit mit
Achselzucken abgewiesen, engagirte heute ohne alles Weitere
und nur auf eine kleine Probe hin, den ihm sonst ganz un=
bekannten Lange.

Ein anderer Mensch wie Mozart würde sich sowohl
durch dies Benehmen des Grafen Saviola, als auch
durch diese Ironie des Schicksals aufs Tiefste gekränkt und

verletzt gefühlt haben. Amadeus nicht! . . . . seine
Freude an Lange's Anstellung war von kindlicher Unbefangenheit, und als ihn dieser nun — auf sein neues Engagement hin — auch noch um ein kleines Anleihen in
Geld bat, so gab er ihm auch dies noch.

Aber wie stand es denn nun mit seinen eigenen Angelegenheiten? Er hatte sie über den neuen Bekannten ganz
vergessen! . . . . vergessen, und doch galt es nun vor
allen Dingen hier Rath zu schaffen. Aber da war freilich
guter Rath theuer!

Von dem Churfürsten abgewiesen, lag allerdings die
Weiterreise nach Paris am nächsten. Mozart hätte
sich darüber auch — trotz der ungünstigen Jahreszeit —
gar nicht besonnen, wenn . . . . ja wenn ihn sein Herz nicht
an Mannheim gekettet hätte! Aber der Gedanke, sich jetzt
schon wieder von Aloysia und der Familie Weber, die
er so lieb gewonnen hatte, trennen zu müssen, war ihm
unerträglich.

Wolfgang machte es also, wie wir Menschen es
immer machen, wenn wir etwas thun sollen, und es doch
nicht thun wollen! Er sah sich nach allen nur möglichen
Entschuldigungsgründen um, warum er Mannheim jetzt
noch nicht verlassen könne, und deren fanden sich genug, da
das Benehmen des Hofes alle seine dortigen Bekannten
empört hatte und machte, daß diese sich nur enger an ihn
anschlossen. Cannabich versprach ihm Schüler; bei Hof-
Kammerrath Serarius, einem anderen Freunde und
Verehrer, sollte er und seine Mutter für die Zukunft freie

Wohnung, bei Wendling's freien Tisch haben. Ein reicher Holländer endlich der ein großer Musikfreund war, bot ihm zweihundert Gulden für drei kurze und leichte Clavier-Concerte und zwei Compositionen für die Flöte. Auch suchte man ihn zu veranlassen, einige Duette für Clavier und Flöte zu schreiben, die auf Subscription herausgegeben werden sollten. Das gab nun freilich Arbeit für wenigstens zwei Monate, und da die Anerbietungen ihm annehmbar zu sein schienen, (und sein Herz nicht von Mannheim lassen mochte) so entschloß er sich zu bleiben. *)

In der That gestaltete sich die nächste Zeit auch recht angenehm. Die Prinzessin von Weilburg-Oranien, die damals in Kirchheim-Boland wohnte und deren Vorliebe für Musik und dramatische Kunst allgemein bekannt war, lud Mozart zu sich ein. Er brachte, in Gesellschaft Aloysia's und deren Mutter, die — ebenso wie Lange — auch geladen waren, acht glückliche Tage dort zu. Das war ein Musiciren, Declamiren, Aufführen von kleinen Opern und Lustspielen! und alles so nobel, so fein, so tactvoll und zugleich wieder mit so großer Freigebigkeit und Gastfreundschaft, daß man sich in das Elysium träumen konnte, zumal wenn man eine Geliebte, wie Aloysia, und einen Freund, wie Lange, zur Seite hatte. Auch im Weber'schen Hause wurde das Leben immer angenehmer

---

*) Oulibicheff: Mozart's Leben I. Thl. S. 113. Nissen: Biographie Mozarts: S. 338. Jahn: II. Thl. S. 131.

und behaglicher, wozu nicht wenig beitrug, daß Aloysia nun auch eine recht hübsche Gage vom Churfürsten bewilligt worden war, während sie das Publikum, als seinen Liebling, auf den Händen trug. Allerdings wurde dadurch Aloysia unmerklich und nach und nach der Haushaltung mehr entrückt. Die Proben und Aufführungen mehrten sich und die Anfängerin ward zur Hof-Sängerin!

Aber wenn dann auch Aloysia — durch die Proben oder durch Einladungen zu Hofe und in vornehme Cirkel verhindert — manchen Abend nicht mehr in dem kleinen, freundlichen Familienkreise zubringen konnte, so fand doch Mozart immer Constanze, die so ganz die alte geblieben war: die Seele des Hauswesens und doch dabei noch das kindliche, liebe, einfache Mädchen, mit dem tieffühlenden Herzen und dem offenen Sinn für alles Schöne und Gute. Bei ihr ward es denn auch Wolfgang immer so recht heimisch, still und behaglich. Es war ein ganz eigenthümlicher glücklicher Friede, der mit ihrer Nähe über ihn kam. Indessen hätte ein feiner Beobachter fast dasselbe bei Constanze gefunden. War Aloysia zugegen, zog sich die Schwester still zurück; ja sie schien dann immer mehr mit der Haushaltung beschäftigt und kam selten in das Zimmer. War aber Aloysia nicht zugegen, so widmete sie sich mit zarter Aufmerksamkeit dem lieben Gaste; behauptete jedoch immer die mädchenhafteste Zurückhaltung, so daß Wolfgang gar manchmal über diese reizende Vereinigung von kindlicher Scheu und jungfräulicher Liebenswürdigkeit staunte.

Nur eines wollte Amadeus bei seinem jetzigen Aufenthalte in Mannheim nicht behagen: und dies war das regelmäßige Stundengeben. Dafür war denn auch freilich seine freie geniale Seele nicht geschaffen. „Verwünscht sei das Schulmeistern!" rief er oft, wenn er von einem seiner Schüler kam, der sich in stümperhaftem „Lernen" auf dem Claviere fort zu arbeiten suchte.

In solchen Momenten fühlte er denn auch im tief Innersten seiner Seele, daß er sich in einer für sein großes Talent unpassenden Lage befand.*) Sein kühner Geist schwang gewaltig die Flügel, aber der Käfig war zu enge, um sie frei bewegen zu können. Es ergriff ihn dann wohl auch momentane Reue, daß er nicht gleich nach des Intendanten Antwort nach Paris gegangen, und Amadeus war verständig genug in diesem peinlichen Gefühle die Dornen zu erkennen, welche sich unter der Rosenkette einer allzufrühen Liebe bargen.

In einem solchen Momente schrieb er denn auch an seinen Vater: „Ich bin Compositeur und bin zum Capellmeister geboren, kann auch mein Talent im Componiren, welches mir der gütige Gott so reichlich gegeben hat (ich darf ohne Hochmuth so sagen, denn ich fühle es nun mehr als jemals) nicht so vergraben und das würde durch die vielen Scholaren der Fall werden. Das Opernschreiben steckt mir stark im Kopfe, französisch lieber als deutsch, und italienisch lieber, als französisch und deutsch!"**)

---

*) Jahn: II. Thl. S. 155.
**) Nissen: S. 349. Jahn: II. Thl. S. 156.

Versteht sich von selbst, daß der kluge Vater — der
ohnedem keine Ahnung von Wolfgangs Verhältniß zu
Aloysia hatte — in seinem ungeheuren Briefe zur Weiterreise nach Paris rieth. Dennoch würde sich der junge
Mozart schwerlich losgerissen haben, wenn nicht plötzlich
zwei Ereignisse einen schrillen Mißton in sein Mannheimer
Leben geworfen hätten.

Schon in Kirchheim-Boland bei der Prinzessin
von Oranien*) hatte Aloysia den jungen Lange näher
kennen lernen, wie dies bei einem achttägigen Aufenthalte
in einem und demselben Schlosse, ja bei gegenseitigem Zu-
sammenwirken in den Concerten und Aufführungen gar
nicht anders sein konnte. Ebenso sah sie ihn, als jetziges
Mitglied der Mannheimer Bühne, sehr häufig, ohne jedoch
hier mit ihm weiter in Berührung zu kommen. Obgleich
nun Lange des jungen Mozarts Freund war, und alle
Damen in der Stadt und am Theater für ihn, als einen
Adonis, schwärmten, so war der erste Eindruck, den er auf
Aloysia gemacht, doch durchaus kein guter. Vater
Weber's einfache, stille und streng-sittliche Erziehung
hatte in der Tochter Herzen die edelsten und würdigsten
Grundsätze befestigt; in dem kleinen Hause an der Rhein-
brücke war alles solide, streng geordnet und bürgerlich
schlicht. Lange war nun — trotz der unbestrittenen hin-
reißenden Liebenswürdigkeit, die er entfalten konnte — von
allem Dem gerade das Gegentheil. Sein Wesen erschreckte

---

*) Jahn: II. Thl. S. 164.

daher anfangs das Mädchen und beängstigte es, obgleich auch sie ihn, wie es ja nicht anders sein konnte, bildschön fand. Dazu kam der entschiedene und laut ausgesprochene Widerwillen den Vater und Mutter gegen dieses „leichtsinnige Genie" hegten; denn Lange war noch keine vier Wochen in Mannheim, als auch schon die ganze Stadt von seinen tollen und leichtsinnigen Streichen und Abenteuern erzählte. Mozart selbst ward von den Eltern Aloysias, ob seiner allzugroßen und übertriebenen Güte gegen den „Landstreicher," ausgescholten, zumal Lange natürlich gar nicht daran dachte, den geliehenen Anzug, nebst Hemde und Geldvorschuß zurückzugeben. In das Weber'sche Haus durfte der junge Schauspieler also gewiß keinen Fuß setzen, und doch schien es Mozart nachgerade, als ob sein leichtfüßiger Freund ein Auge auf Aloysia geworfen hätte. Er suchte ihr in dem Theater und auf der Straße zu begegnen, wenn er konnte, und zeigte sich, vermochte sie einem Zusammentreffen nicht auszuweichen, in der ganzen Fülle seiner bezaubernden Heiterkeit.

Freilich gab Aloysia dazu nicht im allerentferntesten Veranlassung; sie ging Lange sogar entschieden aus dem Wege und beobachtete gegen ihn noch weit mehr Zurückhaltung als gegen jeden anderen Menschen. War damit aber festgestellt, daß der neue „Adonis" nicht endlich doch durch seine Schönheit und bezaubernde Liebenswürdigkeit ein noch so unerfahrenes Mädchenherz gewinnen werde? Und Wolfgang fühlte recht gut, wie weit er, in der äußeren Erscheinung, hinter dem Freunde zurückstand. So kam es denn, daß sich, ohne alle Veranlassung von Aloysia's Seite, dennoch eine leise Regung von Eifersucht in Wolfgangs Herz einschlich. Eifersucht aber ist — wie einer unserer geistreichsten Schriftsteller sagt — die Hypochondrie der Liebe. Sie, die selbst Jupiter auf dem Gipfel seiner Macht beschränkte, hat tausend Augen, und sieht mit denselben oft noch weit mehr, als wirklich zu sehen ist. Von ihr also ging der eine Mißton aus, der Wolfgangs Verhältnisse in Mannheim unangenehm berührte. Aber zu den Regungen der Eifersucht sollte sich nun auch noch ein Zweifel gesellen, der die bisherige Harmonie in Mozarts Seele ganz aus dem Gleichgewichte brachte.

Amadeus trug die schöne Brieftasche, die er zu Weihnachten auf so geheimnißvolle Weise erhalten, als ein theures Pfand der Liebe, stets bei sich. Dennoch hatte er bis jetzt der Mahnung des damals beiliegenden Zettels aus Pietät Rechnung getragen und nicht nur gegen Jedermann über dies ihm so liebe Geschenk geschwiegen, sondern sogar — was gewiß viel heißen will — desselben nie mit einem Worte gegen Aloysia erwähnt. Es war ja der Wunsch des „treuen Herzens." Heute aber überkam ihn in dieser Beziehung eine Versuchung, der er nicht widerstehen konnte.

Er hatte bei Webers zu Mittag gegessen. Aber trotz des gesunden Appetits, den er sonst zu diesen einfachen Mahlzeiten mitzubringen pflegte, schmeckte es ihm nicht, auch war er einsylbig geblieben, so daß sich eine Mißstim-

mung nicht verkennen ließ. Mozart hielt diese Mißstim=
mung aber auch für sehr begründet; denn er hatte erfahren,
daß Lange diesen Morgen auf der Probe seiner angebe=
teten Aloysia ein allerliebstes Blumensträußchen über=
reicht habe. Das Geschenk eines feinen Bouquets mitten
im Winter war nun allerdings etwas auffallend und viel=
sagend. Dabei wußte er freilich ebenso wenig, wie sehr
Aloysia sich geweigert es anzunehmen, als er ahnen konnte,
daß Lange es keineswegs für dieselbe absichtlich ange=
schafft, sondern — als Andenken an ein süßes Rendez-
vous mit einer allerliebsten Dame vom Hofe — heute
Morgen erst mitgebracht. Aber um Erforschung der nä=
heren Umstände bekümmert sich Eifersucht nie. Der lei=
seste Verdacht macht sie gegen alle Vernunft blind und
öffnet ihr eine Welt des Argwohns.

Mozart hatte die Sache wenigstens verstimmt und
zweifelhaft gemacht. Als er daher nach dem Essen mit
Aloysia und Constanze einen Augenblick allein im
Zimmer war, kam ihm der Gedanke: die Geliebte an jenen
seligen Weihnachtsabend zu erinnern.

Er trat daher mit ihr in eine Fensternische, um von
Constanzen, die den Tisch abdeckte, nicht gehört zu werden
und sagte:

„Sie frugen mich eben, warum ich heute bei Tisch so
still gewesen sei?"

„Ja!" — versetzte Aloysia mit der ihr eigenen Freund=
lichkeit. — „Man ist das gar nicht an Ihnen gewöhnt."

„Nun denn," — flüsterte Mozart, — „wissen Sie,

daß Sie mich durch die Annahme des Sträußchens aus
Langes Hand, recht gekränkt haben?"

„Das wäre mir sehr leid!" — versetzte Aloysia, und
der Ton ihrer Stimme bewies die Wahrheit dieses Ausspruches. — „Aber ich konnte es, ohne ihn geradezu zu
beleidigen, nicht abweisen. Geweigert habe ich mich lange."

„Wenn Sie noch so dächten, wie an dem Weihnachtsabend . . . . ."

„Amadeus?! . . . ."

„Und wenn Sie wüßten, wie heilig ich Ihr liebes süßes
Geschenk halte."

„Mein Geschenk?"

„Nun, ich habe bisher geschwiegen, wie mir das „treue
Herz" gebot; aber in dieser Stunde lassen Sie mich desselben gedenken. Es hat mich so unendlich glücklich gemacht . . . ."

„Ja, was denn?"

„Nun, mein Gott!" — sagte Mozart leise — „die
schöne Brieftasche, die mir Ihre liebe Hand gestickt,
und die Sie mir am Weihnachtsabend so geheimnißvoll
sandten."

„Eine Brieftasche?" — wiederholte Aloysia halblaut.

„Ja! O verstellen Sie sich nur nicht!" — bat Amadeus.

„Nein!" — rief jene mit der größten Unbefangenheit
— „das thue ich auch nicht. Aber von einer Brieftasche
weiß ich kein Wort."

„Wie?" — rief jetzt Mozart, sich vergessend, indem er dieselbe aus der Brusttasche zog. — „So wollen Sie wirklich dies, ihr eigenes liebes Geschenk verläugnen?"

Aber in diesem Momente schracken beide zusammen. Constanze hatte eine Schüssel zur Erde fallen lassen, die unter lautem Krachen in viele Stücke zerbrach. Jetzt stand sie bleich und zitternd an einen Stuhl gelehnt. Als aber Mozart auf sie zuging, und sie die Brieftasche noch in seiner Hand gewahrte, wich die Blässe plötzlich einer dunkelen Gluth. Sie hatte nicht mehr die Kraft aufrecht zu stehen und sank weinend auf einen Stuhl.

„Sie sind erschrocken, liebe Constanze!" — sagte Mozart jetzt theilnehmend.

„Ja!" — versetzte diese leise — „der Fehlgriff . . . . . mit der Schüssel meine ich!"

„Nun!" — rief Aloysia — „das ist ja kein so entsetzliches Unglück!"

„Doch!" — rief Constanze in einem ganz eigenen unendlich schmerzlichen Tone und verließ rasch das Zimmer.

Mozart und Aloysia sahen sich betroffen an; sie begriffen die Schwester nicht. Wolfgang aber ging Wichtigeres im Kopfe herum, er kam daher auf sein Gespräch zurück und sagte:

„Aloysia! Ich frage Sie auf Ihr Ehrenwort: ist diese Brieftasche von Ihnen oder nicht?"

„Sie ist nicht von mir!" — entgegnete diese bestimmt.

„Aber, mein Gott! . . . ."

In diesem Augenblicke trat die Mutter wieder ein und

das Gespräch war abgeschnitten. Mozart blieb von dem
Momente an noch stiller als vorher und verließ bald das
Haus. —

„Also nicht von Aloysia?!" — rief er auf seinem
Zimmer angekommen und ging mit großen Schritten auf
und ab: — „Aber von wem alsdann?"

Plötzlich blieb er überrascht stehen, — es fiel ihm Constanzens sonderbares Benehmen wieder ein. War es
doch schon auffallend, daß dem sonst so vorsichtigen Mädchen eine Schüssel aus der Hand geglitten, ... und
dann ihr Erbleichen und Erröthen . . . . ihr Antworten
und Forteilen? . . . . und das alles in dem Momente, in
dem Mozart die verhängnißvolle Brieftasche herausge-
zogen . . . . . .

„Unmöglich!"—rief er jetzt.—„Sollte sie von ihr sein?"

Er fand keine Antwort; nur ein namenlos unbehag-
liches Gefühl bemächtigte sich seiner. In demselben Augenblicke brachte der Postbote einen Brief von Salzburg:
der Vater bestand mit aller Energie auf der schleunigsten
Weiterreise nach Paris.

Da ward es Amadeus plötzlich helle vor den Augen.
Es kam ihm vor, als habe die Stimme des Schicksals gesprochen — — als rufe sein Genius: „Ja! fort nach
Paris! Dort in der Weltstadt, die dir schon einmal zuge-
jubelt, dort ist dein Platz! Du liebst Aloysia und sie
liebt dich wieder. Bewahre ihr die Treue . . . . aber ver-
giß über die Liebe die Sendung nicht, die dir von
Gott geworden!"

Und sein Entschluß war gefaßt. Vater Weber, Cannabich, Wendling und die übrigen Freunde konnten ihn jetzt nicht mehr tadeln, und so ungern sie den lieben Gast verloren, sahen sie doch Alle ein, daß der junge Mozart zu etwas anderem geboren sei, als in Mannheim an „Stundengeben" zu vertrocknen. Weber namentlich bestärkte ihn in seinem Vorhaben, indem er nicht undeutlich durchblicken ließ, daß Amadeus, der ihm jetzt schon fast zum Sohne geworden, sobald er eine Stellung in der Welt einnehme, die die Gründung einer Haushaltung zulasse, als Schwiegersohn doppelt willkommen sei.

Schmerzlich freilich war der Abschied von der Geliebten; aber die heiligsten Schwüre von beiden Seiten garantirten ja eine glückliche, stolze Zukunft. Constanze war seit jenem Unfall mit der Schüssel unwohl, Wolfgang mußte ihr also — in Begleitung der Mutter und der Schwester — an ihrem Bette Lebewohl sagen. Sie that es mit Herzlichkeit; aber jener Schleier sanfter Wehmuth, der so häufig über ihr lag, war jetzt noch tiefer herabgesunken. Wolfgang zitterte, als er ihr die Hand reichte und wußte doch nicht warum. Sie hielt sie einen Moment fest, drückte sie leise — und preßte dann ihr Haupt in die Kissen.

„Ich weiß nicht, was das ist!" — sagte die Mutter im Herausgehen — „das Kind war nie nervös und jetzt erfaßt sie Alles so gewaltig."

Zwei Stunden später waren Mozart und seine Mutter auf dem Wege nach Paris. Lange, auf einem feurigen

Rappen an der Seite des Wagens reitend, gab ihnen, da sie über Frankfurt gingen, bis nach dem lieben Heidel= berg das Geleite. Hier hatte dieser schon im Ritter ein „famoses Frühstück" im Voraus bestellt. Gläser klangen, Witze sprudelten, — noch einmal gedachte man lachend des Zusammentreffens in Neckarau .... und dann ..... ein „Hoch auf die Zukunft!" und fort nach links und rechts.

Der Ruf zur Heimath.

O Jugend! goldene, herrliche Jugend! — du schöne
Zeit glühender Phantasie: flattert nicht in dir die Einbil-
dungskraft im Schimmer künftiger Größe? streut sie nicht
das Sonnengold des Glücks über die ganze Erde? ebnet
sie nicht alle Berge auf dem Wege der Zukunft und legt
lächelnd Lorbeerkränze und Schätze, Ruhm und Ehre, Liebe
und Freundschaft . . . . ja selbst Kronen auf unseren Pfad?
Die ganze Welt ruht im Rosendufte eines schönen Morgens
und die ganze Zukunft ist eine Blumenkette von Freuden,
kühnen Thaten und noch stolzeren Hoffnungen. Ja gewiß,
die Jugend ist die glücklichste Zeit unseres Daseins, denn
in ihr leben wir in einer selbstgeschaffenen Welt, die nichts
oder wenig von Täuschungen weiß und daher im Paradiese!
Und ist es nicht göttlich schön! „arm an Menschenkenntniß
und reich an Idealen" zu sein? Wie herrlich schaukelt der

Kahn auf den vom Morgenwinde bewegten Wellen ....
schaukeln, schaukeln wir! denn ach! auch die stolzen Wogen
legen sich, und nur zu bald wird aus dem donnernden
„Forte" der Jugend das „Piano" des Alters! Xerxes
überschwemmte Griechenland mit einer Million Krieger,
wollte selbst dem Meere Fesseln anlegen .... und
wie gedemüthigt eilte er, still und geheim, in einem Fischer-
kahne nach Hause!

Wie viele Menschen gleichen ihm, träumen in jener
goldenen Zeit von überschwenglichen Großthaten .... und
besteigen Charons Nachen arm und leer, einen Friedhof
geknickter Hoffnungen in der ausgehöhlten Brust.

Mozart war einundzwanzig Jahre alt, als er von
Mannheim zum zweiten Male nach Paris ging ....
nach Paris, ... in welchem seine ruhmvolle Kindheit so
viele Lorbeeren geerntet hatte. Und doch war er damals
nur ein „Wunderkind," während jetzt so manche bedeutenden Tonschöpfungen seine Größe als Musiker bewährt
hatten, und sowohl Deutschland als Italien seinen Namen
mit Stolz und Freude nannten. Durfte er da seine Erwartungen von Paris nicht hoch spannen? War es nicht
ganz natürlich, daß die schönsten Jugendträume ihn erfüllten
und die kühnsten Hoffnungen sich wie Feenpaläste bis in
den Himmel aufbauten .... in den Himmel, in dessen
Allerheiligstem das Bild seiner Aloysia thronte?

Waren doch schon in Mannheim alle seine musikalischen Freunde darüber einig gewesen, daß seine Compositionen in der Hauptstadt Frankreichs außerordentlich

gefallen würden; während er selbst die Fähigkeit in sich fühlte, alle Arten und jeden Styl von Compositionen nicht nur annehmen, sondern genial und originell wiedergeben zu können. Wie weit zurück war außerdem damals die französische Musik! Lully hatte sie in ihrer Kindheit angetroffen, ward aber durch sein unbestrittenes Talent der Schöpfer eines eigentlichen französisch-musikalischen Nationalgeschmacks. Er führte zuerst kühnere Dissonanzen in der Musik ein und componirte neunzehn Opern, deren Chöre meist festlich groß sind. Auch im Recitativstyl war er Meister, so wie er den Gesang verstand und durch eigenes Gefühl Gefühle weckte. Mit seinem Tode aber zerfiel die französische Musik wieder gar gewaltig, da es durchaus an Genie's fehlte, das Begonnene zeitgemäß weiter zu führen.

Selbst Rameau, der 1733 in seinem fünfzigsten Jahre mit seiner ersten Oper: „Hippolyte et Aricie" auftrat, und dieser zweiundzwanzig andere Compositionen derselben Art folgen ließ, drang für die Dauer nicht durch. Er durchbrach zwar den engen Kreis, den sich die früheren Tonsetzer gezogen hatten, wußte durch Feuer und Kenntniß der Harmonie und Mittel große Wirkungen hervorzubringen, aber er überlud seine Musik und wurde aus Sucht nach Originalität gar oft geschmacklos und barock. Rousseau bekämpfte ihn heftig; indessen ward alles Nationale durch die Vorliebe für die Italiener erdrückt, denn schon die Prachtliebe Ludwig XIV. hatte unter Mazarin eine italienische Oper geschaffen. Es gab sich

daher um die Zeit, von der wir sprechen, in Paris derselbe
Kampf kund, der in der Musik damals auch Deutschland
bewegte: die Eigenthümlichkeiten der Nationalitäten rangen
mit der Süprematie Italiens. Die Italiener führten in
Paris die Werke Pergolesi's, Jomelli's und Leo's
auf, wogegen die Opéra comique unter Philidor
und Monsigny den französischen Nationalgeschmack
vertrat.

Mehr aber als irgend etwas Anderes schien der kühne
Geist eines Deutschen Einfluß auf die französische Musik
üben zu sollen, und dieser Deutsche war . . . . Ritter
von Gluck.

Gluck kam in seinem sechszigsten Jahre 1774 — also
vier Jahre vor der Zeit von der wir schreiben — nach
Paris. Sein eigenthümlicher Sinn, die Alles mit sich
fortreißende Beredsamkeit seiner Tonsprache, die Hoheit
seines Styles, die ergreifende Wahrheit seines Ausdrucks,
riefen auch dort bei Vielen Begeisterung hervor. Dennoch
vermochte er nicht durchzudringen, gab indessen die Veran=
lassung zu einem höchst interessanten aber wüthenden
Kampfe zwischen der neueren und der bisher allgewaltigen
italienischen Musik. Sein Gegner war Piccini, dessen
Talent sich allerdings in den reizendsten und lieblichsten
Melodien zeigte. Der Kampf wurde indessen so heftig,
daß sich ganz Paris mit hineingezogen sah, und sich bald
in Gluckisten und Piccinisten theilte. Dennoch wirkten
beide Größen nicht bleibend auf den Nationalgeschmack der
Franzosen, der nach wie vor Chansons und Vaudevilles

aller Art den tieferen Compositionen und dem größeren Gesangstyle vorzog.

Aber konnte denn hier nicht vielleicht das reiche Genie eines Mozart segensvoll und glücklich wirken?

Xerxes, sagten wir oben, wollte dem Meere Fesseln anlegen .... warum sollte der einundzwanzigjährige Wolfgang Amadeus Mozart nicht daran denken dürfen, den musikalischen Geschmack der Franzosen veredeln zu können? Fühlte er doch wie es immer mächtiger und mächtiger in seinem Innern in gewaltigen Schöpfungen rang, — wie er vergehen müsse, wenn dieser Drang nicht bald Befriedigung finde. Es waren die nahenden Geburtswehen großer Thaten, die ihn zerrissen, beunruhigten, anfeuerten und stürmisch vorwärtstrieben. Die Churfürsten von Bayern und der Pfalz hatten es verschmäht, ihm an ihren Höfen den Boden zu gönnen, auf dem sein schöpferischer Geist Wurzel schlagen könne, um sich dann gleich einer Ceder Libanons bis an den Himmel zu erheben; jetzt galt es, sich diesen Boden in Frankreichs Hauptstadt zu erobern.

Mit solchen Gedanken, Hoffnungen und Wünschen beschäftigt, fuhr denn auch Mozart jetzt, an der Seite seiner Mutter, Paris zu, und jemehr er sich dieser Weltstadt näherte, desto fester ward in ihm die Ueberzeugung: hier werde er eine glänzende Carriere machen. Und waren ihm nicht von früher eine Unmasse von begeisterten Beschützern gewiß? Grimm, d'Allembert, Baron von Holbach, Madame d'Epinay, die Gräfin Tessé, Noverre,

Le Gros, Mylord Bedford, Fürst Gallizin, die
Prinzessin von Bourbon, die Königin selbst und
eine Menge der höchstgestellten Personen? — Die schöne
Espinasse freilich war gestorben; der unerbittliche Tod
hatte sie in ihrem einunddreißigsten Jahre hinweggerafft,
und ihm dadurch allerdings eine Hauptstütze geraubt; aber
wie viele neue Verehrer waren dafür vorauszusehen. Es
konnte ja gar nicht fehlen!

Mozart's Hoffnungen schienen sich aber auch in der
That gleich bei seiner Ankunft in der großen Stadt ver-
wirklichen zu wollen. Fortuna, die in Deutschland vor
ihm geflohen war, schien ihn an den Thoren von Paris
zu erwarten. Ein Gesicht von guter Vorbedeutung, das
eines bewährten Freundes, war eines der ersten, das ihm
aufstieß, als er den Ort wieder betrat, in welchem er in
seiner Kindheit so große Triumphe gefeiert.

Es war Grimm. Man kann sich die Freude denken,
als sich beide wiederfanden. Grimm hatte sich in den
fünfzehn Jahren, die sie sich nicht gesehen, kaum verändert,
nur etwas corpulenter und stattlicher war er geworden:
aber Amadeus?!... er, der damals ein Kind, stand jetzt
als junger Mann, zugleich aber als bewährter Künstler,
vor dem damaligen Secretair des Herzogs von Orleans.

Was aber Wolfgang mehr als alles andere freute,
war, daß Freund Grimm sich gegen ihn auch nicht im
Inneren verändert hatte, obgleich seine sociale Stellung
jetzt eine ganz andere war. Der Schriftsteller, der unterdessen Gesandter, und der Bürgerliche, der baronisirt

worden, liebte Mozart noch immer und war gegen ihn
ganz der Gleiche, wie früher. Auch machte er sofort seinen
Einfluß und seine Verbindungen in der großen, so wie in
der musikalischen Welt von Neuem für den jungen Musiker
geltend.

Mozart wurde der Tischgenosse der anmuthigen und
geistreichen, ihm schon von früher bekannten Frau von
Epinay, von Noverre und Le Gros, der nicht weniger
berühmt als die beiden Ersteren, aber für Wolfgang —
als Director des Concert spirituel — eine ungleich wich-
tigere Person war. Auch ein Theil der anderen Freunde
empfing den jungen deutschen Künstler freundlich, und doch
mußte sich Wolfgang schon nach den ersten Tagen einge-
stehen, daß er auch hier wieder auf eine bittere Täuschung
gestoßen sei. Er erwartete die alte, dem Kinde gewährte
herzliche Freundlichkeit, und fand .... einen artigen aber
meist ziemlich kalten und ceremoniellen Empfang. Der
Enthusiasmus für das „Wunderkind" war verrauscht,
die weiteren Erfolge des heranwachsenden Künstlers mußten
die Bewohner einer Weltstadt wie Paris, die Genossen
eines Hofes, wie der zu Versailles — die Tag für Tag
von einem Genusse zu dem anderen taumeln und in dem
Wogenschlage des ewig Neuen, das gestern neu Gewesene
schnell vergessen — bald aus den Augen verlieren. Viele
entsannen sich seiner kaum mehr und hatten für den jungen
Mann nur die bekannte Protectormiene, die überall vornehme Nichtswisser gegen Männer der Kunst und der
Wissenschaft anzunehmen pflegen, um damit die eigene

Hohlheit verbergen und sich alle Ansprüche fern halten zu
können.

Ach! warum ist das Geschick gerade so reich an Dornen-
kronen für die Häupter der edelsten Menschen? Auch
Amadeus sollte es an Demüthigungen nicht fehlen.

Baron von Grimm wollte Mozart der Prinzessin von Bourbon in das Gedächtniß zurückrufen, die
ihn ja bekannterweise als Kind gekannt und geschätzt hatte.
Er übergab ihm also zu diesem Behufe ein Empfehlungs-
schreiben an die Herzogin von Chabot*) eine der
Damen der Prinzessin. Der Brief wurde übergeben und
Wolfgang auf acht Tage später beschieden.

Am bezeichneten Tage nun fand er sich ein. Es war
sehr kalt und unfreundlich, dennoch mußte er eine halbe
Stunde in einem ungeheizten Zimmer warten. Er ging
verdrießlich auf und ab und that, was er jetzt immer zu thun
pflegte, wenn er mißstimmt war, er suchte das Gleichge-
wicht seiner Seele durch den Gedanken an Aloysia wieder
zu finden. Zu ihr flog auf jetzt sein Herz und sein Geist.
Er sah ihre reizende, jungfräuliche Erscheinung, er hörte
ihrer Stimme zauberhaften Klang, er saß in der kleinen
Erkerstube in dem lieben Hause am Rheinthore zu Mannheim neben ihr und schaute ihr selig in die Augen. Aber
auch diese reine Stimmung blieb nicht lang. Er erinnerte
sich zugleich auch des Vorganges mit der Brieftasche, — —
Constanzen's seltsames Benehmen und beunruhigende

---

*) Oulibicheff S. 117 u. f. Jahn: II. Thl. S. 274.

Zweifel und Vermuthungen füllten seinen Kopf. Auch Langes gedachte er. Und seine Seele marterte der Gedanke: „Wird mir Aloysia auch treu bleiben?"

Endlich erschien die Frau Herzogin. Sie empfing Wolfgang mit der größten Höflichkeit; bat aber um Vergebung, daß kein besseres Clavier da sei, als das, was in diesem Zimmer stehe, — die ihrigen seien nicht gestimmt, Mozart möge es also nur mit diesem versuchen, und bei diesen Worten deutete sie auf ein schlechtes Instrument, das Wolfgang bis dahin gar nicht angesehen. Diese Zumuthung war bei dem Zustande des Claviers und der Kälte allerdings etwas stark. Mozart erklärte denn auch in der That, daß er von Herzen gern Etwas vortragen würde, jetzt aber wäre es ihm unmöglich, da seine Finger vor Kälte ganz steif seien. Man möge ihn doch wenigstens in ein Zimmer führen, wo ein Kamin mit Feuer sei.

„O oui, Monsieur, vous avez raison!" — rief die Herzogin; aber das war auch ihre ganze Antwort. Dann setzte sie sich nieder und fing an en compagnie mit verschiedenen jungen Herren, die sich alle in einem Kreise um einen großen Tisch niederließen zu zeichnen. Da hatte Mozart nun die Ehre eine ganze Stunde zu warten. Fenster und Thüren waren dabei offen; er starrte an den Händen und zitterte am ganzen Leibe vor Frost, auch der Kopf fing ihm an wehe zu thun.

Welche Situation für einen Künstler, wie Mozart! Und Niemand wandte auch nur das Haupt nach ihm. Man schwatzte, lachte, zeichnete . . . . aber für den deutschen Componisten hatte Niemand Auge oder Ohr.

Mozart's Galle stieg, schon griff er nach dem Hute . . . . da fiel ihm ein, daß er durch ein barsches Weggehen seinen edlen Freund Grimm compromittiren könne, und . . . . Amadeus blieb.

Endlich um auf eine anständige Weise fortzukommen, spielte er auf dem elenden Clavier eine Fischer'sche Variation. Da aber auch jetzt weder die Frau Herzogin noch die Herren Acht gaben, sondern im Schwätzen und Zeichnen ungestört fortfuhren, stand er mitten im spielen auf. Aber er biß die Zähne zusammen, als es nun von allen Lippen tönte.

„O, c'est un prodige!“ — „C'est inconcevable!“ — C'est étonnant!“*)

Die Worte klangen ihm wie Hohn, obgleich sie nur leeres Artigkeitsgewäsch waren, wie man es so oft im Leben hört.

Er aber sagte, was hier zu sagen war: daß er an diesem Clavier keine Ehre einlegen könne, die Frau Herzogin möge daher die Gnade haben, einen andern Tag zu wählen und dann ein besseres Instrument zu seiner Verfügung stellen. Sie aber gab nicht nach, Mozart mußte noch eine halbe Stunde warten, bis der Herzog von Chabot selbst kam. Glücklicherweise war dieser einsichtsvoller als seine Gattin. Er setzte sich mit freundlichen

*) „O, es ist ein Wunder!“ — „Es ist unfaßlich!“ — „Es ist erstaunlich!“

Worten neben Amadeus und hörte ihm mit der vollsten
Aufmerksamkeit zu; und Mozart? . . . . ach, die edle
Seele! . . . er vergaß darüber Kälte, Kopfweh und Belei=
digung und spielte auf dem miserablen Claviere so schön,
so herrlich, so hinreißend, wie er zu spielen pflegte, wenn
er in bester Laune war!

Mir scheint — sagt bei dieser Gelegenheit Oulibicheff
— die naive Art des Berichtes unter mehr als einem Ge=
sichtspunkte ein helles Schlaglicht auf den Charakter Mo=
zart's zu werfen. Noch nie war ihm wahrscheinlich eine
solche Aufnahme zu Theil geworden. Man läßt ihn wie
einen Lakaien warten, sagt ihm kein Wort über die Veran=
lassung seines Besuches, sondern deutet nur mit dem Finger
nach einem Meubel im Zimmer, das ein Clavier vorstellt.
Man schien ihm damit andeuten zu wollen: Sie verstehen
doch Nichts als dies; gehen Sie dorthin, während wir uns
mit anderen Dingen beschäftigen wollen. Er beklagt sich
über die Kälte; man verlacht ihn und läßt ihn sich erkälten.
Und zu was für einer Zeit nahm sich die Herzogin von
Chabot heraus, einen berühmten Künstler auf solche Art
zu behandeln? zu einer Zeit, in welcher der Adel in Frank=
reich stolz darauf war, sich Gelehrten und Künstlern beizu=
gesellen, deren Ruhm er thörichter Weise theilen wollte,
und die lächerlichen Ansprüche machte, diesen durch ein
vierzeiliges Verschen, ein Pastellbildchen oder ein Liedchen
sich anzueignen. Man denke sich einen französischen Mu=
siker von Ruf an Mozart's Stelle, und stelle sich die in
höflicher Form vorgebrachten epigrammatischen Redens=

arten, die ehrerbietigen Sarkasmen vor, mit denen die
Frau Herzogin ihre Unverschämtheit hätte abbüßen müssen.
Ein anderer deutscher Musiker hätte ihr seine Meinung
weniger höflich gesagt, oder hätte ihr, ohne ein
Wort zu verlieren, den Rücken gekehrt. Und Mozart,
der unter allen Menschen das geringste Talent zum Hof=
manne besaß, Mozart, der eine so hohe Meinung von der
Würde der Kunst und ein so lebhaftes Gefühl von seiner
persönlichen Würde hatte, was thut er, als er sich wie einen
musikalischen Automaten behandelt sieht? Er wartet eine
Stunde lang geduldig. Was verhinderte ihn wegzugehen,
oder eines jener schneidenden Worte hören zu lassen, die er
selbst Souverainen nicht schenkte, wenn er glaubte, daß sie
es verdient hätten? Befürchtete er, der Herzogin zu miß=
fallen; war ihm bange, der Audienz und des Geschenkes
der Prinzessin von Bourbon verlustig zu gehen? Nein,
Mozart schluckt die Beleidigung hinunter, — weil er
seinen Freund Grimm zu betrüben oder zu compro=
mittiren fürchtet. Einen jener Gründe vorzuschützen,
die Niemanden fehlen, wenn man eine Gesellschaft verlassen
will, die einem mißfällt; ein so einfaches Mittel, die Rück=
sichten, die man der Freundschaft schuldet, mit den Pflich=
ten gegen sich selbst in Einklang zu bringen, kam entfernt
nicht in seinen Sinn. Jede Art von Lüge, selbst wenn sie
unter dem verführerischen Gewande einer unschuldigen List
sich ihm aufdrängte, und wenn das Verbergen der Wahr=
heit fast unumgänglich nothwendig wird, verschmähte seine
reine Seele. Der Ausgang dieses Abenteuers ist aber noch

charakteristischer. Man weiß, was in der Regel die Eigenliebe eines Künstlers zu bedeuten hat, die Herren Künstler
sind an dieser Stelle so leicht verwundbar, daß ein abge-
messenes Lob, ein Compliment ohne Uebertreibung, eine
Vergleichung, die man für schmeichelhaft für sie hält, sie
zuweilen wie eine offenbare Beleidigung verletzen können.
Sie besitzen namentlich für Leute ein sehr getreues Gedächtniß, die ihnen nicht mit der Aufmerksamkeit zugehört
haben, wie sie sie erwarteten. Es ist sehr schwer, oft unmöglich, dieses Versehen bei ihnen wieder gut zu machen.
Hier haben wir nun einen Künstler, der in der guten Meinung von sich keinem anderen seiner Genossen nachsteht,
und nur darin sich unterscheidet, daß er sich über diesen
Punkt weniger täuscht, als viele Andere. Dieser Künstler
wird auf alle Arten grausam gedemüthigt, und zu dem
moralischen Dulden, dem er sich unterwerfen muß, gesellt
sich noch physisches Unbehagen. Gewiß hatte er alle Ursache zu grollen; aber da kommt Jemand, der Vergnügen
daran zu finden scheint, den Künstler zu hören, und der
Künstler vergißt sein Unbehagen, ja selbst die Beleidigun-
gen, die ihm seit zwei Stunden zu Theil werden, und setzt
sich zum Spiele an einem schlechten Spinet nieder und
spielt, wie wenn er es that, wenn er in bester Laune war.
Erkennt man darin nicht ein Kind vom glücklichsten Naturell,
das ungerecht gezüchtigt, zwischen seinen Thränen hindurch,
dem nächsten besten Vorübergehenden zulächelt, der es lieb-
kost. Hiebei muß man bedenken, daß das Vergnügen, seine
Zuhörer zu fesseln, bei Mozart weit mehr eine Sache des

Gefühles, als der Eigenliebe war. Es war dieß, wie wir
an anderer Stelle sehen werden, eine Folge von seiner
Leidenschaft für die Musik, die ihm selbst mehr Genuß
machte, wenn er Anderen welchen verschaffte. —

Aber es gefiel überhaupt diesmal Amadeus nicht in
Paris. Unter allen jungen Reisenden, welche Neugierde
oder Geschäfte je nach Paris führten, gibt es vielleicht
keinen, den die Freuden dieses Ortes schneller und mehr
anekelten, als Mozart. Die Pariser Sitten sagten seiner
deutschen Geradheit nicht zu; er fand die Franzosen weit
weniger liebenswürdig, als sie es vor fünfzehn Jahren
waren; ihr Nationalcharakter schien ihm voller Fehler, die,
als in einer Hauptbeschwerde gegen sie zusammenlaufend,
sich in dem kurzen Satze aussprechen ließen: daß die Franzosen die Musik nicht verstünden. Es gab Alles in Paris,
außer einer Oper, in der gesungen wurde und einem Publikum, das keine Ohren von Horn hatte; — für Mozart
gab es also nichts. Häufige und energische Klagen verrathen die Unbehaglichkeit, die er fühlte. So schreibt er
unter Anderem an seinen Vater:

„Wenn hier ein Ort wäre, wo die Leute Ohren hätten,
Herz, zu empfinden, und nur ein wenig von der Musik
verstünden, so würde ich von Herzen zu allen diesen Sachen
lachen, aber so bin ich unter lauter Bestien (was die Musik
anbelangt). Wie kann es aber anders sein? Sie sind ja
in allen ihren Handlungen, Leidenschaften und Passionen
auch nicht anders — es gibt ja keinen Ort in der Welt,
wie Paris. Sie dürfen nicht glauben, daß ich übertreibe,

wenn ich von der hiesigen Musik rede. Wenden Sie sich,
an wen Sie wollen — nur an keinen gebornen Franzosen
— so wird man Ihnen (wenn es Jemand ist, an den man
sich wenden kann), das Nämliche sagen. Nun bin ich hier.
Ich muß aushalten, und das Ihnen zu Liebe. Ich danke
Gott dem Allmächtigen, wenn ich mit gesundem Geschmack
davon komme. Ich bitte auch alle Tage Gott, daß er mir
die Gnade gibt, daß ich hier standhaft aushalten kann,
daß ich mir und der ganzen deutschen Nation Ehre mache,
und daß er zuläßt, daß ich mein Glück mache, damit ich im
Stande bin, Ihnen dadurch aus Ihren dermaligen betrüb=
ten Umständen zu helfen, und daß wir bald zusammen
kommen und glücklich und vergnügt mit einander leben
können."

Bei den letzten Worten dachte er freilich auch an sich
und Aloysia, obgleich sich in der That schon allmälig die
Hoffnungen, die er auf Paris gesetzt, bedeutend abkühlten.
Vom Hofe ließ sich nichts vernehmen, die Zeit verstrich,
der Aufenthalt in der Hauptstadt Frankreichs kostete viel
Geld und so mußte er sich abermals begnügen einige
Schüler anzunehmen.

Aber die Täuschungen sollten sich noch gewaltig mehren,
die freudigen Erwartungen immer mehr sinken, — ja es
war, als habe das Schicksal diesen Aufenthalt in Paris
zu einer wahren Prüfungszeit unseres armen Freundes
ersehen.

Capellmeister Holzbauer in Mannheim hatte kurz
vor Amadeus Ankunft ein Miserere von seiner Compo=

sition dem Concert spirituel zugeschickt, damit es in der
Charwoche aufgeführt würde. Der Componist hatte nun
aber seine Musik dem Personale von Mannheim ange-
paßt, wo die Choristen schlecht und in kleiner Anzahl vorhanden waren, in Paris waren sie dagegen zahlreich und
vortrefflich.

Le Gros, der Director jenes Institutes, forderte daher
Mozart auf, andere Chöre zu componiren, die mehr im
Verhältnisse zu den Mitteln stünden, über die das Concert
spirituel zu verfügen habe. Wolfgang that es mit Freuden und der Director, wie alle Kunstgenossen, waren von
seiner Schöpfung entzückt. Was aber geschah?

Als der Tag erschien, an welchem das Miserere aufgeführt werden sollte, stand Mozart's Name nicht einmal auf dem Anschlagzettel, und von seinen vier
neu componirten Chören, ließ man die zwei schönsten
weg!

Auch eine Symphonie-Concertante hatte man bei ihm von
Seiten jenes Institutes bestellt. Sie hatte ein noch viel
unglücklicheres Geschick.... sie kam, trotz ihrer Schönheit, gar nicht zur Aufführung.

Aber wo lag nun der Grund zu all diesem Unglück?
Wo er in Mailand, in Wien, in München und Mannheim gelegen..... in dem stets gleichen Schicksale aller
großen Männer.... in dem Neide und in der Angst
kleiner Seelen, verdunkelt zu werden! Ruhm und
Neid entstehen ja aus einem und demselben Ei; nur daß
der Ruhm wie ein Adler zur Sonne emporsteigt, der Neid

aber wie eine Schlange im Staube dahinkriecht, bis er den
Feind in die Ferse sticht. Neid folgt dem Verdienste, wie
der Rauch der Flamme und der Schatten dem Körper; ja
er kann bis zum Haß wachsen, der das Leben des Benei-
deten vergiftet und nach dem Tode noch sein Grab mit
Geifer übergießt. Hatten in Mailand Fieroni und Gri-
mani, in Mannheim Abt Vogler die Rolle der Schlange
übernommen, so thaten dies in Paris Piccini und Gretry. Beide erkannten gar bald den Riesengeist, der — in
musikalischer Beziehung — in diesem jungen Deutschen
wohnte; beide ahnten instinktartig die geniale Allgewalt,
die seine Schöpfungen immer mehr und mehr entfalten
würden. Es galt daher, — zumal jetzt, wo der Kampf
der national-selbstständigen Musik mit der italienischen so
wüthend begonnen hatte — diesem neuen Nebenbuhler und
Kämpen alle Wege zu versperren. Was Gluck nicht
gelungen . . . . . Mozart könnte es ja vielleicht erreichen!

Aber Piccini und Gretry waren in Paris anerkannte
Größen, während Mozart — selbst von den meisten seiner
früheren Beschützer und Verehrer im Stiche gelassen —
fast vereinzelt in der ungeheuren Stadt dastand. Piccini
und Gretry hatten Einfluß, Anhang und Vermögen —
Mozart stand nichts zu Gebote als sein Talent und dieses
verhinderten seine Feinde zur Geltung zu gelangen.

Mit welcher Sehnsucht, eine Oper für Paris zu
schreiben, war Wolfgang hiehergekommen. Seine
Feinde wußten auch dies zu vereiteln. Nicht einmal einen

ordentlichen Text konnte er erlangen! Sein Herz wollte
springen, seine Seele blutete .... aber warum war er
auch so ein Thor: Talent und Genie zu besitzen, mit den
Flügeln der Begeisterung der Sonne des Ruhmes entgegen-
zustreben, — Großes, Edles, Erhabenes zu wollen? —
Wäre er ein Tropf, ein Alltagsmensch, ein Schmeichler,
ein Kriecher gewesen, Niemand hätte ihm etwas in den
Weg gelegt, — ja man hätte ihn vielleicht gehoben .....
um ihn als Folie zu benutzen. Aber woher denn, um
Gottes Willen, der Unterschied, zwischen dem, von so un-
geheueren Erfolgen begleiteten, ersten und diesem zweiten
Aufenthalte in Paris, bei dem Mozart fast so ganz un-
beachtet blieb?

Was sah man — wir sagen nicht: was hörte man
— im Jahre 1763?

Ein Kind, einen allerliebsten kleinen Jungen, der auf
dem Claviere die außerordentlichsten Kunststücke ausführte,
über einer Serviette spielte und die geschicktesten Männer
in diesem Fache zu Schanden machte; mit einem Wort:
„ein Wunder!" Das mußte in Paris Effekt machen, be-
geistern, hinreißen! Das war etwas Neues, etwas noch
nie Dagewesenes, etwas Piquantes! Hof und Stadt wollten, — ja sie mußten des guten Tones wegen das Kind
sehen, das für sein Alter so Ungeheueres leistete. Man
feierte ihn in Versen und Prosa; man verfertigte sein Bild,
wie man vor einigen Jahren, das der Giraffe machte, und
um diesem Bilde noch mehr Charakter zu geben, malte man
auch seinen Führer mit seiner Violine in der Hand dazu.

Wie ganz anders nach fünfzehn Jahren! Unter welchen Veränderungen zeigt sich nun jenes sehenswerthe und unterhaltende Ding wieder?

Unter der Gestalt eines keineswegs ansehnlichen jungen Mannes; — eines Mannes, der zwar einen Orden hat, ihn aber aus Bescheidenheit nicht trägt; — der sich Ritter von Mozart nennen kann, aber, weil er das Schlichte liebt, diesen Titel nie gebraucht; — der kaum zu grüßen versteht, Niemanden Schmeicheleien sagt, um keine Gunst buhlt, weder kriecht noch prahlt . . . . . mit einem Worte Nichts für sich hat, als . . . . ein eminentes Talent!

Aber die Franzosen waren wohl im Stande sich von Orden und Titel blenden, von Feinheit und Gewandheit gewinnen zu lassen . . . . nicht aber jenes Talent zu beurtheilen, während Mozart es unter seiner Würde fand zu Intriguen seine Zuflucht zu nehmen. Wer die Wahrheit sagt, Lüge und Charlatanismus verachtet, die Cabale haßt, und Edles will, ist in der socialen Welt immer verloren, wie hätte Mozart ein anderes Schicksal werden sollen?

So waren bereits sechs Monate vergangen und Amadeus sah sich in Nichts gefördert. Er hatte sich für Le Gros und Noverre beinahe zu todte gearbeitet, ohne auch nur einen Pfennig von diesen zu erhalten. Alle Hoffnungen waren gescheitert und nun blieben — was ihn noch mehr quälte — auch die Briefe Aloysias mehr und mehr aus. Ach! das gelobte Land, das er suchte, fand er nicht! nicht einen festen Boden, auf dem er sich

wie ein Riese erheben konnte, — nicht eine Heimath für
sich und die Geliebte, — nicht einen Wirkungskreis, wie
er ihn so sehr bedurfte.

Da traf ein neuer furchtbarer Schlag sein Haupt: seine
Mutter, die er auf das Zärtlichste liebte, starb in seinen
Armen. Aber mit diesem Schlage war auch das Maaß
des Widerwillens gegen den Aufenthalt in Paris überfüllt·
So liebevoll Baron Grimm und Frau von Epinay
sich seiner annahmen . . . . . er vermochte nicht mehr zu
bleiben. Und als ob auch das Schicksal sich endlich einmal
seinen Wünschen fügen wollte, kam ihm ein Ruf in die
Heimath zu: sein treuer alter Vater hatte ihm bei dem
Fürstbischof von Salzburg die Stelle eines „Hof= und
Dom=Organisten" mit vierhundert Gulden Ge=
halt . . . . erobert!

Das also, großer Mozart, war die Frucht all dieser
Reisen! Könige und Völker hätten sich um deinen
Besitz streiten, auf ihn stolz sein sollen . . . . . und
. . . . du kehrst als „Organist" nach Salzburg zurück!

Und doch, wie leicht schüttelst du den pariser Staub
von deinen Füßen! Ja, wenn du nicht einen Hügel zurück=
gelassen, der dir unendlich lieb und theuer, du hättest ge=
jauchzt, als das Weichbild der Weltstadt hinter dir lag.

Und vor dir, vor dir! was lag da? . . . . Immer noch
eine Welt der Ideale, ... und zunächst ein süßes
Wiedersehen in Mannheim!

———

Und wieder Täuschung.

Es hatte sich unterdessen in der Pfalz viel geändert. Mannheim war mit dem Verluste des Hofes bedroht, und da für diesen Fall auch die Mitglieder der Oper dem Churfürsten zu folgen hatten, so war selbst im Weber'schen Hause eine peinliche Erwartung der Dinge, die da kommen sollten, eingetreten. Die Sache aber verhielt sich wie folgt: Karl Theodor, Churfürst von der Pfalz, war der Erbe des Churfürsten von Bayern: Max Joseph.

Anderthalb Stunden nach Max Joseph's Verscheiden, am 30. December 1777, noch vor Sonnenuntergang, hatte der Staatskanzler Kreitmayr aus dem nur ihm bekannten Kästchen mit dem Testamente des Churfürsten eine schon ausgefertigte Verkündigung von dem Regierungsantritte des Churfürsten von der Pfalz auch über Bayern durch einen

Herold in den Straßen von München ausrufen lassen und darauf erst den Courieren der Gesandten die Thore geöffnet.

Der Courier von München, welcher dem dreiundfünfzig=jährigen Karl Theodor die Nachricht von der Erbfolge in Bayern zu überbringen hatte, traf ihn, als er gerade dem Schlußgottesdienste des Jahres 1777 beiwohnte. Die Kunde berührte ihn schmerzlich. „Nun sind deine guten Tage vorüber!" — sagte er halblaut zu sich selbst, und ganz Mannheim wiederholte diesen Ausspruch für sich, und .... es hatte nur zu sehr recht.

Karl Theodor ging — wie dereinst Georg I. von Hannover nach England — nur ungern aus seiner ge=liebten Pfalz weg; reiste aber doch, da es sein mußte, noch dieselbe Nacht ab. Sein Geschäftsträger, Baron Ham=merstein, kam ihm unterweges entgegen, um ihn zu be=glückwünschen; aber er erwiederte unwillig: „Allzuhastig! Allzuhastig!"

Am 2. Januar 1778 zog er in München ein. Da aber auch Oesterreich Anspruch auf Bayern machte, so waren schon österreichische Occupationstruppen im Lande erschienen .... und zwar schon nach den ersten Erkran=kungsnachrichten des dahingeschiedenen Churfürsten, die zwei hinter einander abgefertigte Couriere des Freisinger Domherrn, Grafen Lehrbach, nach Wien gebracht hatten.

Karl Theodor's erstes Auftreten in München be=zeigte sogleich seine volle Abneigung gegen das neue Land.

Er unterzeichnete schon am 14. Januar einen Vertrag mit Oesterreich, den sein Gesandter, Baron Ritter, bereits am 3. Januar, also vier Tage nach Max Joseph's, des letzten Churfürsten von Bayern Tode, zu Wien abge-schlossen hatte, kraft dessen bedeutende Abtretungen von Bayern an Oesterreich gemacht wurden. Die Gegen-leistung dafür Seitens Oesterreichs waren reichliche Ver-sorgungen für Karl Theodors natürliche Kinder.

Nicht also das neue Land, sondern diese natürlichen Kinder, die Fürstin Caroline von Isenburg-Offen-bach-Birstein*) und die Grafen und Gräfinnen von Bretzenheim, — lagen dem neuen Herrn vor allem Andern am Herzen.

Da trat zur Rettung der Integrität Bayerns eine Frau auf, die energische Schwester der Gemahlin Karl Theodor's, Maria Anna, Gemahlin des 1770 ver-storbenen Herzogs Clemens, des Sohnes Ferdinand's, eines Bruders Kaisers Karl VII. Eiligst schrieb sie an ihren Freund, Friedrich den Großen:

„Ich altes Weib muß jetzt ein Mann sein, weil aus allen unseren Männern alte Weiber geworden sind."

---

*) Sie war ein Kind einer früheren Maitresse des Churfürsten: der schönen Mannheimer Bäckerstochter, Huber, welche er später zur Gräfin von Bergstein (Parkstein) erhob. Caroline hei-rathete 1776 den pfälzischen Oberhofmeister, General und Hofgerichts-raths-Präsidenten Fürsten Friedrich von Isenburg-Offen-bach-Birstein.

Friedrich dagegen schrieb zurück:

„Ah, Madame, que n'étiez vous Electeur, nous n'aurions pas vu arriver les honteux événemens, dont tout bon allemand doit rougir jusqu' au fond du coeur!"*)

Maria Anna trat denn auch sofort in Verbindung mit dem geheimen Agenten Friedrichs, dem weimar'schen Obristhofmeister Grafen Görz, sowie mit dem Gesandten des Pfalzgrafen Karl von Zweibrücken in München, Baron Hohenfels. In Folge dieser Unterhandlungen aber wurde Pfalzgraf Karl von Zweibrücken bestimmt, seine Einwilligung zu dem österreichischen Vertrage zu versagen, worauf er München verließ und bei dem Reichs= tage feierlich protestirte. Man suchte darauf Hohenfels zu bestechen, aber umsonst. Obgleich er nicht vermögend war, schlug er eine halbe Million Gulden, die schon auf dem Tische aufgezählt war, kaltblütig und ehrlich aus.

Friedrich der Große ließ nun, da die Unterhand= lungen fehlschlugen, sein Heer an die böhmische Gränze vorrücken, es kam zu dem sogenannten „bayerischen Rummel," dem einjährigen Kriege, und im Frieden zu Teschen, mußte Oesterreich statt eines Länderbesitzes von einigen hundert Quadratmeilen mit einigen vierzig zu= frieden sein.

---

*) Ach, Madame, warum sind Sie nicht Churfürst, wir würden keine so beschämenden Ereignisse haben eintreten sehen, über die jeder gute Deutsche bis in die Tiefe seines Herzens erröthen muß."

Diese Thatsache war indessen zur Zeit als Mozart
Paris verließ, noch nicht eingetreten, — obwohl der Churfürst sich schon in München befand — wurde aber in der
ganzen Pfalz und namentlich in deren Hauptstadt bereits
sehr befürchtet. Auch in die Familien Weber, Wendling und Cannabich warf diese bewegte Zeit Unruhe
und Besorgniß, da sie bereits durch das Uebersiedeln des
Hofes zerrissen worden waren, und für alle die Existenz
mehr oder weniger auf dem Spiele stand.

Mozart wußte von allem dem wenig. Zwar war er
selbst noch in Mannheim gewesen, als der Churfürst
zur Besitznahme Bayerns nach München abgereist; seitdem er sich aber in Paris befand, kümmerten ihn die
Welthändel gar nichts mehr, und Aloysia hatte in ihren
wenigen Briefen, die zuletzt ganz ausblieben, derselben
natürlich auch nicht gedacht.

Wie schlug daher sein Herz, als er — von Straß-
burg kommend — sich Mannheim näherte. Geflissent-
lich hatte Wolfgang Bruchsal, wo er das letztemal über-
nachtet, recht früh am Morgen verlassen, um ja noch vor
Mittag bei Webers zu sein. In der That schlug es denn
auch eilf Uhr, als er die Schelle an dem bekannten freundlichen Hause am Rheinthore zog.

Die alte Kathrine öffnete und ein Freudenschrei ent-
fuhr ihr, als sie den jungen Herrn Mozart erblickte.

„Wie gehts? wie gehts!" — rief dieser, der treuen
Dienerin herzlich die Hände schüttelnd; flog aber dann, ohne
nur eine Antwort abzuwarten der Treppe hinauf. Rasch

öffnete er die Thüre des Wohnzimmers . . . . aber, siehe
da, es waren nur die beiden jüngsten Weber'schen Kinder,
die kleine Sophie und der sechsjährige Hermann zugegen.

Als sich der erste Jubel der Kleinen — die an Wolfgang, wie an einem Bruder hingen — gelegt, frug dieser
nach der Mutter:

„Sie ist auf dem Markt!" — antwortete mit geschäftiger Miene das Mädchen.

„Und der Vater?"

„Auf dem Amte."

„Nun, und Aloysia und Constanze?"

„Aloysia und Constanze?" — wiederholten beide
Kinder erstaunt. — „Weißt du's denn nicht?"

„Was denn?" — frug Amadeus, und schon diese
Frage machte sein Herz beben.

„Die sind in München."

„Wo?!" — rief der junge Mann wie vom Donner
gerührt.

„In München!"— wiederholte Sophiechen. Dann
fuhr sie mit wichtigthuender Miene und jener naiv-alt-
klugen Geschwätzigkeit, die kleinen Mädchen so eigen ist,
eifrig fort:

„Du weißt doch, daß der Churfürst jetzt in München
wohnt. Da hat er denn viele Beamte und den ganzen
Hof mitgenommen, so daß es ganz leer und langweilig hier
in Mannheim geworden ist. Und vor ein paar Wochen
kam auch der Befehl, daß alle, die am Theater angestellt
sind, auf der Stelle nach München reisen sollten."

„Und das ist sehr weit!!" — unterbrach sie der kleine Hermann wichtig.

„Geh! schweig doch!" — rief Sophiechen — „als ob das der Herr Mozart nicht wüßte. Nun sollte die Mutter mitgehen, Constanze aber bei uns die Haushaltung führen. Aber weil . . . ."

„Die Mutter sich erst ein Kleid machen mußte . . . ." rief Hermann.

„Warum nicht gar!" — sagte das Mädchen mit einem verweisenden Blick auf den kleinen Bruder — „weil die Mutter uns kleine Kinder, den Vater und das Haus nicht lassen wollte, so . . . ."

„Und Aloysia wegen Herrn Lange nicht allein reisen sollte . . . ." fiel Hermann ein.

„Wegen Herrn Lange?" — frug Amadeus erbleichend. — „Warum, wie so?"

„Ach, er schwätzt dummes Zeug!" — sagte das Mädchen.

Aber jetzt kam der kleine Mann in die Hitze:

„Dummes Zeug?" — rief er — „ich schwätze kein dummes Zeug! Hat der Vater nicht oft genug gezankt?"

„Ueber was denn?" — frug Mozart fast athemlos.

„Daß der Herr Lange . . . ."

„Er hat gar nicht gezankt, er hat Aloysia nur gesagt . . . ."

„Glaub's nicht!" — rief wieder Hermann — „seit du weg bist, hat der Vater mehr gezankt, als sonst jemals."

„Aber worüber denn?"

„Ueber den Herrn Lange, sag' ich dir ja, der immer
am Haus vorbei gegangen ist. Ich hab's immer gesehen,
wenn ich mich auf den Stuhl an das Fenster stellte. Er
hat auch oft die Aloys nach Haus geführt. . . ."

„Wer sagt denn das?"—rief jetzt eifrig Sophiechen.

„Vater sagt das!" — entgegnete der kleine Hermann,
sich in der Hitze des Streites verbeugend, — „meinst du
ich hätt's nicht gehört, wenn wir Abends im Bett lagen."

„Das ist aber unrecht!" — eiferte die Schwester —
„da hättest du schlafen sollen."

„Wenn ich aber nicht kann!"

„So hättest du wenigstens nicht hören dürfen."

„Der Vater sprach aber im Nebenzimmer so laut, daß
ich's hören mußte. Ich konnte mich doch nicht taub
machen."

„Nun!" — sagte Wolfgang hier, und es war ihm,
als hätte man ihm die Brust zugeschnürt: — „Laßt es jetzt
gut sein, Kinder. Ich kenne das. Aloysia trägt daran
keine Schuld. Geht es ihr denn recht gut?"

„O!" — rief Sophiechen strahlend — „sehr gut!
Du glaubst nicht, wie sie die Mannheimer gern haben.
Sie hat oft ganze Körbe voll Blumen und Kränze aus
dem Theater mitgebracht."

„Hat sie denn auch manchmal an mich gedacht und von
mir gesprochen?" — frug Wolfgang trübe.

„Da hat sie keine Zeit dazu gehabt."—rief Hermann.
— „Sie war immer auf der Probe, oder bei der Aufführung, oder eingeladen!"

„Aber," — sagte Sophiechen freundlich. — „Dafür
hat Constanze desto mehr von Dir gesprochen. Wenn wir
so die Winterabende zusammensaßen, der Vater im Colleg,
die Mutter mit Aloys im Theater war, und jedes von
uns seine Arbeit vor sich hatte, da sprach Constanze gar
oft von Dir: .... was Du nun wohl in der großen Stadt
Paris machen würdest, ... wie Du in Concerten die Leute
durch Dein herrliches Spiel gewiß bezaubertest .... wie
wohl der König und die Königin Dich einlüden, auch vor
ihnen zu spielen und Dich dann mit Ehren und Geschenken
überhäuften .... und das hat sie alles so schön erzählen
können, wie die schönsten Geschichten aus unserem rothen
Buch."

„Ist's denn auch so gewesen?" — frug Hermann
neugierig.

„Nein!" — sagt Wolfgang mit trübem Lächeln —
„nicht ganz so. Die gute Constanze hat sich getäuscht, ...
wie ich mich getäuscht habe!" ....

In demselben Augenblicke öffnete sich die Thüre und
Frau Weber, vom Markte heimkehrend, trat ein. Sie
wußte durch Kathrine schon von Wolfgangs Ankunft,
und ihre aufrichtige und herzliche Freude darüber, beru=
higte Mozart einigermaßen. Versteht sich, daß er zu
Tische bleiben mußte und von Vater Weber nicht minder
herzlich begrüßt wurde. Jetzt erfuhr er denn auch das
Genauere über die Veränderungen, die hier vorgegangen.
Aber was er erfuhr, bestätigte nur die Aussage der Kinder:
auf einen, vor wenigen Wochen eingetroffenen höchsten

Befehl, mußte das Personal der Oper und des Schau-
spieles plötzlich nach München abreisen. Vater und
Mutter waren sehr betrübt über diese Veränderung, die
ihr bisheriges stilles häusliches Leben so ganz zerstört
hatte: da aber auch eine Versetzung des Vaters nach
Bayerns Hauptstadt vorauszusehen war, so blieb ihnen
doch die Hoffnung, die Familie bald wieder vereinigt zu
finden. Mozart kam es freilich vor, als ob noch eine be-
sondere Sorge das elterliche Herz hier belaste, und er
konnte sich auch denken, welche. Der kleine Hermann
schien mit seinem unschuldigen Kindergeschwätz doch nicht
so ganz unrecht zu haben. Amadeus fühlte sich daher in
seinen Zweifeln recht unbehaglich und unglücklich.

Das Schlimmste aber war, daß diese Zweifel auch
noch durch Andere in anderer Art bestärkt wurden. Cannabich's konnten Aloysia's Fortschritte nicht genug
rühmen:

„Sie ist eine perfecte Sängerin geworden!" — sagte
die Frau Capellmeister, deren Mann sich ebenfalls schon in
München befand, — „und, wenn sie so fortfährt, wird sie
die Aufmerksamkeit der ganzen Welt auf sich ziehen. Sie
glauben nicht, lieber Mozart, wie der Hof und Mannheim sie auf den Händen trug. Ich bin überzeugt, daß
ihr jetzt schon auch die Huldigungen des bayerischen Adels
und Münchens zu Füßen liegen."

Das war eine neue Wunde für Amadeus. War es
denn anzunehmen, daß eine Sängerin, welche die erste
Zierde der ersten deutschen Bühne war, und die mit Recht

im Vollgenusse eines großen Rufes und in der Hoffnung
der glänzendsten Zukunft schwelgen konnte, noch an ihn —
den armen „Organisten“ — der nichts als Täuschungen
und zertretene Hoffnungen aus Paris mitbrachte, denken
sollte?

Aber Mozart war keine Natur für sentimentale Weh=
muth; auch haßte er alles Zweifeln und Schwanken in
den Tod. Sein Entschluß war daher rasch gefaßt: er
mußte ja ohnedem, um nach Hause zu gelangen, über
München. Also vorwärts — und dort selbst geschaut!
Liebte ihn Aloysia noch, dann war sein Glück begründet
und für die Zukunft verbürgt. Liebte sie ihn nicht mehr
. . . . dann weg mit den verwelkten Rosenketten!

Der Wirth vom „Herrgöttle zu Mannheim.“

Der Abend war hereingebrochen und Lange hatte eben seine Toilette vollendet. Er wollte in das Theater gehen, nicht um selbst zu spielen, sondern um zu hören und zu sehen, denn Aloysia Weber sang heute in Salieri's „Axur,“ und Lange, ihr begeisterter Verehrer, verfehlte nie, sie singen zu hören.

Jetzt stand er vor dem Spiegel seines elegant einge= richteten Zimmers in der Kaufingerstraße zu München und warf noch einen letzten musternden Blick auf seinen Anzug. In der That! wer ihn so sah, mußte gestehen, das es kaum einen schöneren jungen Mann geben könne. Die schlanke, zierlich gebaute und doch kräftige Gestalt, die regelmäßigen, feinen Gesichtszüge, die großen blauen Augen voll Feuer und Lebenslust, das blonde lockige Haar, das die edel ge= baute Stirne leicht und gefällig umwallte, der geschmack=

volle, nach der neuesten Mode gearbeitete Anzug .... alles
dies vereinigte sich, zu einem wirklich verführerischen Ganzen.
Bei Gott, sie hatten nicht Unrecht, die Damen von Mannheim, wenn sie Lange den neuen „Adonis" nannten.
Die Münchner Frauen und Mädchen aber waren auch
nicht mit Blindheit geschlagen und in den vier Wochen, die
der junge Mann nun schon in Bayerns Hauptstadt weilte,
hatte er bereits mehr Siege gefeiert, als mancher seiner
Collegen in vier Jahren.

Dies beeinträchtigte ihn indessen nicht, auch der schönen
aber spröden Aloysia Weber den Hof zu machen. Denn
wenn er mit den Anderen spielte und an Blumen brach,
was sich ihm — mit oder ohne Dornen — gab, so betete
er hier an. Nicht als ob er die Absicht gehabt hätte, Aloysia wirklich zu heirathen, — wenigstens hatte er an so
etwas noch gar nicht gedacht, — aber er konnte ohne sie
und ihre Liebe nicht mehr sein. Ja! dem flatterhaften,
leichtsinnigen jungen Menschen schien diese Liebe zu einem
braven und edlen Mädchen gewissermaßen wie eine Heili-
gung seiner selbst. Er flüchtete in ihr Bereich, wenn ihm
vor dem eigenen Leichtsinn schwindelte und fühlte sich über
den Staub der Trivialität gehoben, wenn er in Aloysia's
Augen einen Blick der Gegenliebe zu erhaschen glaubte;
denn hier beschränkten sich seine Triumphe bis jetzt auf
einzelne solcher Blicke.

Aber heute, heute! .... hoffte er etwas mehr zu erfahren. Das wo und wie, war sein Geheimniß.

Darum hatte er auch heute mit ganz besonderer Auf-

merksamkeit Toilette gemacht; — darum strahlte jetzt, als
er sich zum Gehen wandte, sein Gesicht in solch trium=
phirender Freude. Da klopfte es an der Thüre. Schon
den Hut auf dem Kopfe rief Lange: „Herein!" Die
Thüre öffnete sich und vor ihm stand — o! er kannte ihn
wohl, den Wirth zum „Herrgöttle" aus Mannheim,
dem er hundert und fünfzig Gulden schuldete.

„Ah!.. — rief jener freudig: — „Fröhlich Pfalz, Gott
erhalt's!... Da treffen wir ja gerade noch den Herrn zu
Hause!"

Aber Lange verlor keinen Augenblick seinen göttlichen
Gleichmuth; die rechte Hand in die Brust gesteckt, sagte er
mit dem Grafen in Lessings „Minna von Barnhelm"
in feierlichem Tone:

„Mein Herr! wir haben uns nie gesehen.".....

„Doch! doch!" — rief erschrocken der Wirth, der
glaubte, Lange wolle die Schuld abläugnen. — „Ich bin
ja der Wirth vom „Herrgöttle" und da haben Sie jeden
Tag...."

Aber Lange fuhr ganz ruhig in seiner Rolle fort:

„Doch bei dem ersten Anblick glaubte ich Sie zu er=
kennen. Ich wünschte, daß Sie es sein möchten. — Um=
armen Sie mich, — Sie haben meine völlige Hochachtung.
Ich bitte um Ihre Freundschaft."

„Obligirt!" — entgegnete verlegen der Wirth, der
„Minna von Barnhelm" so wenig kannte, als den
Groß=Mogul. —

„Ich wollte nur gehorsamst anfragen"

„Fragen Sie!" — unterbrach ihn Lange.

„Ob . . . ."

„Ob es mir in München gefällt? Bortrefflich, mein Lieber. Das Leben ist hier äußerst angenehm. Mädchen, sage ich Ihnen, wie Gold, und Gold . . . ."

„Gold!" — rief der Wirth entzückt. — „Ich nehme Gold oder Silber, es ist mir ganz gleich."

„Pfui!" — sagte Lange mit anscheinender Indigna= tion — „das kann ich von Ihnen nicht glauben. Etwas nehmen, heißt stehlen . . . . und das werden Sie, der Wirth vom Mannheimer „Herrgöttle" doch nicht thun wollen."

„Ach, wer sagt denn das," — versetzte jener — „ich wollte Sie nur bitten, mir Ihre Schuld . . . ."

„Meine Schuld?" — rief der pathetische Lange. — „Wissen Sie was Major von Tellheim sagt?"

„Nein," — versetzte jener — „ich habe das Vergnügen ihn nicht zu kennen."

„Nun denn, er sagt: Eher soll Ihr Schatten Sie verlassen! Kommen Sie nur wohin Sie wollen; zu wem Sie wollen. Ueberall, an Bekannte und Unbekannte, will ich es erzählen, in Ihrer Gegenwart des Tages hundert= mal erzählen: welche Bande Sie an mich knüpfen, — aus welchem grausamen Eigensinn Sie diese Bande trennen wollen!"

„Bande?" — sagte immer verlegener der Wirth — „ich weiß nicht, was Sie damit meinen . . . . ich habe nur diese Rechnung für sechs Monat, die Sie bei mir gespeist haben."

„Irrthum!" — rief der junge Schauspieler, — „ich habe nie Monate gespeist!"

„Aber sehr viel zu Mittag und Abend gegessen, wäh= rend sechs Monaten."

„Wie können Sie das behaupten? Habe ich nicht noch mehr getrunken?"

„Allerdings!"

„Nun denn, reden wir ernsthaft. Sehen Sie, der Philosoph in Meernis „Cato" sagt: Der Mensch be= darf täglich Mittel, seinen Hunger und Durst zu stillen; er bedarf in den meisten Himmelsstrichen auch Kleidung, Wohnung und Erwärmung, das sind die Nothwendigkeiten des Lebens, mit welchen die glücklichen Kinder der Natur vollkommen zufrieden sind .... aber .... der Sohn der Cultur bedarf noch mehr, der will noch Bequemlichkeiten, angenehmes Leben, Ueberfluß, und so vermehren sich seine sogenannten Bedürfnisse in's Unendliche!"

„Aber ...."

„Die Natur reicht nicht mehr aus; also greift ihr die Arbeit oder die Industrie unter die Arme."

„Alles gut, aber ...."

„Nun sehen Sie, mein guter Herr, ich bin auch ein Sohn der Cultur. Meine Arbeit ist die Kunst. Das Unangenehme aber ist, daß bei gar Vielen der Ertrag de Arbeit nicht mit den Cultur=Bedürfnissen übereinstimmt: Hier heißt es so recht:

„Nicht mögen sie das hehe Streben fassen,
„Das zum Olymp den Sohn Apollos zieht,
„Der, Göttern gleich, mit Göttern liebt zu prassen
„Und wie die Hölle stets das „zahlen" flieht.

„Ja!" — rief hier der Wirth, dem jetzt die Geduld
ausging — „daß Sie das Zahlen fliehen, weiß ich. Sie
haben mich immer vertröstet; aber wenn Sie heute nicht
herausrücken, so werden Sie, so leid es mir thut, mit dem
Schuldthurm Bekanntschaft machen müssen."

„Bah!" — rief Lange. — „Kein Wort von Gefängniß,
Marinelli! Hier ist die Strenge der Gesetze mit der
Achtung gegen unbescholtene Tugend leicht zu vereinigen."

Aber der „Herrgöttleswirth" ward jetzt in der
That unangenehm. Der gutmüthige Ausdruck seines Ge-
sichtes verlor sich und die pfälzer Derbheit, schien die
Oberhand gewinnen zu wollen.

„Ich heiße nicht Marinelli," — sagte er daher verdrießlich — „sondern Steiner, und was Sie mit Tugend
wollen, begreif' ich auch nicht. In Mannheim hat man
nichts von dergleichen an Ihnen gespürt."

„Ei, ei!" — rief Lange lachend — „kennen Sie denn
nicht den Spruch:

„Eine junge Magd ohne Lieb'
„Und ein Markt ohne Dieb,
„Ein junger Mann ohne Schulden,
„Alter Gläubiger mit viel Gedulden,
„Alte Scheunen ohne Mäus,
„Alte Pelze ohne Läus',
„Alte Böcke ohne Bart.
„Sind nicht.... natürlicher Art!"

„Ich wünschte Sie wären beim Teufel mit Ihren Versen!" — rief jetzt der Wirth — „so haben Sie es mir auch schon in Mannheim gemacht. Kann man denn gar kein vernünftiges Wort mit Ihnen reden."

„So viel Sie wollen!" — entgegnete der Künstler — „aber dann dürfen Sie auch weder von Rechnung noch von Schulden, am wenigsten aber von bezahlen sprechen; denn da finde ich gar nichts vernünftiges darin."

„Ich aber desto mehr!" — rief der Wirth — „und ich glaube die Gerichte werden meiner Ansicht sein. Also, wollen Sie zahlen?"

„Ja!" — sagte Lange fest.

„Nun, das ist schön von Ihnen!" — versetzte der Wirth vom „Herrgöttle" beruhigter — „so . . . ."

„Aber" — fuhr Lange fort — „wenn ich auch will, ich kann nicht."

„Und warum nicht?"

„Weil ich mit dem lustigen Brenner in „Camoens" sagen muß:

„Frei bin ich, wie der Aar im Aetherblau,
„Frei von der Last der königlichen Bürden,
„Frei von dem Willen einer bösen Frau,
„Frei auch von Geld und Gut und eitlen Würden.
„Stülpt meine Taschen um, laßt nackt mich gehn,
„Auch nicht ein Pfennig ist bei mir zu sehn!"

Lange hatte, während er seine leeren Taschen um-stülpte und ausschüttelte, die letzten Worte mit so unnach-ahmlicher und unwiderstehlicher Komik gesagt, daß der

Wirth vom „Herrgöttle zu Mannheim" trotz seines
Aergers lachen mußte.

„Aber was mach' ich denn da?" — rief er jetzt — „ich
muß doch mein Geld haben."

„Freundchen!" — sagte Lange schmeichelnd — „haben
Sie noch etwas Geduld. Sehen Sie, Geduld ist eine so
schöne ächt christliche Tugend."

„Aber ich kann doch nicht ewig Geduld haben?"

„Ausgezeichnet wäre dies allerdings, aber wenn, „ewig"
zu lange ist, noch ein paar Monate:

> „Die Zeit ist reich, oft reicher als man glaubt,
> „Wenn sie Minuten, Tage, Jahre raubt,
> „Giebt sie die Schätze, Welten, Hoffnungsgrün,
> „Ja Silber selbst... in Deinen Locken hin,"

„Eine schöne Aussicht!" — sagte der Wirth. — „Aber
mit den verdammten Schnacken bringen Sie mich immer
herum. Und klagen wird auch nichts helfen, das sehe ich
schon, und kostet noch mein gutes Geld! Also Sie ver=
sprechen mir...."

„Was Sie wollen!"

„Und halten?"

„Was ich kann."

„Nun denn diesmal noch auf einige Monate. Aber
dann...."

„Dann?.... Wie sagt Lodovico in Othello zu
Cassio:

> „Euch dann, Herr Gouverneur
> „Liegt die Bestrafung dieses Teufels ob;

„Bestimmt die Zeit, den Ort, die Art: — O, schärst sie!
„Ich geb' an Bord und will die schwere That
„Mit schwerem Herzen künden dem Senat!"

„Ihr seid ein Narr, mein Herr!" — rief jetzt halb
ärgerlich, halb gutmüthig der Wirth, Hut und Stock er=
greifend — „ich aber bin jedenfalls noch ein viel größerer,
sonst hätt' ich Euch nicht geborgt."

Und mit diesen Worten verließ der Inhaber des „Herr=
göttle von Mannheim" das Zimmer des Schauspielers.

Lange lachte ihm, ein Schnippchen schlagend, nach:
dann rief er freudig:

„Wieder eine gewonnene Schlacht!" und sich auf den
Weg nach dem Theater machend, sang er mit fideler Miene:

„Für Sorgen sorgt das Leben,
„Ein Thor ist der, der sorgt!
„Noch gibt's ja Lieb und Reben,
„Und — manchen Freund der borgt."

Der Traum der Liebe.

Das Theater war zum Erdrücken voll gewesen: Hof und Adel, Militär, Beamten- und Bürgerstand hatten ihre zahlreiche Vertretung gefunden, und Aloysia Weber neue Siege zu den älteren gehäuft. Aber wie herrlich sang sie auch, wie entzückend war ihre Erscheinung! Hier fanden sich Talent, Schönheit, Jugend, Unschuld und Bescheidenheit auf eine Weise vereinigt, wie das sonst sehr selten am Theater der Fall ist. Wußte man doch, daß sich die schönsten und reichsten Cavaliere Aloysia genähert hatten, von ihr aber auf das Bestimmteste zurückgewiesen worden waren.

Ueberhaupt lebte Aloysia, die schon durch die Eltern unter den besonderen Schutz des alten Hausfreundes — des Capellmeisters Cannabich — gestellt war, in München fast so zurückgezogen, wie in Mannheim, wenngleich sie tausendfachen Huldigungen nicht entgehen konnte.

Sich aber an dem Theater zu München in der damaligen Zeit einen guten Ruf zu erhalten, war um so schwerer, als es eigentlich zur Mode und zum bon ton jener Tage gehörte, Ruf und Sitte mit Füßen zu treten. Der erste Impuls dazu ging bekannterweise vom Hofe zu Paris aus, fand aber an den meisten deutschen Höfen ein freudiges Echo: Daß Pfalz-Bayern davon keine Ausnahme machte, wer wüßte dies nicht? Scheute sich doch Karl Theodor seines leichtfertigen Lebens so wenig, daß er in einem seiner Audienzzimmer die Bildnisse seiner sämmtlichen Maitressen aufhängen ließ.

An die Stelle der früheren Favoritinnen aus den niederen Ständen, die er in der Pfalz gehabt hatte, der Mannheimer Bäckerstochter, Huber, nachherigen Gräfin von Bergstein und der Mannheimer Schauspielerin, Josephe Seyffert, nachherigen Gräfin Heydeck, traten jetzt in München ein paar Damen der Aristokratie. Die Gräfin Josephine von Törring-Seefeld und die Freiin Elisabethe Schenk von Castell.

Die Gräfin Törring-Seefeld war eine geborene Gräfin Minucci, die — sechszehnjährig — sich mit Graf Clemens Törring-Seefeld, dem Sohne des Geheimraths und Oberhofmarschalls Anton Clemens Törring, der den Teschner Frieden schloß, vermählt hatte: er ward Kämmerer und Intendant der Hofmusik und des Theaters, später Oberceremonienmeister und endlich Obersthofmeister.

Freiin Elisabeth Schenk von Castell aber ward

von dem Churfürsten mit dem Freiherrn Carl Theodor von Betschard verheirathet. Er war Landrichter zu Sulzbach gewesen, ein höchst übel berüchtigtes Subject und sogar wegen arger Verbrechen seines Postens entsetzt und zum Tode verurtheilt. Dennoch erhielt er, allerdings gegen große Bezahlung, Begnadigung, ja er ward sogar zum Grafen erhoben und Minister für die Oberpfalz, denn er gab sich dazu her, eidlich zu versprechen, die Schenk nie ehelich zu berühren.

Die Ehe mit dieser Nichtzuberührenden fing denn auch damit an, daß er mit ihr in die Schweiz ging, wo sie ihre Niederkunft abwartete. Später bat die Gräfin Bet=schard-Schenk den Churfürsten selbst, das früher ver=schobene Todesurtheil gegen ihren Scheingemahl doch noch vollstrecken zu lassen, denn sie beabsichtigte, einen Grafen Chamisso zu heirathen. Der Churfürst verwandelte hierauf die Todesstrafe in ewiges Gefängniß und ließ Betschard nach dem ungarischen Munkatsch als Staatsgefangenen bringen. Die Heirath der Gräfin mit Grafen Ludwig von Chamisso ward nun vollzogen, doch starb sie bald.

So sah es nach Oben aus, ebenso beim Adel . . . . wie hätten da die bürgerlichen Schichten nicht auch mit fortge=rissen werden sollen? Und war die Bühne nicht von jeher ein doppelt schlüpfriger Boden? Aloysia's sittiges und bescheidenes Betragen ward daher auch doppelt anerkannt, und Amadeus hörte zu seiner unendlichen Freude auf seine Erkundigungen hin schon im Parterre die besten Aus=

künste. Wie es in ihrem Herzen aussah, dies war freilich etwas ganz anderes. Er wußte ja selbst, wie liebens= würdig, ja wie bezaubernd Lange sein konnte; und, daß er schön wie ein Apollo war, mußte Mozart sich ebenfalls sagen. Hier war kein Vergleich zwischen ihm und dem Freunde anzustellen. Dagegen fühlte Wolfgang in edlem Stolze, wie sehr er an innerem Werthe jenes leichtsinnige Genie überwog; denn als Genie hatte sich Lange aller= dings auf den Brettern bewährt. Er war in seinem Fach ebenso der Liebling des Hofes und der Stadt, wie Aloy= sia in dem ihren.

Uebrigens wollte Mozart hier selbst sehen und prüfen, wie er es sich schon in Mannheim vorgenommen. Deß= halb hatte er sich auch in das Theater begeben, ohne vorher Lange oder Aloysia aufzusuchen. Jetzt aber, da das Stück beendet, hoffte er die Geliebte wenigstens beim Nachhausegehen auf einen Moment sehen zu können. Von seinem früheren Münchner Aufenthalte her genugsam mit dem Theater bekannt, begab er sich also jetzt in die Gegend der Thüre, die aus den Garderobezimmern der Damen nach der Straße führte. Ihr gegenüber, das erinnerte er sich, stand ein altes, halbverfallenes Häuschen mit einem weit ausspringenden Vordache, unter welchem, für den Fall eines Brandes, Leitern, Feuereimer und sonstige Löschge= räthschaften niedergelegt waren.

Es war hier so dunkel, daß man — stand man unter dem Vorsprunge des Daches—von Niemand gesehen werden konnte; übrigens kannte damals München überhaupt kaum eine Straßenbeleuchtung, so daß es selbst auf dem breiten Wege der Straße schwer fiel Jemanden zu erkennen. Nur unmittelbar an den Ausgangspforten des Opern= hauses brannten Oehllaternen, deren Licht jetzt aber auch schon zu erlöschen drohte.

Wolfgang war daher unter jenem Häuschen voll= kommen geborgen und wartete mit klopfendem Herzen der Erscheinung Aloysia's. Mehrere Damen kamen herab und gingen nach Hause, theils von Dienerinnen begleitet, theils von Cavalieren erwartet und unter Schäkern, Kichern und Küssen in Empfang genommen. Alle aber verschwanden in der Dunkelheit wie dahinfliehende Schatten.

Schon diese Scenen verstimmten Mozart. Zum erstenmale traten ihm die Gefahren recht deutlich vor Augen, welchen seine Geliebte ausgesetzt war, und er ent= schloß sich nicht hervorzutreten, sondern ihr Benehmen hier zu beobachten. Sie blieb sehr lange. „Nun," — dachte er — „sie muß sich ganz umkleiden; vielleicht ist sie auch von der großen Rolle etwas angegriffen, und bedarf einer kleinen Ruhe."

Jetzt kam eine Dame; sie hatte ohngefähr Aloysia's Gestalt.... aber nein! .... so ganz allein ging diese gewiß nicht in der Dunkelheit nach Hause. Und sollte die halblaut hingeworfene Roulade nicht ein Zeichen sein?... Richtig! eine männliche Gestalt hebt sich auf der entgegen= gesetzten Seite der Straße aus dem Dunkel der Häuser. Es ist eine Uniform, die in der ärmlichen Beleuchtung hie

und da aufblitzt. Sie naht der Dame und der süße Klang
eines Kusses kündet das glückliche Zusammentreffen beider
Parteien.

Wolfgang lächelte .... aber dies Lächeln erstarb
auf seinen Lippen, als das Pärchen sich nun ebenfalls unter
den Schutz des alten Häuschens begab, das ihn barg.
Leise zog er sich etwas weiter zurück. Die Beiden merkten
nichts bei ihren Zärtlichkeiten und bald sah Amadeus eine
so süße Liebesscene, daß ihm das Herz wie ein Hammer im
Busen klopfte.

Die Alten zählten dreierlei Arten Küsse: die Basia,
unter Verwandten und Freunden; — die Oscula der Ehr=
furcht, vorzüglich bei heiligen Leuten, und die Suavia oder
Küsse unter Verliebten — was eigentlich die einzig
wahren Küsse sind, für die wir auch im Deutschen ein
treffliches Wort haben, nämlich „Mäulchen!“ Unsere,
so sehr den Naturwissenschaften zugewandte Zeit, wird die
Küsse wohl als physikalisch=elektrische Versuche erklären
müssen, wonach die Küssenden recht eigentlich Naturforscher
sind, zumal von allen Wissenschaften keine so tief auf den
Grund geht, als .... die Physik. Wolfgang war
freilich nicht gelehrt genug, um eine solche Betrachtung
in seiner jetzigen eigenthümlichen Lage anzustellen; instink=
tive aber nahm er die Küsse, die er hier hörte, als „Sua=
via“ an; sein besseres Gefühl indessen trieb ihn wie die
Engel mit dem feurigen Schwerte aus diesem Paradiese.

Eben schlich er auf den Zehen nach einer anderen Seite
des Häuschens .... da .... da erschien Aloysia unter

der Ausgangsthüre. Er erkannte sie auf den ersten Blick, und alle seine Vorsätze vergessend, wollte er eben auf sie losstürzen, als er gewahrte, daß sie nicht allein sei. Sie hatte eine Magd mit einer großen brennenden Laterne zur Seite. Ruhig schritt sie ihrer Wege. Wolfgang folgte ihr in stiller Freude. „Man hat sich also doch getäuscht!" — dachte er — „Lange steht in keiner Berührung mit ihr." Aber noch war dieser Gedanke nicht ausgedacht, als es ihn wie ein Herzschlag traf, denn . . . . Lange, der unselige Lange, trat in leibhafter Gestalt auf sie zu.

„Sie sind lang geblieben, Aloysia," — sagte er laut und unbefangen. — „Haben Sie vielleicht geglaubt mich zu ermüden und durch Langeweile heimzutreiben?"

„Ich hoffte," — entgegnete Aloysia mit ihrer klangvollen Stimme, die Mozart tief in das Herz drang — „Sie würden so vernünftig sein und meinen Bitten Folge leisten."

„Welchen?"

„Nun, mich Abends ruhig und allein nach Hause gehen zu lassen."

„Bin ich Ihnen so sehr zur Last?"

„Nein; aber diese nächtliche Begleitung schadet meinem Rufe, und der muß auch Ihnen heilig sein."

„Mir ist alles heilig, meine Himmlische," — rief Lange — „was Sie betrifft. Aber wo könnte ich Sie sonst sehen und sprechen, als bei Ihrem Nachhausegehen aus dem Theater. Am Tage begleitet Sie Ihre Schwester und zu Hause bewacht Sie Cannabich. Und doch muß

ich Sie jeden Tag einmal sehen und sprechen, sonst bin ich
unglücklich."

Mozart erbebte; also doch .... wenigstens die **Sprache**
der Liebe, wenn auch Aloysia die strengen Grenzen der
Schicklichkeit festhielt.

„Und Sie schweigen?" — frug Lange, indem er
neben Aloysia und der Magd herging und Amadeus
im Schatten der Häuser auf den Zehen folgte.

„Was soll ich sagen!" — entgegnete das Mädchen. —
„Sie wissen, daß ich mich für Sie interessire, lieber Lange,
aber Sie kennen auch meinen festen Entschluß."

„Mir nicht zu gestatten ein Wort von Liebe zu sagen,"
— rief dieser mit einem Seufzer — „wenn ich mich nicht
ändere und ein solider Mensch werde."

„So ist es!" —

„Ach, Aloysia, das ist viel verlangt:

„Den Mohren weiß zu waschen, wird's dir gelingen?
„Wirst Wasser Du zum Kuß des Feuers zwingen?
„Den Löwen mit des Lammes Sanftmuth krönen,
„Den Neid dem Neid, den Haß dem Haß versöhnen?"

„Lange," — sagte hier Aloysia mit schmerzlichem
Tone — „machen Sie sich nicht schlechter als Sie sind;
ehren Sie in sich selbst den festen Willen des Mannes und
werden Sie gut. Gott hat Ihnen ein herrliches Talent
gegeben, Sie sind ein ausgezeichneter Künstler — sein Sie
nun auch ein braver Mensch!"

„Und wenn ich mich ändere, darf ich dann auf Ihre
Gegenliebe hoffen?"

Aloysia schwieg einen Moment; — Mozart war es, als fühle er ein Richtschwert über seinem Nacken. Endlich sagte Aloysia:

„Mein Freund, ich habe gelernt immer wahr und offen zu sein. Sie wissen, daß ich Herrn Mozart liebte, ... gestehe ich es, daß Ihr Bild das seine aus meinem Herzen verdrängt hat; aber nie und nimmer reiche ich Ihnen die Hand, so lange Sie in sittlicher Beziehung hinter jenem edlen jungen Manne zurückstehen. Es ist vielleicht Unrecht von mir ...." fuhr sie fort; aber hier verhallten die Worte in die Ferne, denn Mozart war stehen geblieben .... starr wie eine Bildsäule mit einem Herzen kalt, wie Eis! .... Er hatte genug gehört, — das Schwert war gefallen!

Auch dieser Traum der Liebe war eine Täuschung!*)

---

*) Aloysia Weber heirathete später den Schauspieler Lange, aber diese Ehe wurde eine sehr unglückliche.

Der Zukunft schönster Stern.

Es hat mit den Verhältnissen dieser Welt eine gar
eigene Bewandniß. Wie fühlt sich nicht manchmal der
geistvolle Mensch beengt und gepreßt durch diese leidigen,
sogenannten Verhältnisse; wie muß er nicht um derselben
Willen gar oft alles Große und Hohe in sich zurückhalten,
so daß er es am Ende gar nicht mehr erhalten kann! In=
dessen, so wie Reden eine Kunst ist, aber Schweigen eine
viel größere, — so wie befehlen schwer ist, aber Gehorchen
meist noch schwerer, — so erweckt zwar auch Derjenige oft
das Staunen der Menschen, der keck und kühn, frank und
frei hinwegtritt über alle die Berge und Schranken der
menschlichen Meinung und des Herkommens, wie ein Riese

18 *

über die Alpen schreitet, als wären es Ackerbeete; aber
unendlich größer ist doch wohl derjenige Mensch, der sich
selbst durch inneren Gehalt über alle die kleinlichen äußeren
Verhältnisse erhaben fühlt und sie nichts desto weniger
achtet und ihnen Rechnung trägt, ohne sich doch von ihnen
beherrschen zu lassen. Ein Solcher wird auch nie ver=
gessen, daß der Mensch — aller Verhältnisse ohngeachtet
— vermöge seines freien Willens, doch sein eigener
Herr, Schöpfer seines Schicksals und seiner Bestimmung
sein kann.

Mozart gehörte zu diesen großen und schönen Naturen.
In ihm lag auch nicht eine Spur von Egoismus, während
Seelengröße, die reinste Herzensgüte, Gemüthsfreiheit und
eine unglaubliche Aufopferungsfähigkeit seinen Charakter
schmückten. Er hatte Aloysia, in dem Glauben an ihre
Gegenliebe aufrichtig geliebt; von dem Momente an, in
dem er erfahren, daß diese Liebe für ihn erblaßt und einer
anderen Neigung gewichen sei, verzichtete er auf sie. Er
begriff die Macht der Verhältnisse, die hier obwalteten;
aber indem er ihnen Rechnung trug, erhob ihn zugleich sein
Selbstbewußtsein. Konnte Aloysia — ihm gegenüber —
Lange den Vorzug geben, so fand er dies in seiner Be=
scheidenheit sehr natürlich; aber er mußte sich doch auch
sagen: daß sie ihn dann weder verstanden, noch sein inneres
Wesen erkannt habe.

Freilich würde dieses Loslösen von einem theuren Herzen
nicht so leicht haben stattfinden können, wenn sich nicht die
Bande, die ihn an Aloysia geknüpft, schon seit längerer

Zeit etwas gelockert hätten. Der erste Stoß war das Geständniß gewesen: daß die Brieftasche, die Wolfgang um
Weihnachten so geheimnißvoll erhalten hatte, und die doch
ein verhülltes Bekenntniß inniger Liebe war, nicht von ihr
herrühre. Dann kam Lange's Annäherung, das allmä-
lige Ausbleiben der Briefe und endlich das Gespräch mit
den Kindern. Auch die Zweifel die zwischen seiner Abreise
und Wiederkunft nach Mannheim lagen, hatten den
Boden des Vertrauens unterminirt; jetzt hatte eine selbst-
erlebte Thatsache den ganzen Tempel in die Luft gesprengt.
Immer bedeckten daher die Trümmer desselben sein Herz
mit Schutt und Asche und brannten sich schmerzlich in dasselbe ein; aber er blieb Mann genug, sich über dieselben
zu erheben, und dem Winke seines Genius folgend, verbiß
Amadeus den Schmerz.

Die Nacht, die er nach jenem Zusammentreffen mit
Aloysia und Lange hatte, blieb natürlich eine schlaflose;
denn der Kampf mußte immer in der Seele ausgefochten
werden. Als er mit sich im Reinen war, blieb nur noch
die Frage: ob er gleich ohne jeden Besuch und officiellen
Bruch abreisen solle oder nicht?

Anfangs war Wolfgang dafür, Aloysia gar nicht
mehr zu sehen: aber er brachte diesen Beschluß doch nicht
über das Herz. Einmal hatte er den Eltern versprochen,
die Mädchen zu besuchen und ihnen Briefe von Vater und
Mutter zu überbringen; dann war er mit solcher Herzlichkeit und Innigkeit in die Familie Weber hineinge-
wachsen, daß ein völliges Zerreißen dieser Bande ihm un-

möglich war; ferner zog es ihn Abschied von der guten
und treuen Constanze zu nehmen, die sich immer so sehr
für ihn interessirt hatte, und endlich mußte er einmal Aufschluß über die Brieftasche erhalten.

Das waren also Gründe genug, um die Mädchen den
kommenden Morgen aufzusuchen. Lange wollte er nicht
sehen, und damit ihn keine Bitten und keine eigenen
Schwächen von dem Beschluß: gleich nach diesem Besuche
abzureisen, abhalten. möchten, bestellte er den Wagen um
zwölf Uhr vor des Herrn Capellmeister Cannabich's
Wohnung.

Indeß das Schicksal schien ihm wieder entgegen sein
zu wollen; Cannabich und Aloysia waren auf der
Probe; nur Constanze empfing ihn . . . . aber . . . . mit
welcher offenen und ehrlichen Freude und Herzlichkeit!

Sie konnte sich von ihrer Ueberraschung kaum erholen
und zeigte in ihrer kindlichen Unbefangenheit ihr Glück so
offenkundig, daß es Amadeus wunderbar berührte. So
hatte er sich den Empfang bei Aloysia gedacht! — Nun,
es war ja ihre Schwester, seine Schwester, bei der auch
er sich immer so still glücklich und behaglich gefühlt.
Freudig gab er sich, wie er war und vergaß fast, was er
gewollt. Endlich . . . . nach hundert Fragen über seine
Erfolge in Paris, sein jetziges Wohlergehen, die Eltern
in Mannheim und andere Dinge, kam doch auch die Rede
auf Aloysia. Da sah er denn freilich, daß schon die
Nennung dieses Namens Constanze verwirrte. Da
Mozart aber keine Umschweife liebte, auch keine Zeit

hatte solche zu machen, so ging er gerade auf sein Ziel los,
und frug Constanze auf Ehre und Gewissen: wie es mit
dem Verhältnisse Lange's zu Aloysia stehe?

Constanze erblich; man sah es ihr an, wie sehr es
sie schmerzte, den Freund in seine heiligsten Gefühlen zu
verletzen; doch konnte sie auf seinen Fragen nur mit der
Wahrheit antworten. Sie sagte daher nach einigem
Zögern:

„Wenn Sie es denn zu wissen verlangen, so muß ich
es sagen, so wehe es mir thut."

„Nun?"

„Sie lieben sich gegenseitig."

Mozart blieb ruhig. „Ich wußte es!" — versetzte
er dann trübe. — „Möge diese Liebe Aloysia glücklich
machen, ... ich fürchte das Gegentheil."

„Ich auch!" — rief Constanze — „und was werden
Vater und Mutter sagen. Es ist allerdings wahr, daß
das edle Gemüth der Schwester in dieser Liebe gewisser=
maßen eine Bestimmung des Himmels sieht. Sie will
Lange durch dieselbe zu einem besseren Menschen machen
und ihm nur dann ihre Hand reichen, wenn er es ver=
dient."

„Daran erkenne ich das edle gute Herz Aloysia's" —
rief hier Amadeus bewegt aus. — „Aber so schön dieser
Vorsatz ist, so gefährlich bleibt er."

„Das ist auch meine Meinung."

„Lange ist kein böser Mensch,“ — fuhr Wolfgang fort — „aber er besitzt einen solchen Leichtsinn, daß selbst eine augenscheinliche Besserung bei ihm nie von Dauer sein wird. Er gehört zu den Menschen, die sich aus Leichtsinn und Egoismus eine eigne höchst bequeme Logik bilden. Was seine Natur nicht lassen kann und will, nennt er das Erlaubte; was gelingen kann: das Gute; was sein „Ich“ in's beste Licht stellt und ihm schmeichelt: das Rechte; was seinen Neigungen entgegen ist: das Abscheuliche; was sich mit einem Mäntelchen bedecken läßt: das Verzeihliche. Alle Fehler werden ignorirt, und der Himmel, der zürnen könnte, geleugnet. Das ist kein Mann für Aloysia!“

„O wie wahr!“ — rief Constanze und ihre von Thränen feuchten Augen ruhten mit wunderbarem Glanze auf Amadeus. Als dieser aber in ihr liebliches Gesichtchen blickte, bedeckte dasselbe ein dunkles Roth. Mozart gewahrte es und dachte an den Moment, da Constanze bei seinem Vorzeigen der Brieftasche die Schüssel hatte hinfallen lassen. Es durchzuckte ihn seltsam. Gedanken, die er damals hatte stiegen neu in ihm auf und dem holden Mädchen, das neben ihm auf dem Sopha saß, näher rückend, sagte er in sanftem Tone, seine Hand leise auf die ihre legend:

„Liebe Constanze, ich muß in einer Stunde abreisen, denn ich kann und mag Lange hier nicht begegnen; aber ich habe noch etwas auf dem Herzen, das mich seit Monaten drückt und quält.“

„Und das wäre?" — frug unter wiederholtem Erröthen die Angeredete, indem sie die Augen verwirrt niederschlug und ihr Busen sich stürmisch heb und senkte.

„Es ist ein Geheimniß!" — sagte Mozart — „von
dessen Enträthselung meine, vielleicht auch die Zukunft
zweier Menschen abhängt."

„Nun . . . . und?"

„Können Sie mir sagen, von wem jene Brieftasche
war, die mir an den letzten Weihnachten so geheimnißvoll
zukam?"

„Eine Brieftasche?" . . . . stotterte Constanze, und
jetzt wechselte Blässe mit dem Purpur ihres Antlitzes.

„Ja!" — wiederholte Amadeus — „eine Brieftasche
von himmelblauer Seide, auf die eine freundliche Hand
eine Landschaft gestickt hat. In der Mitte derselben steht
unter Rosenhecken ein Altar, der einen Lorbeerkranz trägt,
und um das Ganze schlingen sich die Worte „Dem Verdienste die Krone" und „Aus treuem Herzen."
Kennen Sie diese Brieftasche?"

„Ich weiß nicht . . . ." sagte Constanze immer ver-
wirrter.

„O Sie wissen es gewiß!" — rief Mozart immer
näher rückend — „und kennen auch den Zettel der beilag
und den „ein treues Herz" geschrieben und unterzeichnet!"

„Aber warum soll gerade ich . . . ."

„Constanze! Liebe gute Constanze!"—fuhr Mozart
immer eifriger und glühender fort, denn es wurde nach

einer langen Nacht Licht vor seiner Seele. — „Kennen Sie
die Brieftasche? Diese Brieftasche!" — und er zog sie
aus seinem Busen — „diese Brieftasche, die ich, seit ich
sie empfing, auf meinem Herzen trage. Kennen Sie dieselbe? O läugnen Sie es nicht, ... ich sehe es, ich fühle
es, sie ist von Ihnen? . . . . Eine unselige Täuschung,
ließ mich glauben, sie sei von Aloysia; aber schon damals
als Ihnen, bei meiner ersten Frage, die Schüssel entglitt
und Sie erröthend und erblassend auf den Stuhl sanken,
— schon damals ward ich irre. Sagen Sie es mir, Constanze, ist diese Brieftasche eine Liebesgabe aus Ihrer
Hand? Ich beschwöre Sie, sagen Sie es mir, denn mein
Leben, das Glück meiner Zukunft hängt davon ab!"

„Nun denn . . . ."

„Sie ist von Ihnen?"

„Ja!" — stammelte das Mädchen leise und sank
schluchzend an die Brust des jungen Mannes, der sie fest
an sich zog.

So saßen sie lange. Mozart's Küsse brannten auf
Constanzens Stirne, sie aber weinte und lächelte durch
einander, wie ein überglückliches Kind.

„Sonderbare Fügung!" — sagte endlich Amadeus
mit seiner weichen wohltönenden Stimme, und ein unendlich milder Glanz leuchtete aus seinen schönen, tiefen
Augen. — „Ihr Beide seid meinem Herzen von dem ersten
Tage an, da ich Euch sah, fast gleich lieb gewesen, und
doch hat sich meine Liebe verirrt. Aber was sie auf den
falschen Weg führte, führt sie auch zurück, und an dem

Tage, da ich Aloysia verliere, gewinne ich meine Constanze!"

„Deine Constanze?!" — wiederholte diese und
blickte Amadeus mit einem Lächeln an, so hold, wie der
schönste Maientag.

„Ja!" — rief dieser, vor ihr auf die Kniee sinkend —
„ich schwöre es Dir, Geliebte, Du bist.... Du bleibst
mein! Laß unsere Liebe jetzt noch ein Geheimniß sein; aber
rechne auf mich; sobald es die Verhältnisse gestatten, eile
ich zu Dir, mein Engel, und führe Dich heim, als meine
süße, innig geliebte Braut!"

„So sei es!" — rief Constanze entzückt und beide
besiegelten den Schwur ihrer Liebe mit einem langen
heißen Kusse.

In diesem Augenblicke hörte man die Hausschelle gehen
und Tritte sich nähern.

„Aloysia!"—rief Constanze, und Mozart sprang
rasch auf. Gleichzeitig fuhr Mozart's Wagen vor.

Die Scene die jetzt folgte war eigenthümlicher Art.
Aloysia war natürlich, als sie den Freund ansichtig wurde,
sehr überrascht, im ersten Augenblicke selbst verlegen.
Aber das fand sich bald, da das Leben an der Bühne ihr
bereits Gewandtheit gegeben. Schnell fand sie den für
ihre jetzige Stellung richtigen Ton, der mit Höflichkeit so
viel Kälte verband, um sogleich dem jungen Manne zu
sagen: daß das zärtliche Verhältniß zwischen ihnen abgebrochen sei.

Mozart mußte über diese diplomatische Weise inner-

lich lächeln; aber gerade, offen und ehrlich wie er war,
bedurfte sein Herz einer entschiedenen Erklärung. Rasch
trat er daher zu dem im Zimmer stehenden Claviere,
öffnete es, präludirte und sang dann, indem er Aloysia
mit heiterem Lächeln anschaute: „Ich laß das Mädel
gern, das mich nicht will!"*)

Aloysia erröthete; da aber der Postillion vor dem
Hause blies, Amadeus aufsprang und nach seinem Hute
griff, blieb keine Zeit zur Erörterung mehr.

„Leben Sie wohl, meine Damen!" — rief Mozart
noch den beiden Mädchen zu. — „Möge der Himmel Sie
in seinen Schutz nehmen und die Wünsche unserer Herzen
zu einem schönen, glücklichen Ziele führen!"

Und er küßte beiden die Hand, eilte die Treppe hinab und
warf sich in seinen Wagen. Der Postillion klatschte mit
der Peitsche, die Pferde zogen an, und unter lustigem Horn=
geschmetter rollte der Wagen davon.

Edler Freund! wie viele Täuschungen bringst du mit
nach Hause! . . . . und doch, mitten unter den Trümmern
deines großen Schiffbruches, wieder ein Brett, daß dich
trägt und Hoffnungen, die Land verheißen. Ja gewiß,
auch für dich gilt des Dichters Wort:

„Hoffnung auf Hoffnung geht zu Scheiter,
„Aber der Mensch hofft immer weiter!"

So hoffe denn, große Seele; sonne dich jetzt im Strahle
reinster, edelster Liebe; — kämpfe dabei fort gegen der

---

*) Historisch.

Menschen elenden Neid, und des Lebens erbärmliche Noth; aber hüte dich nur, daß die Welt nicht einst mit blutendem Herzen die Worte auf dein Grab setzen muß:

„Deutsch war sein Lied und deutsch sein Leid,
„Sein Leben Kampf mit Noth und Neid.
„Der Kampf ist aus, er flieht den Ort,
„Indeß dein Lied tönt ewig fort!"

Ende des dritten Theils.